新文科·特色创新课程系列教材

华东政法大学
教材建设和管理委员会

主　　任　郭为禄　叶　青
副 主 任　韩　强
部门委员　虞潇浩　杨忠孝　洪冬英
　　　　　　屈文生　陆宇峰
专家委员　王　迁　孙万怀　钱玉林
　　　　　　任　勇　余素青　杜素娟

本书受上海市高水平地方高校（学科）建设项目资助

Consumption
Theory and Application

消费理论与应用

张德南 李 丹 编著

图书在版编目(CIP)数据

消费理论与应用/张德南,李丹编著. —北京:北京大学出版社,2023.7
ISBN 978-7-301-33168-2

Ⅰ.①消… Ⅱ.①张…②李… Ⅲ.①消费理论—研究 Ⅳ.①F014.5

中国版本图书馆 CIP 数据核字(2022)第 119697 号

书 名	消费理论与应用
	XIAOFEI LILUN YU YINGYONG
著作责任者	张德南 李 丹 编著
责 任 编 辑	姚文海 吕 正
标 准 书 号	ISBN 978-7-301-33168-2
出 版 发 行	北京大学出版社
地 址	北京市海淀区成府路 205 号 100871
网 址	http://www.pup.cn 新浪微博:@北京大学出版社
电 子 信 箱	sdyy_2005@126.com
电 话	邮购部 010-62752015 发行部 010-62750672 编辑部 021-62071998
印 刷 者	北京圣夫亚美印刷有限公司
经 销 者	新华书店
	730 毫米×980 毫米 16 开本 19 印张 341 千字
	2023 年 7 月第 1 版 2023 年 7 月第 1 次印刷
定 价	68.00 元

未经许可,不得以任何方式复制或抄袭本书之部分或全部内容。
版权所有,侵权必究
举报电话: 010-62752024 电子信箱: fd@pup.pku.edu.cn
图书如有印装质量问题,请与出版部联系,电话: 010-62756370

明德崇法　华章正铸

——华东政法大学"十四五"规划教材系列总序

教材不同于一般的书籍，它是传播知识的主要载体，体现着一个国家、一个民族的价值体系，是教师教学、学生学习的重要工具，更是教师立德树人的重要途径。一本优秀的教材，不仅是教师教学实践经验和学科研究成果的完美结合，更是教师展开思想教育和价值引领的重要平台。一本优秀的教材，也不只是给学生打下专业知识的厚实基础，更是通过自身的思想和语言的表达，引导学生全方位地成长。

习近平总书记深刻指出："当代中国的伟大社会变革，不是简单延续我国历史文化的母版，不是简单套用马克思主义经典作家设想的模板，不是其他国家社会主义实践的再版，也不是国外现代化发展的翻版，不可能找到现成的教科书。"新时代教材建设应当把体现党和国家的意志放在首位，要立足中华民族的价值观念，时刻把培养能够承担民族发展使命的时代新人作为高校教师编写教材的根本使命。为此，编写出一批能够体现中国立场、中国理论、中国实践、中国话语的有中国特色的高质量原创性教材，为培养德智体美劳全面发展的社会主义接班人和建设者提供保障，是高校教师的责任。

华东政法大学建校70年以来，一直十分注重教材的建设。特别是1979年第二次复校以来，与北京大学出版社、法律出版社、上海人民出版社等合作，先后推出了"高等学校法学系列教材""法学通用系列教材""法学案例与图表系列教材""英语报刊选读系列教材""研究生教学系列用书""海商法系列教材""新世纪法学教材"等，其中曹建明教授主编的《国际经济法学概论》、苏惠渔教授主编的《刑法学》等教材荣获了司法部普通高校法学优秀教材一等奖；史焕章研究员主编的《犯罪学概论》、丁伟教授主编的《冲突法论》、何勤华教授与魏琼教授编著的《西方商法史》及我本人主编的《诉讼证据法学》等教材荣获了司法部全国法学教材与科研成果二等奖；苏惠渔教授主编的《刑法学》、何勤华教授主编的《外国法制史》获得了上海市高校优秀教材一等奖;孙潮教授主编的《立法学》获得"九五"普通高等教育国家级重点教材立项;杜志淳教授主编的《司法鉴定实验教程》、何勤华教授主编的《西方法律思想史(第二版)》和《外国法制史(第五版)》、高富平教授与黄武双教授主编的《房地产法学(第二版)》、高富平教授主编的《物权法讲义》、余素青教授主编的《大学英语教程:读写译(1—4)》、苗伟明副教授主编的《警察技能实训教程》等分别入选第一批、第二批"十二五"普通高等教育本科国家级规划教材;王立民教授副主编的《中国法制史(第二版)》荣获首届全国优秀教材二等奖。1996年以来,我校教师主编的教材先后获得上海市级优秀教材一等奖、二等奖、三等奖共计72项。2021年,由何勤华教授主编的《外国法制史(第六版)》、王迁教授主编的《知识产权法教程(第六版)》、顾功耘教授主编的《经济法教程(第三版)》、王莲峰教授主编的《商标法学(第三版)》以及我本人主编的《刑事诉讼法学(第四版)》等5部教材获评首批上海高等教育精品教材,受到了广大师生的好评,取得了较好的社会效果和育人效果。

进入新时代,我校以习近平新时代中国特色社会主义思想铸魂育人为主线,在党中央"新工科、新医科、新农科、新文科"建设精神指引下,配合新时代背景下新法科、新文科建设的需求,根据学校"十四五"人才培养规划,制定了学校"十四五"教材建设规划。这次的教材规划一方面力求巩固学校优势学科专业,做好经典课程和核心课程教材建设的传承工作,另一方面适应新时代的人才培养需求和教育教学新形态的发展,推动教材建设的特色探索和创新发展,促进教学理念和内容的推陈出新,探索教学方式和方法的改革。

基于以上理念,围绕新文科建设,配合新法科人才培养体系改革和一流学科专业建设,在原有教材建设的基础上,我校展开系统化设计和规划,针对法学专业打造"新法科"教材共3个套系,针对非法学专业打造"新文科"教材共2个套系。"新法科"教材的3个套系分别是:"新法科·法学核心课程系列教材""新法科·法律实务和案例教学系列教材""新法科·涉外法治人才培养系列教材"。"新文科"教材的2个套系分别是:"新文科·经典传承系列教材"和"新文科·特色创新课程系列教材"。

"新法科"建设的目标,就是要解决传统法学教育存在的"顽疾",培养与时代相适应的"人工智能+法律"的复合型人才。这些也正是"新法科"3套系列教材的设计初心和规划依据。

"新法科·法学核心课程系列教材"以推进传统的基础课程和核心课程的更新换代为目标,促进法学传统的基础和核心课程体系的改革。"新法科"理念下的核心课程教材系列,体现了新时代对法学传统的基础和核心课程建设的新要求,通过对我国司法实践中发生的大量新类型的法律案件的梳理、总结,开阔学生的法律思维,提升学生适用法律的能力。

"新法科·法律实务和案例教学系列教材"响应国家对于应用型、实践型人才的培养需要,以法律实务和案例教学的课程建设为基础,推进法学实践教学体系创新。此系列教材注重理论与实践的融合,旨在培养真正能够解决社会需求的应用型人才;以"新现象""新类型""新问题"为挑选案例的标准和基本原则,以培养学生学习兴趣、提升学生实践能力为导向。通过概念与案例的结合、法条与案例的结合,从具体案件到抽象理论,让学生明白如何在实践中解决疑难复杂问题,体会情、理与法的统一。

"新法科·涉外法治人才培养系列教材"针对培养具有国际视野和家国情怀、通晓国际规则、能够参与国际法律事务、善于维护国家利益、勇于推动全球治理体系变革的高素质涉外法治人才的培养目标,以涉外法治人才培养相关课程为基础,打造具有华政特色的涉外法治人才培养系列教材。

"新文科·经典传承系列教材"以政治学与行政学、公共事业管理、经济学、金融学、新闻学、汉语言文学、文化产业管理等专业的基础和主干课程为基础,在教材建设上,一方面体现学科专业特色,另一方面力求传统学科专业知识体系的现代创新和转型,注重把学科理论与新的社会文化问题、新的时代变局相联结,引导学生学习经典知识体系,以用于分析和思考新问题、解决新问题。

"新文科·特色创新课程系列教材"以各类创新、实践、融合等课程为基础,体现了"新文科"建设提出的融合创新、打破学科壁垒,实现跨学科、多学科交叉融合发展的理念,在教材建设上突破"小文科"思维,构建"大文科"格局,打造具有华政特色的各类特色课程系列教材。

华东政法大学 2022 年推出的这 5 个系列教材,在我看来,都有如下鲜明的特点:

第一,理论创新。系列教材改变了陈旧的理论范式,建构具有创新价值的知识体系,反映了学科专业理论研究最新成果,体现了经济社会和科技发展对人才培养提出的新要求。

第二,实践应用。系列教材的编写紧密围绕社会和文化建设中亟须解决的新问题,紧扣法治国家、法治政府、法治社会建设新需求,探索理论与实践的结合点,让教学实践服务于国家和社会的建设。

第三,中国特色。系列教材编写的案例和素材均来自于中国的法治建设和改革开放实践,传承并诠释了中国优秀传统文化,较好地体现了中国立场、中国理论、中国实践、中国话语。

第四,精品意识。为保证系列教材的高质量出版,我校遴选了各学科专业领域教学经验丰富、理论造诣深厚的学科带头人担任教材主编,选派优秀的中青年科研骨干参与教材的编写,组成教材编写团队,形成合力,为打造出高质量的精品教材提供保障。

当然,由于我校"新文科""新法科"的建设实践积累还不够丰厚,加之编写时间和编写水平有限,系列教材难免存在诸多不足之处。希望各位方家不吝赐教,我们将虚心听取,日后逐步完善。我希望,本系列教材的出版,可以为我国"新文科""新法科"建设贡献华政人的智慧。

是为序。

华东政法大学校长、教授　叶　青
2022 年 8 月 22 日于华政园

目录

导　论 ··· 1

第一篇　个体消费者

第一章　消费概述 ·· 9
第一节　消费思想的发展 ·· 11
第二节　对消费的认识 ·· 19
第三节　消费者与消费者行为 ·· 27
第四节　消费者行为研究内容及理论基础 ·································· 32
第五节　消费者行为研究发展历程 ·· 35
本章小结 ·· 36
关键术语 ·· 37
思考题 ·· 37
讨论题 ·· 37
实践活动 ·· 38
推荐阅读 ·· 39

第二章　影响消费者行为的主观因素 … 40
   第一节　消费者需要与动机 … 42
   第二节　消费者感觉及知觉 … 50
   第三节　消费者学习和记忆 … 53
   第四节　消费者态度及生活方式 … 58
   第五节　个性与自我意识 … 63
   本章小结 … 68
   关键术语 … 68
   思考题 … 68
   讨论题 … 69
   实践活动 … 70
   推荐阅读 … 71

第三章　消费者行为外部影响因素 … 72
   第一节　社会因素 … 74
   第二节　文化因素 … 80
   第三节　情境因素 … 83
   本章小结 … 86
   关键术语 … 86
   思考题 … 86
   讨论题 … 86
   实践活动 … 87
   推荐阅读 … 88

第四章　消费者购买决策与行为 … 89
   第一节　概述 … 91
   第二节　消费者购买行为理论 … 97
   第三节　购买决策模型 … 99
   第四节　购买决策过程影响因素 … 101
   第五节　如何搜集购买信息 … 103
   本章小结 … 106

关键术语 ················· 106
　　思考题 ·················· 106
　　讨论题 ·················· 107
　　实践活动 ················· 108
　　推荐阅读 ················· 108
第五章　消费者权益 ················ 109
　　第一节　概述 ··············· 111
　　第二节　消费者权益保护方式 ········ 115
　　本章小结 ················· 118
　　关键术语 ················· 118
　　思考题 ·················· 118
　　讨论题 ·················· 118
　　实践活动 ················· 120
　　推荐阅读 ················· 120

第二篇　群体消费

第六章　消费者群体 ················ 123
　　第一节　消费者群体概述 ·········· 125
　　第二节　消费者群体分类 ·········· 126
　　本章小结 ················· 129
　　关键术语 ················· 129
　　思考题 ·················· 129
　　讨论题 ·················· 130
　　实践活动 ················· 130
　　推荐阅读 ················· 131
第七章　典型消费者群体特征 ············ 132
　　第一节　男性和女性消费群体 ········ 134

第二节　青年消费群体 …………………………………………… 137
　　第三节　老年消费群体 …………………………………………… 139
　　本章小结 …………………………………………………………… 141
　　关键术语 …………………………………………………………… 141
　　思考题 ……………………………………………………………… 141
　　讨论题 ……………………………………………………………… 142
　　实践活动 …………………………………………………………… 143
　　推荐阅读 …………………………………………………………… 144

第三篇　组织消费

第八章　组织市场概述 …………………………………………… 147
　　第一节　组织消费的基本认识 …………………………………… 149
　　第二节　组织购买行为 …………………………………………… 154
　　本章小结 …………………………………………………………… 160
　　关键术语 …………………………………………………………… 160
　　思考题 ……………………………………………………………… 160
　　讨论题 ……………………………………………………………… 160
　　实践活动 …………………………………………………………… 162
　　推荐阅读 …………………………………………………………… 162

第九章　组织营销战略制定 ……………………………………… 163
　　第一节　概述 ……………………………………………………… 165
　　第二节　组织营销战略制定的影响因素 ………………………… 167
　　第三节　常见营销战略类型 ……………………………………… 174
　　第四节　组织营销战略制定方法 ………………………………… 191
　　本章小结 …………………………………………………………… 194
　　关键术语 …………………………………………………………… 194
　　思考题 ……………………………………………………………… 194

讨论题 ··· 195
　　实践活动 ·· 196
　　推荐阅读 ·· 197

第十章　组织市场营销 ······································ 198
　　第一节　概述 ··· 200
　　第二节　产品策略 ··· 201
　　第三节　定价策略 ··· 206
　　第四节　促销策略 ··· 212
　　第五节　渠道策略 ··· 216
　　本章小结 ·· 219
　　关键术语 ·· 220
　　思考题 ·· 220
　　讨论题 ·· 220
　　实践活动 ·· 222
　　推荐阅读 ·· 222

第十一章　消费伦理 ·· 223
　　第一节　概述 ··· 225
　　第二节　消费伦理原则 ····································· 228
　　第三节　消费伦理的内容 ··································· 231
　　第四节　消费者非伦理行为 ································· 235
　　第五节　践行消费伦理的方案 ······························· 237
　　本章小结 ·· 239
　　关键术语 ·· 239
　　思考题 ·· 240
　　讨论题 ·· 240
　　实践活动 ·· 242
　　推荐阅读 ·· 242

第十二章　商业伦理 ·· 244
　　第一节　概述 ··· 246

第二节　不道德的商业行为 ··· 249
　　第三节　商业伦理的治理 ··· 252
　　第四节　营销伦理相关问题 ··· 253
　　本章小结 ·· 262
　　关键术语 ·· 262
　　思考题 ·· 262
　　讨论题 ·· 263
　　实践活动 ·· 264
　　推荐阅读 ·· 264

第十三章　消费引导与教育 ·· 265
　　第一节　概述 ·· 267
　　第二节　消费教育与引导践行方案 ····································· 271
　　本章小结 ·· 274
　　关键术语 ·· 274
　　思考题 ·· 274
　　讨论题 ·· 274
　　实践活动 ·· 275
　　推荐阅读 ·· 276

第十四章　消费研究的发展 ·· 277
　　第一节　消费者行为发展及研究趋势 ································· 279
　　第二节　我国消费者行为变化趋势 ····································· 283
　　本章小结 ·· 286
　　关键术语 ·· 286
　　思考题 ·· 286
　　讨论题 ·· 286
　　实践活动 ·· 288
　　推荐阅读 ·· 289

参考文献 ··· 290

导　论

一、目标定位

本书是为本科生开设的通识课程提供的授课素材。笔者紧扣通识教育的培养目标和任务组织本书的内容，以培养能力为导向，按照课程设置要求，明确教材的定位和作用，满足读者的需要。

本书侧重于线下教学，辅以灵活多样的自主学习资料以适应新形势下的学习方式和学习渠道。目的是提升学生综合能力，重塑课堂内容，以区别于专业教育和应用型人才教育。

课程的设置和教材的编写主要基于如下方面的考虑：

对个体来说，使读者依据他人总结发现的规律、原理了解消费需求、动机和行为，认识并了解自身在消费方面的表现，从而更好地规划自身的消费目的和行为，养成良好的消费习惯，为履行社会责任做贡献；同时，使其了解基本的消费知识，正确认识自身的心理特点和行为规律，掌握科学消费方法，提高消费决策水平，理智选择、购买产品，作出合理的消费决策，使消费活动更加合理，提高消费效率和效果；使其学会以公民责任感监督组织消费，认清组织的非伦理营销手段，传播社会正能量。

基于群体的角度，通过分析学习群体特征尤其是消费特征，使读者明确自己所属群体，从而践行消费伦理理念并影响所在群体，引导群体成员改变不良消费方式和习惯，进而在社会上形成向善的力量，使人类的生存空间更加美好，使资源得到合理充分利用。在对群体进行观察后，反思消费相关的需求、动机和行为，从而提升自己的素养。

对组织来说，掌握消费主题下的内容可对服务对象有充分了解并更好地对其进行服务，这不仅会为企业也会为社会创造价值。对消费者行为进行研究在现代市场营销理论体系中占据重要地位，是研究市场细分、目标市场定位和制定营销战略的基础,有利于微观适应市场的动态发展。

对于在校学生,本书可以为其将来进入组织作准备,使其为未来服务的组织践行营销伦理理念献计献策,为参与制定合理有效的营销及消费战略、策略积累知识;协助企业制定正确的营销策略,增强企业的竞争力,有助于推动企业不断开拓市场,有利于政府制定相关政策,改善宏观调控效果,促进社会和谐、协调发展;引导公众和顾客合理消费,承担社会责任和商业伦理践行的责任,做有社会责任感的企业员工。

笔者针对高校通识教学的需求和特点,考虑到课程性质和学生学习本课程的时间约束,简明、清晰地对本课程涉及的关键理论、原理及定义进行通俗解释,力求内容精炼全面、逻辑严密、思路清晰、表述规范易懂,同时具有较强的务实性和启发性,能够有效促进学生学习和思考。

在篇章布局结构上,笔者参考并借鉴优秀教材编写体例,同时结合本书阅读对象的实际情况和教学目的及培养目标,考虑内容的编撰需要,设计适合的体例和脉络,突出教材的系统性、严谨性、理论性、实践性、可读性和知识性。

本教材的特色和价值主要体现在:

(1)逻辑性与理解性相依存。本书依照消费理论的逻辑展开,内容依次为:个体消费现象分析及解释、群体消费问题和组织消费相关内容。

(2)知识深度和广度相结合。本书反映了消费的基本理论和经典内容,由浅入深,突出重点,全面系统地介绍教学中所用到的消费相关基本概念、理论和方法,对局部领域进行了较为深入的阐述,同时又注意到消费理论的最新发展,补充新成果。

(3)理论与实践相统一。本书通过实例和练习,把所讲解的内容和概念与实际结合起来,让读者充分感受消费在实际生活中的重要性。每一章的案例或叙事均根据公开材料组织编写或来自笔者的亲历,或来自笔者的实地访谈,更多选用一些贴近生活的事例,方便注解消费理论的应用。这样可以帮助学生更好地理解本书内容,拓宽视野,以不同的方式学习,从而提升教材使用价值。

(4)传统理论和前沿理论相补充。本书力争介绍基本理论和公认的研究成果,增强研究的前瞻性、创新性。笔者关注比较活跃的研究课题以及具有挑战性和创新性的话题,在介绍和阐述理论体系架构、跟踪和研究不断出现与发展的新话题的同时,考虑中国国情,分析和解决存在的问题。

(5)兴趣与专业相关联。本书根据读者心理特点,在看似枯燥的理论中增加阅读材料,以增强学习的趣味性和新颖性。

（6）简洁与重点相联系。笔者编写本书时力求做到表达准确，文字精练，主题鲜明，在内容的选取上围绕编写和教学目标，兼顾读者的同时突出系统性、逻辑性。

（7）专注与广博相呼应。笔者重点阐述消费者行为的研究成果，同时借鉴经济学、伦理学、心理学、社会学和管理学等多个学科关于消费研究的理论、观点和方法。

本书是笔者多年教学经验的积累，是在对消费活动进行关注和研究的基础上进行的总结。基于笔者在讲授的通识课程"消费与社会"过程中对消费问题的关注，本书也是对加强人们尤其是大学生消费教育必要性的反思总结。书中第八章、第九章和第十章由李丹编著，其余章节由张德南编著。

笔者虽有多年教学经历，但对理论的理解还局限在纸上谈兵的层面，没有在实践中进行更多的打磨。就此，诚恳希望与有关领域的专家展开进一步交流。

二、内容设计

本书的理论来自消费行为的主要问题："如何影响消费者"。继而进行深入思索：怎样认识消费者？消费者的行为受哪些因素影响？何时、何地以及怎样对消费者产生影响？消费者如何认识自身的消费？以问题为导向，即按照个体、群体、组织消费中引发的主要现象及问题为主线展开。具体包括：

个体部分主要围绕与消费决策，尤其是购买决策相关的问题展开，重点分析影响消费决策和购买过程的因素，探讨消费伦理视角下的新型消费方式，推行生态系统消费理念。

群体部分在介绍群体消费所表现的主要特征下，选择几个重点或有代表性的群体，介绍这些群体的消费特点及其涉及的问题和现象。如老年群体，他们在经历了受科技影响的消费模式、消费方式等巨大变革，尤其是经历了新冠病毒感染疫情（以下简称新冠疫情）后，消费思维有了不小的改变；女性群体与男性群体在消费内容、消费模式、消费渠道的选择等方面存在差别等。

组织消费部分介绍了消费的双向性，即购买和销售两方面，购买指的是组织购买行为，销售指的是营销，笔者主要选择适合的几种营销战略和策略加以叙述。

在编写体例上，各章大致根据读者的认知能力、已掌握的知识及阅读习惯，按照如下编排思路展开：学习目标——知识结构——本章引例——学习内容——讨论专区——相关阅读——本章小结——关键术语——课后练习——案例分析——实践活动——推荐阅读。

学习目标包括知识目标、能力目标和素养目标;知识结构是以流程图的形式对本章的内容进行概括,便于学生迅速对本章内容有概括性感知;引例的目的是对本章的内容进行感性导入,以便学生对后续内容有连贯性的认识;讨论模块提供便于学生进一步理解所学知识的简短案例或背景材料;相关阅读是结合本章理论安排的拓展内容,可提高学生的阅读兴趣并为课后进一步学习提供索引或线索;本章小结是对本章内容的回顾和总结,有利于学生对所学知识进行概括梳理;思考题和讨论题是基于内容和考核目的所作的安排,突出问题的层次、难度、数量和灵活性;课后案例方便学生对全章内容进行理解;实践活动对学生将各章理论和实践相结合起辅助作用,帮助学生提高理论应用能力;推荐阅读的目的是使学生更好地理解理论,拓宽知识面和提高能力。

三、使用推荐

通识教育以课程为载体,以媒介为手段,以方法为桥梁,从而实现教育目标,可从四个维度来考虑,即知识、能力、价值和智慧。具体来说,以知识为根基,通用知识与专业知识,基本原理与学术前沿等兼顾;以能力为重心,重视培养学生的学习力、选择力、批判力、整合力和创造力,使学生形成发展能力;以价值体系为根本,培养学生健康、高尚、正确的价值观和君子人格;以智慧为导向,培养学生独立的人格和灵魂以及健康、幸福生活的能力和胸怀。

为保证学习效果,笔者有如下建议:

本书适合讲授、讨论、案例分析、问题导向教学法的运用。提倡通过多种方式提高学生学习主动性,调动学生学习和思维的积极性,进行开放性、挑战性和体验性授课。为提高学习效果,学生本身需具备一定的知识和能力储备,包括基本的理解力、自学能力、查阅文献的能力、合作能力、表达沟通能力等。

课堂讨论和案例分析的材料没有标准答案,但"非标准答案"的问题设计并非没有标准,其"标准"不是考核死记硬背的内容,而是检查学生探究知识应用实施的过程、方式和能力,激发学生创新创造的意识和能力,目的是充分调动学生的积极性和主动性,引导和督促学生参与学习过程。笔者建议学生通过选择适宜的学习方法,如阅读、听课、思考和写作,有选择性地完成各章节理论部分的学习。教学单位应提供软、硬件设备及必要的学习工具的支持。为保证学习目的性和效果性,应辅以教材设计的实践内容开展活动,包括自身践行、小组讨论、课堂模拟和课后线上互动等环节。

对教师来讲,本书可作为参考文本,可根据各自的教学目标选择性地使用书中的各类内容。案例作为本书的特色,教师可根据实际需要灵活应用或开发新的用途。某些案例由于对特定问题提供了解决方案,因而具有普适性,对今后类似情景有指导意义。

对学生而言,可根据教师安排的学习要求和学习目的,对本书各章节进行精读、泛读、快速阅读、扩展阅读等。

本书将帮助学生理解一些理论,并告诉学生如何在实践中或生活中运用,并不断优化与提升,这样才能发展并充分发挥其影响。学生在阅读本书时,可将各材料所附的问题作为思考的方向。

本书可能会通过消费这个话题改变学生对生活的看法,改变学生的一些日常习惯和思维,使学生因此获得成长,这也是笔者的愿景。

本书不只是向读者传播关于消费的认识,重要的是使其认识消费中的自己和群体以及组织的表现,更重要的是践行一种向上的消费理念。

希望本书对学生的世界观、价值观、人生观的塑造能产生些许影响。

四、拓展学习

对消费话题感兴趣的读者,可阅读笔者在各章提供的扩展阅读资料,以加深对理论知识的理解。

可有选择性地完成各章后的实践活动,带着问题参与活动,相信在活动结束后,读者会产生新的思考方向。

1866年,德国传教士罗存德的《英华字典》中将"text-book"译作"要略、简略"。1877年,我国第一个分级分科编译研制教科书的专门机构"School and Textbook Series Committee"成立,当时称"益智书会"而非"学校教科书委员会"。1899年,"textbook"一词在中国首次被译为"教科书",指分科传授知识的课本,与《三字经》等综合性读物大异其趣。

1890年,黄遵宪出版羊城富文斋初刻本《日本国志》,"教科书"称谓正式被引入。也有学者支持黄遵宪在1887年将"教科书"引入中国的说法。20世纪初,我国开始分科编写教科书,主要是为了传授某个学科的知识,教科书的编写从结构上要求简单明了,把最基本的知识教给学生,同时要按照规定的教学计划安排有关章节。但是学生学习到一定的阶段,就得告别教科书,自觉摆脱教科书思维模式的影响。

这也是笔者编写本书的目的,对教师和学生来说,本书也可看作了解"消费"

这一主题的阅读材料。

  本书如期完稿,虽有如释重负的轻松,却也感到一种沉重,希望自己在消费领域从多角度进行深入探究。笔者在写作本书时也有不少独特感悟和收获,对各类知识有了新的认识,同时获得了新的知识。

  本书得以顺利完成和出版,获得华东政法大学教务处的课程建设资助,在此为能获得这样的机会深表谢意。北京大学出版社工作人员负责本书出版工作,对他们的辛苦付出和敬业表达感激之情。另外,对写作中提供帮助的所有人和物给予无以言表的感谢。同时,对写作中所用或引用的前人的贡献及心血表示尊重和感谢,这些均在书后的参考文献中呈现。

第一篇　个体消费者

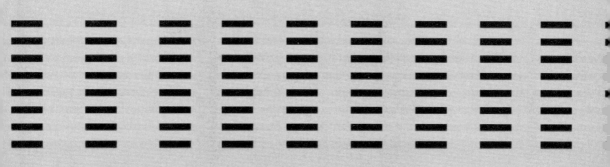

第一章

消费概述

知识目标

1. 知晓消费思想发展脉络
2. 了解消费者行为研究的发展历程
3. 掌握消费者行为研究的内容
4. 明确消费的含义
5. 理解消费者行为和消费者市场的含义

能力目标

1. 培养自学能力和查阅文献的基本技能
2. 具备初步解释消费者行为的技能
3. 以阅读和实践为媒介,重点培养并提升观察能力

素养目标

1. 选读相关文献,增进对消费思想的认识
2. 养成观察生活和体验及思考的习惯

本章主要知识结构

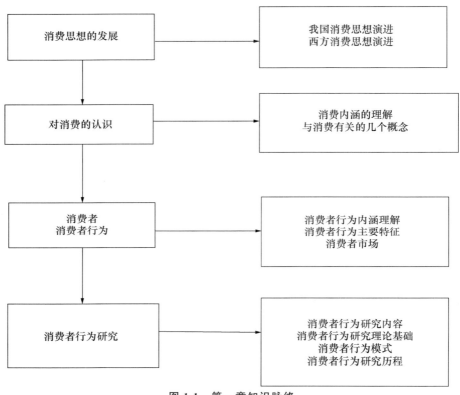

图 1-1 第一章知识脉络

案例 对消费的认识

　　2012年,郭秀玲决定停止奢侈品代工生意,建立自有牧场和完善的产业链条,创立艺术羊绒品牌——沙涓。
　　2020年8月4日,无边界商学院特别邀请复旦大学管理学院市场营销系主任、教授、博士生导师蒋青云老师,复旦大学管理学院案例企业艺术羊绒"沙涓"创始人郭秀玲女士,共同探讨中国本土奢侈品牌的国际营销战略。

蒋青云:"沙涓"将羊绒和艺术相结合,定位为奢侈品。但高端市场本来就比较小,再定位艺术可能更加狭窄。顾客因为拥有共同的价值观和生活方式从而形成品牌社区,与品牌互动,不断升温与品牌的关系。

郭秀玲:奢侈品牌要花很长时间打造。客户买羊绒产品不是为了保暖,而是为了买艺术品。艺术家的创作将为品牌增值,产业的发展又会激发艺术家的创作热情。

"沙涓"在全世界寻找对艺术、高品质有追求的客人,用极致的产品以及文化艺术的溢价征服世界。我们有直营的微信公众号,与格调相同的第三方平台合作,通过官网把产品销到世界各地。我们选择性地进行互联网销售,没有在淘宝、天猫、京东等平台开直营店。因为客户是资产,如果通过第三方运营,就切断了这种沟通。

资料来源:复旦商业知识学堂公众号,2020年8月4日,有删减。

思考　　人们为何愿意高价购买奢侈品?

第一节　消费思想的发展

消费伴随着人类的出现而出现,消费思想是指人们对消费关系的认识。消费思想和消费理念,抑或是消费理论,是一定历史时期内社会经济发展的产物。消费思想是人类社会最古老、最长久和最普遍存在的思想。在不同的历史发展时期,由于生产力发展水平和社会经济发展程度的不同,会有不同的消费思想和消费观。

一、我国消费思想演进

中国古代消费思想是中国经济思想史的重要内容之一。思想家从纵和横两方面论述消费,即将消费置于社会生产的各个环节以及研究消费过程中不同要素之间的内部联系。总结起来,我国古代消费思想主要包括主流消费思想的崇俭黜奢和非主流消费思想。

1. 崇俭黜奢

在古代，人们基本上处于自然经济状态，受客观和自然条件的限制，为缓解消费需求资料供给的矛盾，崇俭黜奢的消费思想是主流，这主要是从伦理道德角度论证的，是中国传统消费思想的核心内容，同时也是封建正统经济思想之一。在物质产品不丰富的条件下，这种消费原则有其客观的历史必然性。

中国传统消费思想以儒家的等级消费观为主流。如今指导生产和消费的消费级差理论以及管理学和营销学中的客户定位理论，实际上是继承了2500多年前中国的传统经济思想。道家的无为消费观在中国传统消费思想中占有重要地位。该消费观从物极必反的哲理出发，认为经济发展、财富增长和社会进步所带来的必然结果是人的物欲膨胀，社会矛盾尖锐，这不利于人的身心与国家的长治久安，因此在消费上主张去奢从俭和知足常乐、清心寡欲和俭朴自持。墨子提倡消费上的公平，否则和谐安定的社会秩序将无法实现。

奢俭论有两种最基本的划分：按等级和按消费品对消费主体是否绝对必需划分。每个等级都有自己的消费标准，超越自身等级所允许的消费行为叫奢，合乎自身等级所允许的消费行为叫俭。"绝对需要"是一个相对的历史概念。凡是符合实用、满足温饱、局限于吃穿等原则的消费属于节俭，反之就是侈靡。例如，历代王朝都以"会典""律例""典章"或"车服制""舆服制""丧服制"等各种条文颁布律令，规范和管理各阶层的穿衣戴帽，对服装的质料、色彩、花纹和款式都有详细规定。

先秦是古代消费思想的源头，崇俭或节用是先秦各学派较普遍的主张，但各派在此主张的性质和特点方面互不相同，如儒家学派大都结合义利观阐述其合理性和必要性；法家学派从富国强兵的角度论述；道家学派从无为角度阐述；墨家学派从均富层面论证等。

消费按时间先后有现期消费和未来消费。佛教传入中原之前，中国人主张节制现期消费，虽未来消费不同于积累和投资，但至少具有备荒等积极作用。佛教传入中原后，施舍意识广为传播。宗教消费支出，从经济学角度来讲是有害的，因为它减少了可能用于经济发展的积蓄，也成为有闲阶级的消费负荷。

魏晋南北朝及隋唐时期的消费思想表现出三个特点：以节俭持家为主要内容的家训及格言流传；以俭治国的事迹大量出现；佛、道两教对消费思想产生较大影响。

宋代以后，理学产生，尚俭又有了新的内涵，即统治者应养尊处优，但要有"度"。明代的家训更加多元化、系统化，目的主要在于培养节俭持家的美德。

2. 非主流消费思想

除上述正统的消费观,中国古代就消费问题还存在不少其他观点。如《管子》中的俭侈并重;司马迁基于人性考虑,提出"善因论",主张自由消费;明代的陆楫、郭子章等人认为奢侈对国民经济发展有益而无害,节俭有利于个人,但对整个国家是无益的;各种异端消费思想,如宋末元初的邓牧、明清之际的唐甄等人对君主消费的抨击等。

荀子是诸子当中第一个对消费欲望理论作出完整解释的思想家。

管子创立了俭侈并重的消费观。在主张人们节制消费和生活节俭的同时,提出重视消费、俭侈并重。在先秦思想家中,管子是唯一能辩证看待俭侈问题的思想家。在论"俭"的同时,也重视消费,认识到消费对刺激经济、宏观管理以及道德提升具有重要的意义。他认为在特殊情况下,特别是灾荒之年,应提倡奢靡消费。原因是"兴时化",也就是指在社会生产不振,需要外力刺激的时候,最好的办法莫过于提倡侈靡之风,增加就业。

管子的"俭"思想的重要特点是侈靡和节俭是辩证统一的;俭与侈都是具体的和有条件的;提倡适度的消费观,防止片面性和走极端。他认为,俭与侈都有积极一面,也都有消极一面。消费应根据具体情况而定,侈和俭都不能过度。其消费伦理思想在我国古代非常有特色。

桑弘羊的消费思想继承了管子的侈靡思想,并有所发展。他不像管子那样在提倡侈靡时还要有条件限制,他是无条件地提倡侈靡。

司马迁提倡自由消费。他认为人们追求高消费和争荣斗富的心理由来已久,是人之常情,也是消费规律。人应顺其自然进行消费,崇尚这种高消费,并予以引导。但他并非主张绝对放任,在一定的情况下,政府对社会经济发展进行适当干预,还是必要的。

以叶适为代表的功利学派消费思想和以邓牧为代表的异端消费思想都表现出不同于传统的特点。历史上,叶适第一个直接否定和批判封建正统重本抑末原则。他从人性论出发,主张发展工商业,并做到与其他部门协调发展,只有这样人们才能获得更多的消费资料,并意识到消费也是过去收入的函数。

朱熹对消费思想的贡献体现在对心理的论述,尤其是对下层消费者心理的描述。明代的陆楫继承并发展了管子的"崇奢"思想。在其所著《兼葭堂杂著摘抄》中的《论崇侈黜俭》是中国经济史上罕见的反传统经济思想的篇章。其"崇侈黜俭"思想的特点是赞扬"奢侈"(现可理解为消费),反对节用,这是从整个经济发展来看的,即从宏观角度来看,奢比俭更有助于经济繁荣,因为奢侈可以扩大消费,促进人口就业,推动经济发展。

此外,明末的郭子章也是此观点的典型代表。他对传统的"崇俭黜奢"进行了批判,认为奢和俭都不好。在奢侈和赤贫两个极端之间存在一个点,这为寻求适度消费的界限提供了宝贵思路。为找到奢俭的中间点,他认为应该加大消费力度。陆楫的奢俭是指个人的奢,郭子章的奢俭是指国家财政的收支。这也是顺应不同时代特点和发展提出的观点,在明代,由于商品经济和资本主义萌芽的发展,使得人们的生活和思想发生了明显变化,上述陆楫和郭子章的消费思想就是一例。李贽也有类似的"奢俭俱非"的观点。

王夫之的俭奢观既一般性地肯定了勤劳俭朴的道德价值,又指出过分节俭可能带来的弊端,既倡导正当、合理的消费,又反对奢侈浪费。

清代李渔的《闲情偶寄》是专门研究生活乐趣的书,是古代中国人消费艺术的指南。消费艺术,也可称为科学、合理的消费思想或消费引导。

"皆寓节俭于制度之中,黜奢靡于绳墨之外。富有天下者可行,贫无卓锥者亦可行。"消费艺术指在消费力一定的前提下,怎样使消费更合理、更科学、更能满足需要。因此要进行消费引导,使消费更合理、更科学。

清代唐甄关于不同年龄或不同人生阶段的消费需要和消费心理有很大差异的论点,在中国古代消费思想史上可以说是独一无二的,也可以说是现代生命周期假设的消费函数理论的萌芽。

中华人民共和国成立之后的前29年间,中国对消费研究较少,这是由当时的国情决定的。20世纪五六十年代,有专家学者围绕消费与生产的关系问题进行了探讨,但主要集中在消费与生产关系、积累与消费关系、探索消费品供需问题。

改革开放后,随着消费经济学在我国创建,对消费的关注也明显增多,尤其是学术理论界。除了引用马克思主义消费理论和西方消费理论,还不断提炼出一系列新的研究方向。比较重要的有:消费环境、信息消费、教育消费、住房消费、旅游消费、消费热点、消费金融、异质性消费、绿色消费、公平消费等等。

中国的消费制度在不同历史时期不断演变。由消费制度变迁历史可以看出,中国的消费制度经历了由抑制消费向促进消费的演变。抑制消费的观点自中华人民共和国成立起,一直持续到20世纪90年代中期。1998年以前的消费制度是以抑制消费为主的制度。1998年之后,买方市场形成,这鼓励了消费信贷业务、促进了旅游业发展、扩大了教育消费,还不断扩大社会保险制度的覆盖面。

二、西方消费思想演进

古典经济学时期,以亚当·斯密、大卫·李嘉图、魁奈等为代表的经济学家就已经对消费者行为及消费的相关研究进行过系统阐述。

亚当·斯密的消费思想主张把资本积累放在首位,节制消费,勤劳和节俭是国民财富增长的必要条件;严格区分目前消费与未来消费、生产性消费与非生产性消费,以及其产生的不同经济效果,赞扬生产性消费,强调抑制非生产性消费;首次提出生产的唯一目的是消费。

大卫·李嘉图的消费思想主要有:从赋税转嫁和归宿的角度阐述了与消费相关的一系列问题;分析了消费欲望、消费需求和消费水平的问题;揭示了奢侈品与必需品的区别。

魁奈的消费思想体现在:重视消费对财富增长的影响作用;重农主义;提出"纯产品"学说,区分了生产性消费和奢侈消费,从财富和收入的角度主张减少奢侈品的消费。

典型的消费思想如下:

1. 提倡节俭,节制消费

在古希腊的全盛时期,人们的消费比较理性,普遍重视对财富的积累。人们在日常生活中,既注重生活的质量,又以节俭持家的态度提升自己的思想修为,幸福与快乐的生活是人们追求的目标,获取财富的目的也在于此,对于铺张浪费的行为并不提倡。

毕达哥拉斯学派倡导节制。德谟克利特认为获得快乐的最好手段是节制和适度。在苏格拉底看来,理性的生活就是理性地控制情欲,不被情欲奴役。柏拉图认为,欲望的节制和克己非常重要。亚里士多德认为,在消费问题上,人的理性能够指导人们选择合理的消费行为,适度的消费才是值得肯定的。合理中道的消费行为是有实践智慧的人的德行,理性的消费行为选择方针才是成就人类幸福生活之人生目的的恰当方式。

持节俭观点的代表性人物有:威廉·配第、亚当·斯密、大卫·李嘉图等。他们的观点基本相似,都主张减少不必要的消费,把社会财富的积累放在首位,也就是节制消费、适度消费。他们站在赋税的角度看待消费问题,认为生产与消费密不可分,适度与理性的消费方式是社会经济体系健康运转的必要条件。最有利于生产的消费是用于经营从国外赚取收入的事业的支出,而最不利于生产的消费则是用于吃喝、衣物、家具和建筑的消费。

16世纪到19世纪流行的重商主义反对铺张浪费和外国奢侈品的输入。重商主义者反对奢侈的消费行为,实质上也是反对当时靠炫耀性消费维持的封建特权,这使得国内资本得到积累和增加,也为以后资本主义经济的迅猛发展铺平了道路。

对于消费如何推动资本主义经济发展的问题,马克斯·韦伯认为,节俭的消费观是成就近代西方世界经济快速增长的精神动力之源。

2. 奢侈有利,主张奢侈消费

这种思想的代表人物是托马斯·孟,他强调奢侈消费是必要的,节俭并不可取,因为这会对社会的就业产生一定的影响。他鼓励贵族、绅士和其他大有作为的人,在房屋、衣着和其他方面大摆排场,这样做不会使国家贫困。奢侈会使富人的钱财用来维持穷人的生活,也会成为公共财富最好的分配方法。

尼古拉斯·巴尔本也强调,对一个贸易国家来说,富人都贪婪而不消费,就会像一场对外战争那样危险。因此加大对住房、服饰等的消费,是促进贸易支出的良方。

另外,晚期重商主义者作为当时新兴商业资产阶级的代言人,一致认为节俭是导致失业的主要原因。富人的奢侈消费为穷人提供了更多的工作机会。

还有一种观点是主张刺激消费,用奢侈推动经济的发展,孟德斯鸠都有代表性的言论。维尔纳·桑巴特认为,近代资本主义起源于奢侈消费。

3. 俭奢并重,适时适度

在早期西方经济思想上,费迪南多·加利亚尼认为,满足生存需要的消费和奢侈是"相同的合情合理的举动"。

4. 其他消费主张

(1)禁欲的观点

中世纪的禁欲思想否定了人的生存价值,贬低了人的现世生活幸福。新柏拉图主义则将斯多亚学派的理性主义伦理学推进到禁欲主义。

(2)从欲的观点

在对消费欲望的认识和态度方面,古希腊人倾向于从欲,并把个人欲望提升到幸福层面,控制欲望、精神安宁才能实现真正的快乐。这种思想表现在消费上的快乐是内心宁静的生活方式。荷兰的爱拉斯谟讴歌人性的解放,提倡符合人自然本性的生活。

(3) 多元化的观点

西方世界进入后现代时期之后,开始出现多元化的生产模式和后现代的生产理念,这也促进了当代社会消费观念的变化,人们不再仅仅满足于商品的使用价值,而是转向由凡勃伦在 20 世纪初命名的炫耀性消费、意义消费,消费行为更多是彰显自我个性,满足自我情感的归属需求,概念化消费与个性化消费成为这个时期的重要消费特征。导致这种消费行为出现的原因是社会生产力的激增带来的消费产品的极大丰富,商品生产向服务性的转变,企业的产品与服务携带大量具有价值导向的信息传达给消费者,从而刺激人们的消费欲望,改变大众的消费理念。

凯恩斯主义成为当代西方经济学说的主流学派,多数西方国家的人们受其影响,大量消费商品,迈入以符号为中介的消费社会,消费的内涵发生了根本性的转变。同时,消费社会概念被提出,此概念被用于解释晚期资本主义社会的特征。后福特时代的到来标志着西方从生产社会进入消费社会,对消费社会的反思是当代消费伦理研究的重心。

消费主义的蔓延不是基于实际需要的购买与消费,而是由宣传创造的"虚幻"需要。其主要特征为大规模和高消费,并以主流文化与意识形态的形式出现,成为大众所认同的价值观念和普通消费者的一种生活方式。

消费主义不同于传统经济条件下的消费享乐主义。消费享乐主义的价值观仅在少数贵族阶层中流行,社会主流文化仍以节俭为美德,大多数消费者以消费理性主义的态度,按照实际需要进行消费。

三、西方消费理论

关于消费的理论众多,基于不同的视角,可以从经济学、心理学、社会学和管理学等方面思考,西方消费理论显然已成为消费理论的主流。西方消费理论是一个庞大的概念,涵盖众多学派的不同思想,这里只介绍西方消费理论中具有代表性的消费理论。

1. 马克思主义消费理论

马克思主义消费理论主要内容包括:消费及消费结构理论、消费在社会再生产中的地位和作用理论、生产和消费比例关系理论、消费力理论、消费信贷理论和消费观理论。这六大理论之间不是完全独立的,而是一个有机整体。

马克思主义消费理论的基本原理说明:生产、分配、交换和消费要整体推进,不可偏颇;投资、消费和出口要协调增长,不可顾此失彼;生产力和消费力必须协调发展,不能因为片面重视生产力而忽视消费力;消费信贷对消费有一定影响;正确的消费观非常重要;合理的消费结构和消费差距对消费有重要影响。

2. 古典经济学消费理论

古典经济学消费理论主要包括威廉·配第、亚当·斯密、大卫·李嘉图等人的消费理论。威廉·配第主张节制消费,为经济增长积累必要的资本和财富。亚当·斯密和大卫·李嘉图认为,节俭是国民财富增长的重要推动力。

3. "边际革命"对消费理论的影响

庞巴维克是边际效用价值论的代表人物。该理论为消费者效用最大化提供了重要的分析工具。

4. 新古典经济学消费理论

新古典经济学消费理论主要包括杰文斯、门格尔、瓦尔拉斯、马歇尔、希克斯和艾伦等人的消费理论。例如,马歇尔提出需求规律、需求价格弹性、消费习惯的作用和消费者剩余等理论,强调要注重需求规律,触及消费习惯因素。

5. 当代西方主流消费理论

当代西方主流消费理论包括:绝对收入假说、相对收入假说、持久收入假说、生命周期假说、随机游走假说、预防性储蓄假说、流动性约束假说和缓冲存货储蓄假说等,从初步奠定消费理论体系的基本内容到搭建几乎完整的消费理论体系框架都有所体现。

绝对收入消费理论认为,当期绝对收入水平是决定居民当期消费水平的关键因素,而且存在当期消费水平边际递减趋势。

相对收入消费理论认为,消费者的消费不仅受本人当前收入水平影响,也受本人历史最高收入水平、历史最低收入水平和其他人收入水平的影响,并基于此提出了消费的"不可逆性"和"示范效应"。不可逆性是指消费随着收入增加而增加,但收入下降时消费可能不会明显下降。示范性是指居民消费会受到其他人消费行为的影响,特别是高收入人群的消费会对低收入人群的消费产生影响。

持久收入理论的观点为:居民消费支出不是由当期收入决定,而是由持久收入决定。

生命周期理论认为,每个消费者或家庭消费都会遵循一个合理、稳定的消费率,这种消费率是根据整个生命周期的全部预期收入和预期消费支出得出的。按照这一合理、稳定的消费率消费,消费者才能实现一生消费效用最大化。

6. 当代西方非主流消费理论

当代西方非主流消费理论主要有卡莱茨基的消费理论、温特劳布的消费理论、韦伯的阶层地位消费假说、西美尔的时尚消费理论、布迪厄的"资本—场域—惯习"消费理论、炫耀性消费理论。

卡莱茨基的消费理论体系隐含国民收入在不同阶层之间分配的格局会影响消费的思想。

韦伯认为,经济地位、社会声望和其他非经济因素通过影响个人的消费和生活方式,最终决定其阶层归属。

西美尔的时尚消费理论则强调,货币的拥有和使用使生活变得"无风格化"。社会群体的地位差别依然需要以不同的风格进行区分,使得人们对风格产生渴望,并通过不断更新所消费的商品体现独特风格,从而出现短暂而频繁流行的时尚。

布迪厄的"资本—场域—惯习"消费理论指出,社会各阶层在消费方面都表现出与其阶层相一致的消费偏好。

炫耀性消费理论来自于凡勃伦的炫耀性消费理论,还包括弗兰克、巴格韦尔、本海姆、匹森多佛、雅拉米罗的炫耀性消费理论。

20世纪80年代以来,消费理论有了新发展。后现代主义强调注重人的本性和消费者的主权,将语言、价值、符号学和文化等领域的知识引入消费决策的研究体系中。同时,可持续消费理念应运而生并逐渐为各国所认同。

第二节　对消费的认识

一、概述

1. 消费是一个过程

消费具有多重性质,包括社会和经济过程,同时也具有自然过程的性质。

消费是自然过程,就消费品的使用价值满足人们某种特定的需要来看,它具有生理学和心理学意义上的自然过程的性质。消费是社会过程,它具有复杂的社会性质,消费总是在一定的社会关系下进行的,是人们的一种社会行为。阶级、种族、民族、经济制度、政治制度、战争与和平、文化传统、风俗习惯、道德、宗教与哲学等都规定着人们的社会关系,不同程度影响人们的消费,因此人们的消费受到各种社会关系的影响。消费是经济活动,它体现了多方面的经济关系,消费的问题贯穿整个经济过程。

2. 消费是一种行为

消费主体出于延续和发展自身的目的,有意识地消耗物质资料和非物质资料。

人类的消费行为,具有多方面的意义,如经济学的意义、生态学意义和社会学意义等。

经济学视角的消费。微观经济学研究消费,着眼于消费者根据收入与价格等因素决定如何达到消费效用的最大化,经济学家从理性人的假设出发,构建各种消费理论模型。宏观经济学家研究的消费,重点是消费与收支间的函数关系。

生态学意义上的消费是生态环境中能量转换与物质循环的一个重要环节。为满足需求,人类生产与制造了大量自然生态系统中没有的物质。

社会学意义上的消费既是一种以满足个人需求为目的的个人行为,同时还是一种能表现某一群体特征的社会行为。每个消费者的消费行为受个人需求的支配,而个人的需求又取决于自然、经济、文化以及各种社会因素。

3. 消费是一种资本

资本的概念随着社会经济的发展而发展,随着意识形态的变化而变化,有着鲜明的时代特征。消费资本是以消费形态表现的资本,包括在产品和服务的消费过程中,所有由消费者创造的市场力量及其价值表现,是货币资本和知识资本之外的第三种资本形态,分为广义消费资本(即包括在产品和服务的消费过程中,所有由消费者创造的市场力量及其价值的总量)和狭义消费资本(即消费资本总量在一定时期内在企业中释放出的现值)。

因此,消费是由足够的力量形成影响一切并且能够和货币资本、知识资本并驾齐驱的一种资本——消费资本。比如消费者投资、消费者参股、消费者期权和消费者选择权等,通过这些方式将消费向生产领域和经营领域延伸,在不同层次上实现消费的资本化。

4. 消费是一种现象

消费成为衡量各种社会关系的新标准。消费行为成为人们融入社会的一种途径。有学者认为,消费不仅是一种生理、心理和经济现象,更是一种社会现象。社会和消费之间有着紧密联系,有双重性的特点:消费刺激欲望,让消费者在欲望得到满足的同时也实现自我价值,从而促进经济发展;消费也会使得人心异化、铺张浪费、价值观丧失,导致文化分化。

消费现象既是社会分层和融合的基本原因,也是不同社会阶层间交流或冲突的根源。由竞争和合作、自治和控制、等级和群体构成的社会生活具有双重特性,而消费正是分析这些双重特性的核心所在。

消费具有的表现功能,即消费者对消费品和消费方式符号元素的选择和组合方式。除了物质消耗与使用层面上的消费,还体现象征意义上的符号消费。

消费品集实用、身份象征、趣味、纪念意义、美感于一身,这些功能有助于消费者展示自我,树立个人形象,还可以体现不同生命阶段的区别,有助于不同"社会圈子"的建立与联系。消费品的使用对年轻人的社会化进程起了很重要的作用,有助于年轻人融入自己的"圈子",参与身份建构的过程,如性别的建构,阶层身份的建构,文化身份的建构。

宏观社会观察层面的消费体现了社会归属性,是分析生活形态和社会分化的工具;政策参与消费的目的是引导社会财富的再分配。次宏观社会观察层面的消费体现了控制市场调节、购买力及物资和服务质量的政策力量。微观社会层面的消费体现了家庭、朋友等人与人之间的消费行为的相互影响。

消费是一个具有两面性的现象,既带来社会交流,又激发社会冲突。从某种意义上来说,消费情况可以反映不同社会阶层和社会群体间的矛盾冲突。

5. 消费是一个行动体系

消费反映了科技、经济和社会的发展过程,也是一个从厂家生产产品到消费者使用产品的时间过程。消费现象可被看作社会行动系统中的要素之一。一种产品或服务从研发阶段开始,经过生产、购买,最终为消费者所用。整个过程实际上就是各种角色通过各种交易将一种产品由原料转化成商品的全过程。在整个过程中,所有的交易反映两种相互渗透的逻辑:合理化逻辑(即产品的最终定价是企业内部生产者和外部消费者经过理性考虑、协商后的结果)和象征性逻辑(即改造过程)。消费是合理性和象征性相互作用的结果。

消费这一现象是众多学科的研究主题,例如,经济学、心理学、管理学、物理学、生态学、社会学等基于各自的视角展开相关研究。

二、研究和学习消费的意义

从社会经济的运动过程来看,社会生产的总过程包括生产、分配、交换和消费四个环节。消费是社会再生产的重要环节之一,与其他环节构成一个统一的有机整体。生产决定消费,消费的增长又产生新的社会需求,促进生产进一步发展。生产是消费的手段,消费是生产的目的。在经济学原理中,生产决定消费,这可概括为：生产为消费提供对象；生产决定消费水平；生产决定消费方式；生产创造消费需求。

从静态看，消费是社会生产过程的终点，它起着对再生产经济效益的最终检验作用。从动态看，它又是下一生产过程的先导，为新的生产过程提出目标、要求和动力，通过商品流通和市场为生产、再生产提供重要的信息反馈。

消费一方面受生产、流通、分配等方面的影响，另一方面又影响生产、流通和分配。消费反作用于生产，促进或阻碍生产的发展。只有生产出来的产品被消费了，产品的价值和使用价值才能实现，生产才能继续进行。因此，消费是生产的动力，它为生产创造新的劳动力，是生产的目的。马克思将生产与消费之间的同一性归纳为：直接的同一性；相互依存的运动，互不可缺又各自处于对方之外；每一方都为对方提供对象。

消费对生产的作用：消费使生产得以实现；消费创造新的生产需要。

消费对分配的作用：消费使一定的分配方式得以实现，并构成对这种分配的检验；现实的消费状况，消费水平对各个层次的分配都有一定制约作用；消费结构是人们作出分配决策的一个客观依据。

消费对流通的作用：消费是流通的目的和动机，它使流通得以完成，并给予流通推动力；消费规模和速度是决定流通规模和速度的一个重要因素；消费结构制约流通商品的结构；流通作为中介环节，使消费得以反馈于生产。

消费与生产、分配、流通之间的关系是交织在一起，且互为前提，互为条件的。

相关阅读　中国银联"重振引擎"助商惠民计划

做法：联合地方政府、银行与商业机构，通过"云闪付"App发放超5亿元惠民消费券；

目标：预计拉动消费10.5亿元；

措施：补贴优惠、全面助商；

时间：从2020年4月中旬开始，不同地区持续时间不同，最终持续到2020年7月；

范围：覆盖全国70个城市（区）、1000多个市县；

涉及行业：餐饮、购物、市内交通等高频消费场景，覆盖2000多个热点品牌、逾40万家线下店；

方式:用单品折扣、支付立减等方式,通过大数据制订精准计划,实现商户选择的精细化布局。

资料来源:http://promote.caixin.com/2020-05-06/101550498.html,有删减。

三、消费的含义及解释

1. 消费的含义

不同学科领域对消费有多种阐述,如经济学、社会学、心理学等学科对消费的定义随着研究侧重点的不同而有所差异。本书的"消费"概念是指人们为满足需要而消耗各种物质产品及非物质产品的行为和过程。

2. 消费的分类

传统意义上的消费分类有生产性消费和生活性消费。广义的消费包含生产性消费和生活性消费;狭义的消费仅指生活性消费。

生产性消费是指在物质资料生产过程中,通过各种工具、设备、原材料等生产资料以及劳动力的使用和耗费,以获得进一步满足人们需要的物质产品和服务产品。

生活性消费包括两部分,即家庭和个人生活消费,是指人们为了满足自身需要而消耗各种物质产品、精神产品和劳动服务的行为和过程。公共生活消费是指满足社会成员共同需要,由公共财政支付费用的消费。

生活消费具有两重性,即具有自然过程(反映人们消费各种消费资料和服务满足自己的生理和心理的需要)和社会过程(在不同的生产关系下,价值观、消费观不同,消费的情况不同)的性质。

此外,还有集团消费,即单位、各种社会组织存在的一定的消费活动。非生产性消费是指在消费过程完成之后不能再满足人们需要的物质产品和服务产品,而且对于一定具体的物质产品和服务产品而言,消费过程结束后,它们将失去使用价值。

社会公共消费和居民个人消费是最终消费,生产消费是由最终消费派生出来的,是满足最终消费的手段。

本篇中的消费指狭义消费,即个人消费,是指人们为了满足自身需要对各种生活资料、劳务和精神产品的消费,其属于生活消费。

消费的基本要素包括消费主体、消费对象、消费工具、消费环境。

四、与消费相关的几个概念

1. 消费结构

消费结构是指在一定的社会经济条件下,人们在消费过程中所消费的各种不同类型的消费资料的比例和组成关系。它有实物形式和价值形式两种。实物形式是指人们在消费过程中消费了什么样的消费资料,以及它们各自的数量。价值形式是以货币表示人们在消费过程中消费的各种不同类型的消费资料的比例关系,在现实经济生活中具体转变为各项生活支出。

消费结构有宏观和微观之分。宏观消费结构是从整体考察的居民消费结构,微观消费结构是从家庭和个人考察的消费结构。

简而言之,消费结构是指人们及社会消费了什么,每种消费多少,消费是怎样构成的。从不同的角度考察,消费结构可分为公共消费和个人消费,物质消费和文化消费,实物消费和劳务消费,传统消费和新兴消费等。

消费结构由社会生产的结构决定,并受到人民消费生活变化规律的制约。

影响消费结构的因素主要有:经济方面,包括产业结构、居民收入和价格变化;人口因素;消费心理;社会风气的变化等。

2. 消费方式

消费方式就是在一定生产力发展水平和一定生产关系条件下,消费者与消费资料相结合满足需要的方法和形式,是消费的自然形式与社会形式的有机统一。它是生活方式的一个部分或一个方面,回答了怎样拥有和拥有怎样的消费手段与对象,以及怎样利用它们满足自己物质文化生活需要的问题。

它可分为消费的自然形式、社会形式和组织形式,表现为购买、使用商品和接受服务。

消费方式的决定因素主要有:生产方式、观念、消费习惯和传统、国家方针和政策及法律法规、社会经济制度、地理环境、个人爱好和社会风俗等。

3. 消费模式

关于消费模式的定义有如下代表性观点:

消费模式是居民消费活动中形成的社会关系的总和,阐明了在一定社会形态中,人们在消费领域应遵循的准则和规范。

将消费模式看作消费体制的核心,有广义和狭义之分。狭义的消费模式是指消费体制的基本属性和主要原则,广义的消费模式是人对产品消费和服务消费所形成关系的总和。

消费模式的类型可从不同角度认识,例如,从收入水平看,有贫困型消费模式、温饱型消费模式、小康型消费模式、富豪型消费模式等。

经济学家抽象出的消费模式大致有如下七种:

(1) 绝对收入说。可理解为"现挣现花"。

(2) 相对收入说。1949 年,美国经济学家杜森贝利在《收入、储蓄和消费者行为理论》中提出,消费者过去的消费习惯以及周围的消费水平会影响消费者当前的消费,消费取决于相对收入水平。消费具有两种效应: 一是棘轮效应,即消费者的消费水平容易随着收入的增加而提高,但是随着收入水平的降低,消费水平却不容易下降;二是示范效应,即消费者自身的消费水平受到所处环境消费水平的影响,即消费具有模仿性和攀比性。

(3) 跨时均衡。1954 年,美国经济学家莫迪利安尼等人认为,理性的消费者会保持各个时期消费的平稳,以实现效用最大化。他们会理性地根据一生收入水平规划消费开支,使消费在整个生命周期内得到最佳配置,强调从消费者一生可预期的收入方面探讨其对当前消费的影响。

(4) 持久收入说。1956 年,美国经济学家弗里德曼认为,居民收入可以根据其来源和持有期限分为持久收入和暂时收入。理性的消费者会根据稳定的持久收入水平而不是根据短期波动的暂时收入作出消费决策,消费取决于持久收入。

(5) 随机游走假说。美国经济学家霍尔于 1978 年提出随机游走假说,得出消费服从随机游走的结论,认为消费行为是不可预测的。

(6) 预防性储蓄说。该理论最早可追溯到费舍尔在 1956 年和弗里德曼在 1957 年的研究。该理论认为,消费者预期未来的收入具有明确的不确定性,为了抵御未来收入不确定性带来的风险,消费者会减少消费支出并增加储蓄,预期的不确定性、风险越大,消费者越有可能进行更多的预防性储蓄,减少当前消费,将财富转移到未来的消费。

(7) 流动性约束理论。该理论分别由托宾和弗莱明于 1971 年和 1973 年提出,之后由泽尔德斯于 1989 年进行研究拓展。该理论认为,现实经济生活中的消费者进行借贷时将会受到限制,消费者不能通过借贷或抵押来应对收入降低的风险, 只能通过减少消费增加储蓄的途径来平滑一生的消费,这就表明家庭在消费过程中存在明显的流动性约束。一般而言,流动性约束的存在让家庭增加了预防性储蓄的动机。

由于基于跨时均衡的几种学说都近似于生命周期说。以上经济学家抽象的消费模式,概括起来可以划分为三类,即绝对收入说、相对收入说和生命周期说。

个人的消费模式受多种因素影响,如收入、职业、环境和个人认识等。消费模式研究主要包括消费内容、消费水平、消费结构、消费趋势、消费方式等。

4. 消费力

消费力是人们为了满足自己的物质文化需要对消费资料(包括服务)进行消费的能力。它不仅包括购买力,还包括人的知识和才能。

5. 消费环境

消费环境是指影响消费者心理和行为的各种因素,是个复杂的系统,可概括为自然生态环境、人工物质环境和社会文化环境三个子系统。它具有外在性与客观性的特点。

从人与自然、人与人之间的关系看,消费环境分为自然环境和社会环境;从对消费的功能看,可分为软环境和硬环境;从影响消费的空间范围和人数多少看,可分为宏观环境和微观环境。

生态环境是指生物主体的生存环境,包括自然环境和社会环境的各种因素及其相互关系。自然环境是生态环境的一个组成部分。它包括人们所处地区的地理与气候条件,以及生态系统。

人工物质环境是指在自然界提供的各种条件的基础上,人类通过劳动创造的各种用于人类生活的物质设施和物质条件。

社会文化环境也可称为人类文化环境。它包括人口、文化、社会制度、公共秩序、社会治安、伦理道德、人际关系等,这是一种无形的环境。

6. 消费质量

任何消费活动,都必须具备三个基本要素:消费主体(消费者)、消费客体(消费品和服务)和消费环境。消费质量反映了将三者结合所产生的消费的质的规定性,也反映了消费者需要的满足程度。

7. 消费水平

消费水平在狭义上指按人口进行平均的消费品(包括服务)的数量,反映人们物质文化需要实际满足的程度,即单个顾客消费的产品和服务所达到的规模和水平。它可用实物表现,也可用货币表现。广义上,消费水平是一定时期内整个社会用于生活消费和服务消费的水平和规模。它不仅包括消费品的数量,还包括消费品的质量。更广义的消费水平,除了包括数量和质量,还包括消费质量。

我们可从不同的角度理解消费水平。一种角度是从用消费的实物消费品和服务的多少衡量消费水平的高低,消费的产品越多,消费水平越高。另一种角度涉及消费的效果,即用消费所达到的效果衡量消费水平的高低,消费得到的效果越大,消费水平就越高。还可用生活质量的高低衡量消费水平的高低。在最基础的层次上,个人和居民家庭的消费水平通常是指所消费的物质资料和劳务的多少。整个社会的消费水平则是居民家庭消费与社会公共消费的总和。

8. 消费方法

消费方法是指消费者消费每一种消费资料采用的特定方法。

讨论专区

随着移动互联网的普及,消费者不再只是把消费的资金变成不能增值的商品,它完全有可能把消费的资金变成一种投资,在消费过程中获取收益。

怎样理解上述现象中的"消费"?请根据你所获得的信息,举例说明如何利用移动互联网,在消费中分得生产商的利润。

第三节 消费者与消费者行为

一、消费者内涵的理解

狭义的消费者是指购买、使用各种消费品或服务的个人与用户,即为个人的目的购买或使用产品和接受服务的社会成员。广义的消费者是指购买、使用各种产品与服务的个人或组织。

国际标准化组织消费者政策委员会于1978年5月10日在日内瓦召开的第一届年会上,把消费者定义为:为个人目的购买或使用商品和接受服务的个体社会成员。

我国在1985年6月颁布的《消费品使用说明总则》中首次规定消费者是为满足个人或家庭的生活需要购买、使用商品或服务的个体社会成员。

消费者包括个人和群体。个人消费,即人们获取、使用和体验一定的物质资料和服务以满足生活需要的过程。

这里研究的是消费者的狭义概念,主要指的是自然人。

可从以下几个角度对消费者进行分类:从消费过程考察,消费者是指各种消费品的需求者、购买者和使用者;从在同一时空范围内对某一消费品的态度来看,可以把消费者分为现实消费者、潜在消费者和永不消费者三类;从消费单位的角度考察,可把消费者分为个体消费者、家庭消费者和集团消费者。

消费者的特点主要体现在:个体消费者的消费性质属于生活消费,包括物质资料的消费和精神消费;消费者的消费客体是商品和服务,商品指的是与生活消费有关并通过流通过程推出的商品,服务指的是与生活消费有关的、有偿提供的、可供消费者利用的任何种类的服务;消费者的消费方式包括购买、使用和接受。不论是商品的消费还是服务的消费,只要是将有偿获得的商品和接受服务用于生活消费的人,就属于消费者。

在实际中,同一产品或服务的购买决策者、购买者、使用者可能是同一个人,也可能是不同的人。若把产品的购买决策、实际购买和使用视为统一的过程,则出现在这个过程中任一阶段的人都可成为消费者。

二、消费者行为概念及解释

关于消费者行为的定义,学术界有不同的认识。"决策过程论"把消费者行为定义为"消费者购买、消费和处置的决策过程"。"体验论"认为消费者行为是消费者的体验过程。"刺激—反应论"认为消费者行为是消费者对刺激的反应,应从消费者与刺激的关系,研究消费者行为。"平衡协调论"则认为消费者行为是消费者与营销者之间的交换互动行为,是双方均衡的结果。

消费者行为的狭义概念仅仅指消费者的购买行为,即人们为满足需要和欲望,寻找、选择、购买、使用、评价及处置产品、服务时介入的活动过程,包括消费者的主观心理活动和客观物质活动两方面。

消费者行为的广义概念是指消费者在寻求、购买、使用、评价和处置他们期望能满足其需求的产品和服务过程中所表现出的行为。

美国营销协会将消费者行为定义为:人类用以进行生活上的交换行为的感知、认知、行为以及与环境的动态互动结果。可从如下方面理解上述定义:消费者行为是动态的、互动的,先要明确影响消费的因素,进而分析消费者与影响因素之间如何相互影响;消费者行为涉及人与人之间的交换行为,许多消费者行为都涉及人们以金钱或其他物品进行交换从而得到产品或服务,这也是买卖双方的交换行为。

笔者对消费者行为的定义是消费者为满足消费需求,按照商品交换原则,在产品购买前、购买时和购买后一系列心理活动与行为过程的总和。其中既包括商品购买中的选择、决策和实际购买行动,也包括购买前的信息搜寻、整理和购买后的使用、保养和维修等活动。

三、消费者行为的主要特征

1. 复杂性

人们在消费活动中总是尽力做到理性,但由于环境和自身能力等因素的制约,消费者行为多为感性和有限理性。消费者追求自身利益最大化是驱使消费者购买行为发生的主要原因,会产生机会主义行为倾向,也就是消费者为自己谋取更大利益所采取的随机应变、投机取巧的行为倾向。

2. 综合性

消费者行为既有外显行为,也有内隐行为,主要包括消费者的决策过程及影响决策过程两个方面。消费者行为是外显行为和内隐行为的复合体,但更偏重后者。

3. 动态性

消费者行为包括获得、消费和处置这些随着时间发展的动态过程。消费者的想法、感受与行动是不断改变的。

4. 多样性

消费者行为涉及的消费品种类繁多,除了常见的有形产品外,还包括服务、观念和体验等无形产品。消费者人数众多且特征不一。另外,消费者行为并非仅涉及购买环节,还有不同阶段的决策。影响和决定消费者行为的因素是复杂的,有心理因素、消费环境因素、客体因素、直接因素、间接因素等。

5. 差异性

从个体的角度讲,消费者行为具有明显的差异性。这种差异一是源于复杂因素的个体取舍,二是源于个体消费者之间多方面的具体差别。

6. 社会性

消费者行为的主体体现着社会性。消费者行为的主体是人,其思想和行为都是在社会中形成的。消费者消费的对象,都是社会产品。消费者在消费前、消费中和消费后的一系列心理活动,以及行为过程都体现了一定的社会环境的特点和决定性影响,是一个持续过程。消费者行为的结果体现了社会性。一方面,消费行为的买卖双方实现了社会性的商品和价值交换,促进了社会再生产的良性循环;另一方面,消费者本身满足了自身的消费需求,延续和创造了个体的社会生活。

7. 相对稳定性

一般来说,消费者行为都是在消费实践过程中逐渐形成的。一旦形成,就有一段相对的稳定时期。在出现和接受与以往非常不同的消费体验之前,这些消费者行为是基本不变的。

8. 条件制约性

现实中,消费者行为会受到各种各样条件的影响。这些条件大致可分为三类:一是自然条件,包括消费者自身的身体条件和自然环境或自然资源方面的条件;二是社会条件,包括社会地位、家庭状况、职业身份、文化素养等;三是经济条件,一方面是消费者的收入,另一方面是商品的价格。此外,宏观经济环境的变化对消费者行为也有一定的制约。

9. 可受引导性

可受引导性是与社会性紧密相连的,两者都具有相同的社会性因素渊源。人们的消费行为可以通过企业和政府运用各种经济、社会、文化手段激发、引导。

10. 分散性

受单次消费量、支付能力及储存条件等的限制,消费者的购买呈现零星、频繁的特征。

消费者行为受多种因素的影响,这些因素相互联系、相互作用,共同构成复杂的体系。这些因素大致分为两类:主观因素和外部环境因素。

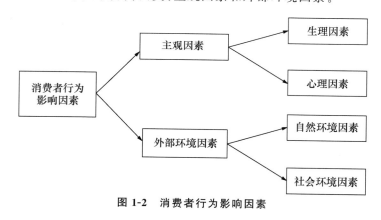

图 1-2 消费者行为影响因素

消费者行为是上述两种因素交互作用的结果,其行为方式、方向及强度,都受这两方面的影响和制约。

主观因素分为生理因素和心理因素。外部环境因素主要包括自然环境因素和社会环境因素。

生理因素是指消费者的生理需要、生理特征、身体健康状况以及生理机能的健全程度等。其中,生理特征包括体现外在特点的身高、体形、相貌、年龄、性别和体现内在特点的耐久力、爆发力、抵抗力、灵敏性和适应性等。

在消费活动中,生理特征对消费者有直接影响,着重体现在消费方式和购买方式上。

自然环境因素包括地理区域、气候条件、资源状况和理化环境等。它直接构成消费者生存的空间条件,促进或限制某些消费活动的进行,对消费行为有明显影响。

受所处地域的地理经度、纬度以及地形、地貌影响的消费者,在消费需求和生活习惯上存在差异。

地域性的气候和全球气候环境在很大程度上制约了消费者的行为,不同气候地区消费者的消费活动呈现诸多不同。

自然资源的开发、利用程度及储量与消费者的消费活动有极密切的关系。

理化环境主要是指由人为因素造成的消费者生存空间的状况。它直接关系消费者的身心健康,对消费者行为有重要影响。

随后两章的内容将对心理因素和社会环境两方面进行重点说明。

四、消费者市场

1. 概念

从狭义看,消费者市场是进行消费品买卖的场所,是组织市场乃至整个经济活动所服务的最终市场,是企业顺利实现营销计划,并最终实现商品价值和使用价值的场所。

从广义看,消费者市场不仅是消费品买卖场所,而且是与消费品买卖有关的交换关系的总和,它体现了商品货币交换活动的属性。消费市场中的交换关系是由消费品市场运行中的交换主体,即经营消费品的厂商和消费者形成的。

2. 消费者市场的特点

(1) 广泛性和分散性。因消费产品种类繁多,消费者人数众多,特征不一,这势必导致消费者市场具有广泛性的特征。由于单次消费量、支付能力及储存条件等的限制,消费者的购买还呈现零星、频繁的特征,从而形成消费者市场的分散性。

(2) 复杂性和差异性。消费者受多种主观、客观因素影响,由此形成不同的消费需求和消费行为,从而导致消费者市场的复杂性。

（3）发展性和多变性。消费者市场同人类的需求发展相应,也呈现由粗到精、由低级到高级的发展特点。消费者的需求又是多变的,这一方面是消费者求新求变的心理使然,另一方面则是由企业的引导所致。发展性和多变性都体现了消费需求的变化。

第四节　消费者行为研究内容及理论基础

一、消费者行为研究内容

对消费活动中的一般心理规律和行为表现的研究构成了消费者行为研究的基本内涵。消费者行为研究的基本主题可概括为:消费者的特征辨析、消费者的心理行为、如何解释消费者的行为、如何影响消费者。

1. 消费者的需求和动机

心理学研究表明,人的行为的出发点和原动力就是人的需求。应用心理学有关研究成果和相关理论为解释消费行为提供了帮助。通过研究消费者的个性心理特征,可进一步了解产生不同消费行为的内部原因,并掌握消费者购买行为和心理活动规律。

2. 消费者购买决策与行为

消费者的购买行为是消费者心理与购买环境、商品类型、供求状况及服务质量等交互作用的结果,是消费者心理活动的集中体现,是消费活动中最有意义的部分。消费者行为研究将影响消费者的心理因素与其行为表现紧密联系起来,深入探讨消费者的购买行为过程及购买决策的制定。

3. 影响消费者行为的因素

从大的方面来说,影响消费者行为的因素主要包括个人因素和社会因素。在实践中,可重点关注个人因素、环境因素、营销因素。

个人因素包括消费者的感知、学习、价值观与态度以及个性等因素。

环境因素包括社会环境,即文化、参照群体、社会阶层、家庭等因素,以及其他环境因素,即购物环境和情境等因素。

营销因素主要包括营销沟通以及与营销组合有关的因素等。

4. 消费者需求和心理趋势

随着经济的发展,人们的消费水平和消费结构发生了很大变化,消费行为与消费动机越来越复杂,消费的内容和形式日趋多样化。

二、消费者行为研究的理论基础

1. 有限理性人假设

传统消费者行为研究的人性假设基于"理性人"假设,但该假设存在三方面的缺陷:行为人具有完全的意志力保证其效用函数具有有序性和单调性。行为人具有充分的计算能力,即使在不确定的条件下,也能通过概率来判断各种可能的结果,并比较概率的大小。行为人具有完全记忆能力,对于影响其决策的一切因素具备完全充分的信息。

有限理性人假设能很好地解决上述问题,具体体现为:

(1) 有限理性。行为人并不总是追求效用最大化甚至不刻意追求效用最大化。当现实过于复杂或事物的实际表象意义模糊时,人们采取不同的理性方式进行决策,而启示和偏见往往是这些决策方式的基础。行为人对于未来事件的判断必须建立在获得未来事件发生概率的基础之上,但是行为人在特定环境下利用特定信息对事件作出概率估计时,往往会出现误差。启示是指直接影响行为人对于事件发生概率的判断性认识;偏见则是指行为人在概率判断上出现的有偏差的认知特征。启示和偏见虽然使得人们作出错误的决策判断,但却大大简化了行为人的决策过程,并且降低了行为人的决策成本。

(2) 有限意志。行为人的效用有时并不是社会所认可的效用价值,也不一定符合其长期效用特征。往往某些短期效用会通过习惯、传统、嗜好等对长期效用形式进行控制,即"感性战胜理性"。

(3) 有限有利。人并非时时刻刻都追求个人利益最大化,还会追求个人利益以外的事物,如公平、道德等。

(4) 相关环境。环境条件是影响人们决策的重要因素。人们对于自己已经拥有的事物总是比没有拥有的事物有着更高的效用评价。

2. 学科基础

与消费者行为研究联系较为密切的学科包括:

(1) 心理学。心理学是研究人心理现象发生、发展和活动规律的一门学科。它有理论心理学与应用心理学两大分支,特别是理论心理学各分支的研究成果对理解消费者行为有很大的帮助。

(2) 社会学。社会学是一门利用经验考察与批判分析研究人类社会结构与活动的学科。社会学的一些原理和理论对于考察和分析消费者行为是极有价值的。另外,社会学家在研究时所采用的定量和定性研究对消费者行为研究有很大的参考价值。

(3)人类学。人类学是从生物和文化的角度对人类进行全面研究的学科群。人类学,尤其是文化人类学对消费者行为的研究有独特的价值。

(4)经济学。经济学是研究人类社会在各个发展阶段中的各种经济活动和经济关系及其运行和发展规律的学科。对于消费者行为的认识也是源于经济学家的研究。不少学者运用经济学原理和方法分析消费者行为。

三、消费者行为模式

消费者行为模式可概括为以下六种:

1. 尼克西亚模式

尼克西亚在其著作《消费者决策过程》中提到:消费者行为是对营销者所发出的刺激信息进行接收、加工、储存、使用和反馈的过程。

信息处理后,消费者形成对商品和服务的态度;在对信息调查和评价的基础上形成购买动机;在购买动机的驱使下形成购买决策,进而采取购买行动;信息反馈则指导其今后的购买行为或把消费后的感受反馈给企业或其他消费者。

2. EBK 模式

美国俄亥俄州立大学教授 J. Engel、R. D. Blackwell 和 D. T. Kollat 在他们的著作《消费者行为》中首次提出,外界的信息与消费者的态度、经验及个性特点相符合,会使消费者产生购买决策和购买行为。

3. 消费者行为总体模型

美国俄勒冈大学教授 Del I. Hakins、Roger J. Best 与亚利桑那州立大学教授 Kenneth A. Coney 在他们的著作《消费者行为学》中首次提出,消费者在受外部和内部因素的影响所形成的自我概念与自身生活方式下产生的与之相契合的需求和欲望,需要通过消费来实现。

4. 轮盘模型

美国奥本大学教授 Michael R. Solomon 在其著作《消费者行为学》中通过分析消费者微观、宏观中的五个角色,重点强调了购买、拥有与存在。

5. 反馈模型

美国纽约大学教授 Henry Assael 在其著作《消费者行为和营销策略》中提出,消费者根据其他消费者的购后评价进行消费决策,继而产生新一轮反馈。

6. 轮状模型

美国威斯康星大学麦迪逊分校教授 J. Paul Peter 和宾夕法尼亚州立大学教授 Jerry C. Olson 在他们的著作《消费者行为与营销战略》中指出,消费者行为应从消费者的感知与认知、消费者的行为、消费者所处的环境和公司营销战略四方面分析。消费者的关键需求是引导消费行为产生的主要和重要因素。

第五节　消费者行为研究发展历程

一、萌芽时期(20世纪30年代以前)

对消费者行为的专门研究始于19世纪末20世纪初。对消费者行为的研究源自经济学。借用古典经济学"经济人"的假定,阿尔弗雷德·马歇尔构建了较简单的个体消费行为理论。少数企业开始关注消费需求的刺激与商品推销,一些学者根据产品销售的需要,开始从理论上研究商品的需求与销售之间的关系,尤其关注消费行为及心理与产品销售之间的关系,最早从事这项研究的是美国社会学家凡勃伦。他在1899年出版的《有闲阶级论》中提出广义的消费概念,同时提出炫耀性消费及其社会含义。以炫耀性消费为代表的消费心理研究成果引起了心理学家和社会学家的兴趣,也受到企业的密切关注。

与此同时,随着实验心理学的发展,心理学家将心理学原理和方法运用于广告、促销等领域。美国社会心理学家斯科特率先提出在广告宣传上应用心理学理论的观点。此外,在营销学、管理学的论著中也出现了关于消费心理和行为的相关论述。

这一时期的各项研究从各个侧面涉及消费心理和行为问题,为消费者行为研究奠定了基础。但对消费者行为的研究局限在狭窄的层面,研究重心在于促进产品销售而非满足消费需求,研究方法则是从经济学或心理学简单移植过来的,且多是依靠推理,没有消费者直接参与,因此并不是实证分析。由于这些研究主要局限于理论层面,没有在企业营销实践中应用,因而未引起社会各界的广泛重视。

二、成长期(或应用期)(1930—1960年)

这一时期的社会环境大背景为20世纪30年代的经济大萧条以及第二次世界大战。为了促进销售,市场逐步成为企业关注的焦点。二战后,了解消费者的需求特点,把握消费者行为的变化趋势,便成为企业赢得竞争优势的重要前提。在此背景下,越来越多的心理学家、社会学家、经济学家加入这一研究行列,推动了消费者行为研究的发展。

在20世纪四五十年代,消费者行为理论研究的关注重点主要是消费者行为动机。20世纪50年代以来,心理学在各个领域的研究应用都取得重大成果,同时吸引更多学者进入这一领域,提出了更多新理论。科普兰提出了感情动机和励志动机等消费者购买动机,盖斯特和布朗为了找到促使消费者重复选择同一品牌的有效途径而进行的关于消费者品牌忠诚度的研究等,在当今仍具有很强的应用价值。这些研究成果丰富了消费者行为研究的内容,促使其从其他学科中分离出来,成为一门独立学科。

三、成熟期(1960—2000年)

这一时期对消费者的研究进入深度理解消费者的阶段,研究手段和方法更为先进。专家和研究人员不仅使用先进的计算机技术,而且拥有先进的分析消费者心理的工具,拥有关于消费者心理行为理论的模型以及专门为研究消费者心理和行为开发的计算机软件。研究领域不断扩大和深化。有关消费者行为研究的论著迅速增加,研究的内容也扩大到文化消费、消费决策模式、消费生态、消费者保护、消费法学等领域。

1969年创立的美国消费者研究协会的会员由心理学、农业经济学、建筑学、法学、医学、市场营销学、数理统计学、工程学等各个领域的专家组成,这起到多学科相互渗透、相互促进的作用。

四、变革和重构期(2000年至今)

2000年以来,互联网和移动终端的广泛应用,使理解、分析消费者的方法发生了根本性变革。相对于以往的消费者研究而言,重构移动互联网时代的消费者心理与行为势在必行。

 本章小结

本章主要从国内和国外两个方面对消费思想的发展演变进行概述;介绍了消费、消费者、消费者市场、消费者行为等概念和相关解释;阐述了消费者行为研究包含的内容,消费者行为研究的理论基础,消费者行为研究的发展过程。

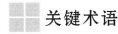
关键术语

消费　　　　消费者　　　　消费者市场　　　　消费者行为
消费结构　　消费模式　　　消费者行为模式　　现实消费者
潜在消费者　有限理性人

思考题

1. 如何理解有限理性理论是现代消费者行为研究的基础？
2. 试述传统消费者行为研究中的"理性人"假设的颠覆现象。
3. 从企业的角度如何看待现实消费者和潜在消费者？
4. 是否存在一种产品同时被定义为生活消费对象和生产消费对象？请举例并解释。
5. 了解消费者研究发展过程对你有何启示？

讨论题

中国的中产阶级构成了庞大的消费群体。中国成为继美国和欧洲等国家之后消费型社会的亚洲代表。此前，美国和英国等国家已分别于1920年和1950年形成消费型社会。

资料来源：〔法〕多米尼克·戴泽：《消费》，邓芸译，商务印书馆2015年版。

问题：你如何看待这段文字表述的内容？

案例分析

非接触式消费将迎来显著增长

新冠疫情可能会对消费者消费行为和消费模式产生哪些影响？

《经济日报》、中国经济网记者就此采访了浙江财经大学工商管理学院院长王建明。

记者：受新冠疫情影响，消费者的生活方式正在发生变化。您认为此次疫情可能会对消费者的消费行为和消费模式产生哪些影响?

王建明:新冠疫情对消费行为模式会产生长期、深远、广泛、深入的影响。具体来看,安全消费、健康消费、负责任消费、非接触式消费、简单迅速式消费等会显著增长。安全消费既包括消费结果(消费的产品或服务本身)的安全,也包括消费过程或消费方式的安全。新冠疫情导致消费者更注重提高自身免疫力、追求身体健康,因而体育运动、健身器材、健康美食、保健营养等消费会显著提升。健康消费的结构会不断优化,健康消费的目标群体也会进一步向低龄化延伸。负责任消费会相对扩大。疫情会促使人们更深入地思考生活和消费的意义,绿色环保、生态文明消费会相对扩大,食用野生动物等消费会受到抵制。

消费者会更加倾向人机自助式消费,非接触式消费会全面爆发。消费者亦更青睐简单决策、直截了当、速战速决的消费方式,实体店购物的时间和过程会大幅缩短。因此,提供更精准产品或服务的商家或许会更有竞争优势。

记者:您刚才谈到疫情可能会对消费行为模式带来影响,这将给一些行业带来机遇,其中是否也存在挑战?

王建明:享受型、娱乐型、攀比型等消费会有所下降。反过来,教育、通信、医疗保健等发展型消费会相应增加。新冠疫情会对大众的消费结构变迁产生积极影响。

共享消费会受到挑战。共享出行、共享办公、公共交通等接触式共享消费会受到挑战,因此需要更多关注并推进"非接触式共享"。总的来说,未来的消费结构会进一步向发展型层次演变,同时,共享消费模式也会产生新的变化。

资料来源:《专家:非接触式消费将迎来显著增长》,http://www.chinanews.com/cj/2020/02-19/9096517.shtml,有删减。

问题:

1. 如何从消费结构和消费方式两方面看待新冠疫情后人们消费思想的改变?
2. 新冠疫情后,人们消费行为的改变是否会长久?

实践活动

一、目标和任务

使学生通过对消费者行为的观察,理解本章消费者和消费者行为的概念,了解现实消费者、潜在消费者和永不消费者的区别与外在表现,初步明确消费者行为受众多因素影响。

二、准备

教师准备:在活动前,布置活动任务,解释活动内容和要求,设计活动全过程,制订临时出现问题的解决方案。

学生准备:各小组在教师的指导下,完成观察指标和问题的设计,问题一般以 5 个为宜,且能反映关键指标;根据相关知识撰写调查报告;在活动前需对消费者行为的基本概念、研究对象和范围有大致了解。

三、实施步骤

(1) 分组活动。学生在大型购物场所,如超市和购物中心,分别观察、询问并记录 2—3 位消费者购买商品的全过程。具体包括:消费者光顾商场的时间、所观察的商品种类和商品所在位置、咨询的商品种类和问题、挑选及试穿或试用过程、最后购买商品的种类和数量等。

(2) 小组总结。活动结束后,各组根据调查资料进行相关分析后得出结论,完成并提交一份完整的调查报告。

(3) 分享体会。各小组在课堂上分享活动成果、体会、经验和不足,对其他小组匿名评分。

四、反馈和完善

活动结束后,教师认真审读各组的调查报告并结合课堂讨论情况和匿名评分对学生的活动效果作出总体评价,总结教学效果,形成教学反思日志。

推荐阅读

1. 〔美〕迈克尔· 所罗门、卢泰宏、杨晓燕:《消费者行为学(第 10 版)》,杨晓燕、郝佳、胡晓红、张红明译,中国人民大学出版社 2014 年版。

2. 〔美〕利昂·希夫曼、约瑟夫·维森布利特:《消费者行为学(第 11 版)》,江林、张恩忠等译,中国人民大学出版社 2015 年版。

3. 〔美〕韦恩·D. 霍伊尔、黛博拉·J. 麦金尼斯:《消费者行为学(第 5 版)》,崔楠、徐岚译,北京大学出版社 2011 年版。

4. 〔美〕戴维·L. 马瑟斯博、德尔·I. 霍金斯:《消费者行为学(第 13 版)》,陈荣、许销冰译,机械工业出版社 2018 年版。

5. 欧阳卫民:《中国消费经济思想史》,中央党校出版社 1991 年版。

第二章

影响消费者行为的主观因素

知识目标

1. 理解消费者行为受多种因素影响
2. 明确消费者行为产生的机理
3. 掌握影响消费者行为的主要内因

能力目标

1. 进一步提升自学能力
2. 寻找适合的学习方式获取消费知识

素养目标

培养反省习惯

第二章　影响消费者行为的主观因素

本章主要知识脉络图

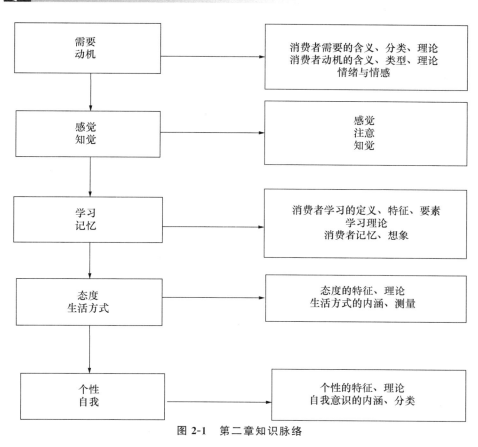

图 2-1　第二章知识脉络

案例　揭开奢侈品的面纱

　　法国电视系列片《揭开奢侈品的面纱》用六集展示了六个奢侈品品牌的历史及其消费者的各种形态。以下是对其中部分消费者的描述。
　　在《卡地亚》一集中，编导以中国香港地区商界的一位成功女性为观察对象。这位香港地区赛马会冠军马匹的拥有者是卡地亚的忠实粉丝。她对卡地亚品牌的追求是以拥有为乐趣,只要有新货到,卡地亚品牌的店员就会邀她看货,她基本是每请必到。店员稍一怂恿,她就会毫不犹豫地买下。影片还向观众展示了她搜集的卡地亚品牌的手表、项链、耳环等,数不胜数。单是该品牌的戒指,她就有满满一首饰盒。她说:"我有好些限量版的产品,就只有我才有,就跟我的马只属于我一样。"

《杰尼亚》和《香奈儿》两集的拍摄对象分别是一位上海男士和一位北京女士。

上海男士是一位成功的企业主,最喜欢的品牌是杰尼亚。他颇感骄傲地对着镜头说:"我爸爸、我叔叔都买杰尼亚,我也喜欢这个品牌的产品品质与设计,我从四年前开始买,买了好多好多。"其真实原因用他自己的话就是:"This is for my business!"

自称只买香奈儿套装的北京女士认为"外表非常重要"。

《香奈儿》这一集中还有一位瑞士家庭主妇。她居住在洛桑乡村,守着自家的大庄园,每天过着养花种草的居家生活。她同样也是香奈儿的粉丝,她身穿一套素色的香奈儿高级定制洋装,看上去却并不显眼。她说:"可能只有我自己知道我身上的衣服可能是世界上最贵的服装,别人根本看不出来。但我的内心感觉比我的外在感受更美妙,这是世界上最好的东西,我享受它带给我的愉悦。"

资料来源:王迩淞:《奢侈态度》,浙江大学出版社2011年版,有删减。

1. 上述材料中几位消费者的消费观念异同点是什么?
2. 研究小众奢侈品消费者的意义何在?

第一节　消费者需要与动机

人的行为基于需要和动机,消费是人的一种特殊行为,因此,也符合如图2-2所示的模型。

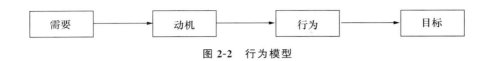

图 2-2　行为模型

一、消费者需要

1. 含义

消费者需要反映了消费者某种生理或心理体验的缺乏状态,并直接表现出对获取以商品或服务形式存在的消费对象的要求和欲望。

2. 特性

消费者的需要常体现如下共性。

(1) 多样性和差异性

不同的消费者对同一类商品的需要会表现出各自的特点,即使同一消费者在不同的情境下也会有不同的选择。

(2) 层次性和发展性

消费者的需要常常遵循由低层次向高层次发展的规律。

(3) 周期性

消费者的需要会呈现变化与更新周期往复的特点。

(4) 可诱导性

消费者的需要会随着环境或外部诱因的刺激发生变化和转移。

3. 消费者需要的分类

根据不同的分类依据,可将消费者需要分成不同的类型。

(1) 按照起源分类

自然需要(或生理需要),即消费者为维持生命和延续后代产生的需要。

社会需要(或心理需要),即在后天社会生活中形成的、带有人类社会特点的需要。

(2) 按照内容划分

物质需要,即消费者对以物质形态存在的、具体有形商品的需要。

精神需要,即消费者对于意识观念的对象或精神产品的需要。

(3) 按照形式划分

生存需要,即对基本物质生活资料、健康、安全的需要。

享受需要,即满足基础需要后,对物质的更高级需要。

发展需要,即能使消费者的潜能得到充分发挥的需要。

此外,还有从需要的合理性角度分类的不合法的需要、对消费者本身有利但对社会和他人有害的需要、对消费者有潜在不利影响的需要、对经营者及顾客和社会都有利的需要。

按照需要的社会性划分的成就需要、亲和需要和权力需要;按照需要的层次划分的生理需要、安全需要、归属需要、尊重需要和自我实现的需要;按照实现程度划分的可分为现实需要和潜在需要;按照对象不同划分的公共需要和个人需要等。

4. 消费者需要的基本形态

(1) 现实需要

消费者对商品有实际需要且具备货币支付能力,同时市场中有充足商品,其需要可随时转化为购买行为。

(2) 潜在需要

尚未显现或明确提出,但未来可形成的需要。当条件具备时,可立即转化为现实需要。

(3) 不规则需要(或不均衡需要、被动需要)

消费者对某类商品的需要在数量和时间上呈现不均衡波动状态。

(4) 退却需要

消费者对某种商品的需要逐步降低,并进一步减少。

(5) 充分需要(或饱和需要)

消费者对某种商品的需求量及时间同市场商品供求量和时间基本一致,供求之间大体平衡。

(6) 过度需要(超饱和需要)

消费者的需要超过市场中商品的供应量,呈现供不应求的状况。

(7) 否定需要

消费者对某类特定商品持否定、拒绝态度。

(8) 无益需要

消费者对某些危害社会利益或有损于自身利益的商品或劳务的需要。

(9) 无需要(或零需要)

消费者对某类商品缺乏兴趣或漠不关心,不产生任何需要。

相关阅读 ▶ 新式茶饮，究竟玩的是什么新花样？

相比于"奶茶"，"新茶饮"这个词更能精准地表述这个行业的品质、生态与覆盖范围。

伴随着消费升级，"量"的满足不再是消费的内在驱动力，"质"以及与互联网捆绑而生的社交、新颖、灵感、趣味才是新的增长点。

在新茶饮的消费群体中，90后、95后带来了65%的增长率。这类群体追求健康、有个性的生活方式。因此，新茶饮品牌在原料上采用优质茶叶、新鲜水果，辅以不同的萃取方式，代替原有的碎末、茶渣和水果罐头；选择新鲜牛奶、进口奶油、天然动物奶油代替奶精，全方位提升奶茶的口感。

在空间体验上，新茶饮门店面积普遍较大。在门店装修方面，除保持统一的视觉识别和品牌调性的前提外，同时打造多家主题店，营造质感层次丰富的空间，为消费者带来沉浸式多维度感官体验，修正现代茶饮消费的审美方式，满足年轻群体追求轻奢的心理。

此外，新茶饮不同于传统茶饮行业，是因为在消费升级背景下，新中式茶饮具备社交和分享属性。随着门店面积不断扩大，茶饮店成了聚会、逛街、看电影等休闲娱乐中的一个环节。消费者购买的不仅仅是产品本身，同时还有张弛有度、劳逸结合的社交价值和休闲价值；而90后、95后的分享欲望也十分强烈，通过消费群在社交媒体的分享，品牌可以被快速放大。

资料来源：https://www.sohu.com/a/341369109_120249496，有删减。

二、需要理论

与消费行为相关的需要理论主要有：需要层次理论、双因素理论、成就需要理论和ERG理论。

1. 需要层次理论

马斯洛的"需要层次理论"认为，人是被一种想满足内在需要的愿望驱使而行动的。他将需要划分为五个等级，由低到高依次为：

生理需要，是人类维护自身生存的最基本要求，包括食物、住房、睡眠等。

安全需要，是保障自身安全，摆脱失业、财产损失、身体受伤等威胁的需要。

归属需要，是进行社会交往和归属某种群体的需要，如情感、人际交往、归属感等。

尊重需要,是包括自尊与受人尊重两方面的需要。

自我实现需要,是促使个人的潜能得以发挥,希望自己越来越成为所期望的人,完成与自己能力相称的一切事情的需要。

2. 双因素理论

赫兹伯格和他的助手们提出"激励因素—保健因素",即双因素理论,该理论的基本观点是:促使满意感的因素为激励因素,若缺乏则使人产生不满意的感觉。促使人们产生不满意的因素为保健因素,若这类因素得到满足会使人没有不满意。

3. 成就需要理论

麦克利兰认为,在人的生存需要得到满足的前提下,人们主要强调三个方面的需要:权力需要、归属需要和成就需要。

权力需要是指个体希望获得权力、权威,试图强烈影响别人或支配别人的倾向。

归属需要是指建立友好和亲密的人际关系的欲望。具有高归属需要的人努力寻求友爱的、合作性的而非竞争性的环境,渴望有高度相互理解的关系。

成就需要是指人们争取成功,追求优越感,希望做到最好的需要。它是追求卓越以实现目标的内驱力。

4. ERG 理论

奥尔德弗在马斯洛需要层次理论的基础上提出了一种人本主义需要理论。该理论将人的需要分成生存需要(existence)、关系需要(relatedness)和成长或发展需要(growth)。

生存需要与人们基本的物质生存需要有关,还包括获得能满足这些需要的生存手段。

关系需要指的是人们对于发展人际关系的要求。

成长或发展需要是个人谋求发展的内在愿望,是个人自我发展和自我完善的需要。

三、消费者动机

1. 含义

消费者动机是引发和维持消费行为并导向设定的目标的心理动力。消费者动机的形成需满足三个条件,即消费需要、满足需要的对象和条件。

2. 特征

（1）组合性

消费者作出决策时，可能基于一种动机，也可能是多种动机共同作用的结果。

（2）内隐性

消费者的动机不总是能轻易从外部察觉的，有时还可能处于潜意识状态。

（3）主导性

消费者的多种动机会形成一个体系，分为主导性动机和非主导性动机。通常，主导性动机决定人们的行为，尤其当多种动机之间存在矛盾和冲突时，主导性动机往往对行为起到支配作用。

（4）可转移性

消费者在消费过程中，动机发生转移，原来的非主导性动机上升为主导性动机。

3. 消费动机基本类型

本能模式（或生理模式），即消费者由于生理本能的需求产生的动机和行为。

心理分析模式，即消费者为满足自己的心理性需求产生的动机，具体表现为：感情动机、理智动机和惠顾动机。

社会模式，即后天的、由社会因素引起的行为动机，主要受社会文化、社会风俗、社会阶层和社会群体的影响。

在现实消费中，常见的具体消费动机类型如下：

追求实用型，即以追求商品或劳务的使用价值为主要目的，要求商品具有明确的实用价值，重视实际利益。

追求新奇型，即追求新颖、奇特的商品，这类消费者往往富有想象力、渴望变化、喜欢创新、有强烈的好奇心。

追求美感型，即追求商品的欣赏价值和艺术价值，重视商品美的价值，希望通过商品为自身创造出美感。

追求廉价型，即注重商品价格低廉，期望以较小的支出获得较大利益，对价格的变化敏感。

追求便利型，即追求商品购买和使用过程中的省时和方便。

自我表现型，即以显示地位、身份、名望和财富为主要特征的购买动机，重视商品所代表的社会象征意义，选择特殊的消费形式。

攀比好胜型，即因好胜和攀比引起的消费动机，主要是为求得心理上的平衡和满足,非实际需要。这种动机具有偶然和情绪化的特点。

满足嗜好型,即以满足个人偏好为目的。

惠顾型,即因好感、信任产生的消费动机,基于信任偏好做出的习惯行为。

为能了解消费者的动机,可采取相应的方法测试。通常可用动机的方向和动机的强度两个指标衡量。动机的方向是指消费者选择了哪一种行为方式以及选择这种行为方式的理由,而消费者行为背后期望达成的目标是影响购买动机方向的主要原因。动机的强度是指个体在满足某一特定需要的意愿的强度。

四、动机理论

关于消费动机的理论主要包括内驱力理论、期望理论、魅力必要条件理论和弗洛伊德动机理论。上述理论强调从分析消费动机根源入手,解释消费者行为的动机。

1. 内驱力理论

该理论的主要观点是,消费者过去的消费行为产生了满意的结果,就会有反复进行这一行为的倾向;反之,则会规避。人们的消费行为是其习惯强度(即消费者对其过去购买满意感的大小)、内驱力、刺激强度(如促销手段的使用)和诱因累计乘数的结果。若上述某一项因素为零,消费行为就不会发生。

2. 期望理论

该理论认为,人的消费行为主要是由两个因素决定的:一是人们对于产品价值所作的估价;二是人们对于获得该产品的可能性的预期,即消费动机是效价和期望值的乘积的函数。其中,效价是人们对于所要消费的产品价值的估计,期望值是人们对于获得某种产品的可能性的估计。

3. 魅力必要条件理论

该理论认为,人们在消费时会综合考虑商品的魅力条件和必要条件。魅力条件是指商品的格调、设计等,必要条件是商品的质量、性能和价格等。仅满足消费者需求的必要条件并不能使消费者获得真正的满足,只有当该商品的魅力条件也得到满足时,消费者才会对某种商品感到真正满意。魅力条件和必要条件的内涵会随着消费潮流的变迁以及产品生命周期的变化而有所不同。

4. 弗洛伊德动机理论

弗洛伊德认为,形成人们行为的真正心理因素大多是无意识的。在人的行动中,也会"无意识"地表现出他曾经受到压制的需要和欲望。因此,该观点指出,一个人的行动是由于受到了多种因素刺激后产生的一种"无意识"的结果。

用弗洛伊德的理论解释消费者的消费行为,就是消费者在购买某种产品的时候,可能受到了多种因素的刺激,唤起了"无意识"或"潜意识"的结果。

五、动机的冲突

消费行为有时是在多个动机共同驱使下进行的,是种种有意识和无意识动机总和的结果。多种动机之间的冲突难以避免。常见的动机冲突类型如下:

1. 双趋冲突

双趋冲突是指消费者具有两种以上选择目标而又只能从中选择其一时产生的动机冲突。

2. 双避冲突

双避冲突是指消费者有两个以上希望避免的目标但又必须选择其中之一时面临的冲突。

3. 趋避冲突

趋避冲突这是一种当消费者遇到某种既能为其带来某种利益,又会为其带来某种问题的商品时所具有的动机冲突类型。

六、情绪与情感

1. 内涵理解

情绪和情感是人对客观世界的一种特殊的反映形式,是人对客观事物是否符合自己需要的态度的体验。

情绪通常是指由机体的天然性需要是否得到满足产生的心理体验。情感则与人在历史发展中所产生的社会需要相联系。

情绪带有情景性、机动性和短暂性,常常在活动中表现出来。情感则既有情景性又有稳定性和长期性。

长期积累的情绪可转化为情感,情感在一定条件下会爆发,表现为一种情绪。

2. 影响消费者情绪和情感变化的主要因素

客观条件满足消费者的需要,消费者就会产生积极肯定的情绪。因人的情绪很容易受到环境的影响,所以购物环境幽雅舒适,会使消费者产生愉快、喜爱的积极情绪。商品的质量、数量、价格等特性以及消费者认为商品符合其需要的程度，都会引起消费者情绪和情感的变化。售前、售中和售后服务质量的好坏也会对情绪和情感产生影响。身体健康、精力旺盛是产生愉快情绪的原因之一，健康状况欠佳的消费者易产生不良情绪。

3．情绪与情感对消费行为的影响

情绪和情感影响消费者的动机和态度。喜欢、愉快等情绪可影响消费者活动的动机和态度，提高作出选择决定的概率。

情绪和情感影响消费者的活动效率。积极的情绪可激发消费者的能力，提高购买活动效率，过高或过低的情绪水平都不会使消费者产生最佳的活动效率。

情绪和情感会对消费者的认知能力产生影响，从而影响其消费行为。情绪对消费者认知功能的影响主要表现在消费者的注意力、社会知觉和自我知觉以及消费者解释和记忆等各种消费活动的特征上。

第二节 消费者感觉及知觉

一、消费者感觉

1．内涵的理解

感觉可定义为：刺激物作用于感觉器官，经神经系统的信息加工所产生的对该刺激物个别属性的反应。根据感觉刺激的来源可分为外部感觉和内部感觉。与消费者行为比较密切的感觉是外部感觉，主要是视觉、听觉、嗅觉、味觉和触觉五种形式，即"五大感觉"。商品作为消费对象，通过感觉器官刺激消费者，引起他们的关注和兴趣，从而激发欲望，形成购买决策。

2．基本特征

（1）感受性

感受性具体分为绝对感受性和差别感受性。绝对感受性，即刚刚能够觉察出最小刺激量的能力；差别感受性，即对两个刺激的最小差别量的感受能力。

（2）感觉阈限

感觉阈限具体分为绝对阈限和差别感觉阈限。绝对阈限，即刚刚能引起感觉的最小刺激量；差别感觉阈限（或最小可觉差），即能觉察出两个刺激的最小差别量。

（3）感觉适应

刺激物对感觉器官持续作用，使感觉器官的敏感性发生变化的现象，称为感觉适应。感觉适应可引起感受性的提高或降低。适应现象表现在所有感觉中,但具体表现和反应速度不同。

(4) 感觉对比

同一感觉器官在受到不同刺激时会产生感觉的对比现象。

二、消费者注意

1. 内涵理解

注意是心理活动对一定对象的指向和集中。注意的指向性是指心理活动有选择地关注一定的对象而离开其余的对象。注意的集中性是指心理活动停留在被选择对象上的强度或紧张度。注意与一定的心理过程紧密联系。

2. 注意的类型

注意根据有无目的性和所付出意志努力程度,可分为三类。

(1) 被动注意

事先没有目的,也不需要意志努力的注意。注意发生时,消费者的积极性较低。

(2) 主动注意

事先有目的,需要一定意志努力的注意。这是一种积极的注意形式。

(3) 随意后注意

随意后注意是注意的特殊形式,兼具上述两种注意的特点。既服从当前活动的目的与任务,又能减少意志努力,因此其对完成长期、持续的任务有利。

3. 影响注意的主要因素

(1) 刺激物

刺激物本身的特征会对消费行为产生影响。吸引消费者注意力的程度会随着刺激物处于视线范围的位置不同和新颖性而有所区别。刺激物不只是指实体,还可包括信息。

(2) 消费者个体

消费者个体指消费者个人的特征,这是很难被外界直接控制的因素,如需要与动机、态度、适用性水平等。

(3) 情景因素

情景因素既包括环境中独立于中心刺激物的那些成分,也包括暂时性的个人特征,如个体当时的身体状况和情绪等。

三、消费者知觉

1．定义

知觉是个体经过选择、组织和刺激,形成有意义的与外部世界相一致的心理画面过程。

知觉以感觉为基础,对感觉材料进行加工和解释,借助经验、思维、记忆等,对事物的反映比感觉深入和完整。

2．特性

(1) 选择性

对选择关注对象的周围事物的知觉比较模糊,这些模糊的事物成为背景。知觉选择的过程就是区分对象和背景的过程。对象和背景的关系可依据一定的主客观条件相互转换。

(2) 理解性

知觉是主动的过程,根据主体的知识和经验,对感知的刺激物进行加工处理,并用概念的形式把它们表示出来。

(3) 整体性

人们把刺激物视为一个统一的刺激情境。

(4) 恒常性

当知觉的条件在一定范围内改变时,知觉的映像仍保持相对不变。这主要是过去的经验在起作用,属于后天学习。

3．分类

知觉主要有如下三种:

(1) 空间知觉

空间知觉是指人脑对物体的形状、大小、远近、方位等空间特性的知觉。

(2) 时间知觉

时间知觉是指对客观现象的延续性和顺序性的反应,是对事物运动过程的先后和长短的知觉。

(3) 运动知觉

运动知觉是指对物体的空间位移和移动速度的知觉,可分辨物体的静止和运动状态以及运动速度的快慢。

4．过程

消费者知觉过程包括三个相互联系的阶段:展露、注意和理解。信息通过这三个阶段依次对消费者的行为产生影响。

刺激物的展露可理解为将刺激物展现在消费者的感觉神经范围内,使其感官有机会被激活。从消费者的角度讲,展露的两种基本方式是主动展露和被动展露。主动展露即消费者会主动寻找有助于实现既定目标的信息,尤其是在购买相对重要的商品时,消费者会通过各种方式和途径接触并获取商品信息。无意识、偶然接触市场或商品信息则属于被动展露。

个体对刺激物的理解是个体赋予刺激物某种含义或意义的过程,包括个体根据现有知识对刺激物进行组织、分类和描述。

个体的需要和动机、知识、期望会影响个体对刺激物的理解。同时,刺激物自身的特征和情境也会影响个体对刺激物的理解。

第三节 消费者学习和记忆

一、消费者学习

1. 定义及理解

消费者学习是指个体获取购买及消费知识和经验以改变其未来相关行为的过程,是伴随有意识或无意识的信息处理使得记忆和行为改变的过程。也可看作刺激被感知、被转化为信息并被存储在头脑中的一系列活动,包括展露、注意、理解和记忆环节。消费者学习因经验产生,会引起行为或行为潜能的改变,这种变化是相对持久的。

2. 特征

区别于其他领域的学习,消费者学习有自身的特征表现:在消费需求的指引下对商品和服务进行认知性学习;它是一种实践活动,主要通过消费活动获取直接与消费有关的经验、知识和技能;个体在未获得强化之前就已经开始学习,但没有表现出来;学习的效果取决于学习强度。

3. 要素

学习过程包含如下基本要素:

(1) 动机

需要未被满足导致动机产生,从而激发消费者学习的过程。

(2) 暗示

暗示是指促进动机产生的刺激物。当暗示与消费者期望相符合时则对消费者行为起指引作用。

（3）反应

个体如何对动机或暗示作出回应以及如何行动构成了个体的反应。消费者如何反应取决于之前的学习。

（4）强化

强化增加了特别的暗示或刺激导致未来产生某种特定反应的可能性。

（5）重复

重复能够提高学习的强度与速度。重复的效果与信息的重要性和所给予的强化有关。

4. 学习理论

学习理论基本有两类：行为学习理论和认知学习理论。

（1）行为学习理论（有时被称为刺激—反应学习）

该理论主张学习完全可由外部可观察的行为来解释，认为学习就是在刺激与反应之间建立一种前所未有的关系的过程。包括经典条件反射理论和工具（或操作）条件作用理论。

① 经典条件反射理论

俄国生理学家伊凡·巴甫洛夫最早提出经典条件反射理论。该理论的基本内容是，一个中性的刺激与一个原来就能引起某种反应的刺激相结合，使个体学会对中性刺激作出反应。经典性条件反射的情境涉及四个事项，即两个刺激和两个反应。在刺激变量中，一个是由中性刺激演变而来的条件刺激，一个是无条件刺激，它在条件反射形成之前就能引起预期的反应；对于无条件刺激的反应叫作无条件反应，这是在形成任何程度的条件反射前就会发生的反应；由条件反射的结果开始发生的反应称为条件反应。当两个刺激反复出现，即条件刺激和无条件刺激相随出现数次后，条件刺激就代替了无条件刺激，从而产生条件反射。

经典条件反射理论能说明许多由环境刺激引起的个体反映。一个特别的刺激能引起人们积极的、消极的或中立的情感，以至于影响人们对各种产品或服务的努力获取、回避或漠不关心的态度的选择。

② 工具（或操作）条件作用理论

该理论最早由美国心理学家斯金纳提出。主要内容为学习需要经过一个试错过程，并且具有一些由特定行为产生的积极经验所形成的习惯。学习是一种反应概率上的变化，而强化是提高反应概率的手段。如果一个操作或自发反应出现之后，有强化物或强化刺激伴随，则该反应出现的概率就会增加。

操作条件反射作用在消费行为可通过强化和塑形体现。积极强化促使消费者有可能在未来重复类似行为。反之,消极强化减少重复购买行为。消费者对新产品从试用到重复购买就是塑形具体应用的例子。

在现实中有相当一部分的学习发生在不存在直接强化的情况下,这部分学习也叫作代理学习,它是通过示范或观察学习的过程产生的。消费者经常观察其他消费者在某种情境(刺激)下作出何种反应,反应结果如何。当他们面临类似情况时,就模仿那些能够形成积极强化的行为。示范学习是个体观察其他个体行为及其后果之后进行行为学习的过程。

(2)认知学习理论

认知学习理论认为,学习他人的行为特征称为问题解决,这种方式让个体能控制其周围的环境。学习包括复杂的信息处理过程。学习是个体对整个问题情境进行知觉和理解,领悟其中各种条件之间的关系以及条件和问题之间的关系,并在此基础上产生新的行为的过程。它强调了动机及心理处理在作出期望行为中的作用。主要包括信息加工理论和模仿学习理论。

① 信息加工理论

该理论主要强调学习过程中对信息的复杂的心理加工过程。消费者的信息处理过程是指消费者从环境中获取信息后进行的一系列处理过程。通过这样的过程,消费者决定哪些信息必须加以记忆储存,哪些予以遗忘,哪些为以后的评估所用。由此可见,消费者信息处理过程的重心是记忆。有关的消费者行为研究表明,消费者更容易记住的是产品的利益而非它的属性。

② 模仿学习理论

在现实中有相当一部分的学习发生在不存在直接强化的情况下,这部分学习是通过示范或观察产生的。模仿学习也称为观察学习、替代学习或社会学习,是指通过观察他人及他人的行为结果而改变自身行为的过程。通常,当人们看到别人的行为带来好的结果时会效仿,而当某种行为带来不好的结果时就会避免这种行为。该理论的观点认为个体、环境和行为是相互影响、彼此联系的,三者影响力的大小取决于当时的环境和行为的性质。主要代表人物为班杜拉,他把观察学习分为注意、保持、复制和动机四个过程。

模仿学习一般是通过模特或榜样的某种行为对其他人产生影响。下面一些因素可以提高现场模仿学习的发生率:有魅力的榜样比较容易引起别人的注意;被认为成功的或可靠的榜样更有影响力;榜样的地位和能力对于决定其是否成功也很重要;观察者与榜样间的共性能影响观察者的行为;观察者的个性不同,榜样对他们施加影响的程度也不同;在模仿学习中,观察者对榜样的行为所能带来的结果认识得越充分,就越能激发观察者的类似行为。

二、消费者记忆

1. 含义及理解

消费者记忆是指过去与消费有关的经验在消费者头脑中的积累和保存的心理过程,例如,购物经历、消费体验等。它是一个复杂的过程,包括识记、保持、再认或回忆环节。从信息加工的观点看,记忆就是对输入信息的编码、储存和提取的过程。这三个环节是相互联系和相互制约的。

2. 分类

从不同的角度,记忆可分为不同的类型。

(1) 根据记忆的内容分类

形象记忆,以感知过去的事物形象为内容的记忆。这些形象包括视觉、听觉、嗅觉和味觉等形象。

逻辑记忆,是以概念、公式、定理和规律等为内容的记忆。即通过词语表现出来的对事物的意义、性质、关系等方面内容的记忆。

情感记忆,是以体验的某种情感为内容的记忆。

运动记忆,是以过去做过的运动或动作为内容的记忆。

(2) 根据记忆保持的时间长短分类

瞬时记忆(也称为感觉记忆),是指当客观刺激物停止作用后,感觉信息在人脑中还能继续保持一个很短的时间的记忆,通常为 0.25～2 秒。

短时记忆(或称作操作记忆),是指信息保持在一分钟内的记忆。

长时记忆,是指信息经过充分且有一定深度的加工后,在头脑中长时间保留的记忆,从一分钟以上直到许多年乃至终身不忘。

长时记忆又分为情景记忆和语义记忆。情景记忆是指人们根据时空关系对某个事件的记忆,它与个人的亲身经历有关。语义记忆是指人们对一般知识和规律的记忆,属于逻辑记忆。

(3) 根据记忆的性质分类

显性记忆,是对我们经历的事件的有意识重新编排。

隐性记忆,是包括对以前遇到的刺激的下意识回忆,它是一种熟悉的感觉、一种感受,或者是一系列不能准确说出来源的信念。

3. 记忆对消费的影响

记忆帮助消费者积累大量的商品知识、购买和使用经验,成为以后消费活动的参考依据。在以后的消费活动中,消费者会自觉利用记忆材料,如过去的使用经验、广告宣传、效果印象等,对商品进行评价,这有助于消费者全面、准确认识商品,并作出正确的购买决策,尤其是对一些价格昂贵的消费品。

良好的情景记忆更容易使消费者重复购买。隐性记忆会对消费者的评价选择和购买决策产生重要影响。消费者对商品品牌的印象大多是以隐性记忆的形式储存在大脑中。

三、消费者想象

1. 含义及理解

想象是人脑对已有表象进行加工改造,创造出新形象的过程,也是大脑对客观现实反应的一种形式,只不过是以独特的方式表现出来。本概念中涉及的表象是指事物不在眼前时大脑中出现的事物的形象。表象是大脑中的知觉痕迹经信息加工后的再现。想象并不是凭空产生的,因为构成新形象的一切素材如同其他心理过程一样都来自客观现实。

2. 分类

（1）根据是否有目的性分类

无意想象,是没有特殊目的、不自觉的想象。

有意想象,是带有一定的目的性与自觉性的想象。在进行有意想象时,人们对自己提出想象的目的,按一定的任务进行想象活动。

（2）根据内容是否具有新颖性、独立性和创造性分类

再造想象,是指根据言语的描述或图样的示意,在人脑中形成相应新形象的过程。

创造想象,是指不依赖现成的描述而在人脑中独立创造新形象的心理过程。

幻想,是指一种与生活愿望相结合,并指向未来的想象。

3. 想象对消费的影响

想象在市场活动中不仅对消费者的消费行为产生影响,同时也会对经营者产生影响。消费者的想象与个人其他心理过程都有深刻的内在联系。想象以记忆为基础,记忆表象是想象的素材;想象过程总会伴随一定的情感体验;想象可以成为意志过程的内部推动力。所以,消费者在评价、购买商品时常常伴随想象

活动。买或不买某种商品也与购买商品是否与想象中的追求吻合有关,吻合就购买,不吻合则拒绝购买。只要消费活动存在,消费者的想象就必然会起作用。

想象在一定程度上支配了消费行为。消费者运用想象的心理,为某些产品建立特定的象征意义,这可从商品的功能、外观式样、品牌名称上引起消费者对地位、身份等的美好想象,从而使得购买行为发生。

第四节 消费者态度及生活方式

一、态度的理解

态度是人们对某些事物或观念所持有的相对稳定的评价、感受和倾向,是对于认知对象好或不好的感觉。

消费者态度就是消费者对客体、属性和利益的情感反应,即消费者在购买活动中对商品、商家、服务等方面持有的评价、情感和行为倾向。

消费者态度分为品牌信念、评估品牌和购买意向三个部分。品牌信念是态度的认知成分,评估品牌是态度的情绪或情感成分,购买意向是态度的意动成分或行动成分。

态度的三种成分之间一般是协调一致的,其一致性主要和两个因素有关,即态度的价值性和强度。态度的价值性是指认知、情感与行为成分的正面性或负面性。为了维持一致性原则,正面的认知会伴随正面的情感,负面的认知则会伴随负面的情感。高强度的认知伴随着高强度的情感,低强度的认知则伴随着低强度的情感。

上述三种成分之间的发生顺序称为态度层次,可分为高度参与层次、低度参与层次、经验学习层次和行为学习层次。

消费者参与,就是指消费者对某一商品、服务关心或感兴趣的程度,即某事物对消费者的重要程度。

当消费者处于高度参与层次时,先有想法,然后产生感觉,最后有行动;当消费者处于低度参与层次时,则行动在先,然后有感觉,最后才形成想法;经验学习层次也称情绪性层次,即消费者先有感觉,然后产生行动,最后再思考;在行为学习层次,行为最先出现,接着根据该行为形成信念,最后才有感觉。

二、态度的特征

1. 习得性

消费态度的形成是个体从他人获得的信息或接触的大众媒体广告、互联网信息以及各种直销形式等直接经验作用的结果。

2. 一致性

态度与所反映的行为具有相对的一致性。态度并不是永久的,当各种主客观因素发生变化时,态度也会发生改变。

3. 情境性

态度发生在一定的情境中并受其影响。所谓情境,是指事件和环境处于某一特定的时刻,它会影响人们的消费态度与购买行为之间的关系。

4. 对象性

态度必须指向一定的对象。态度是针对某一对象而产生的,它具有主体和客体的相对关系。

5. 内隐性

态度是一种内在结构。一个人究竟具有怎样的态度,只能从他的外显行为中加以推测。

6. 稳定性

稳定性是指态度形成后能保持相当长的时间不变,使人在行为反应上表现出一定的规律性。

三、态度理论

1. 态度功能理论

心理学家丹尼尔·卡兹提出态度具有四种功能。

(1) 知识或认识功能

态度能帮助人们认识和理解某事物,是消费者寻求答案和次序的驱动力,能帮助消费者接触大量日常信息,并对这些信息进行排序,忽略不相关的信息。态度的知识功能可以是正面的,也可以是负面的。

(2) 价值表达功能

态度能表达消费者的自我形象和价值观,特别是对于其高度参与的产品。

（3）自我防御功能

人们持有某种态度是为了保护自尊,使之不受焦虑和恐吓的威胁,帮助个体回避或忘却严峻的环境或事实,从而保护个体的身体和心理平衡。

（4）效用功能

该功能主要与基本的惩罚原则有关,根据商品给消费者带来的是舒适还是痛苦的感受形成某种态度。例如,人们对特定品牌的态度部分源于品牌的效用,只有形成适当的态度,才能得到认同和赞赏。

2. 态度形成理论

（1）认知理论

该理论认为态度的形成有三个阶段:模仿或服从阶段;同化阶段,即个体自愿接受他人的观点和信念;内化阶段,即彻底形成新的态度,态度比较稳固,不易改变。

（2）平衡理论

该理论认为在一个简单的认知系统里,存在使这一系统达到一致性的情绪压力,这种趋向平衡的压力促使不平衡状况向平衡过渡。态度改变遵循最少付出原则,即为了恢复平衡状态,哪个方向的态度改变最少,就改变哪个方向的态度。

（3）认知失调理论

认知失调是指某人在作出决定、采取行动或接触一些有违原先信念、情感或价值的信息之后所体验到的冲突状态。当人们的态度与行为不一致,并且无法为自己的行为找出外部理由时,常会引起个体的心理紧张。为克服这种由认知失调引起的紧张,人们需采取多种方法,以减少认知失调。认知失调在消费者行为领域常表现在消费者购买行为发生后,称为购买后失调。

（4）自我知觉理论

该理论假设人们通过观察自己的行为判断自己的态度,就像人们通过观察别人的所作所为了解其态度一样。

（5）归因理论

消费者可将其行为产生的原因归结为外部因素和内部因素。外部归因受自身所不能控制的因素制约、影响甚至决定。内部归因由一个人的内在因素决定。

（6）社会判断理论

此理论假设人们根据已知的或已有的感觉吸收和同化态度对象的新信息。人们的现有态度会对新态度的形成产生影响和制约,对态度对象形成判断时也会采用一套主观标准。

（7）和谐理论

该理论认为,如果一个评价为负的要素与一个评价为正的要素相联系,前者的评价将会改善,后者的评价将会降低。但两个要素所得到的评价的变化并不成比例,变化与态度极端化成反比。和谐理论表明,企业或品牌在与任何事物发生联系时都要承担一定风险。

四、消费者态度改变的影响因素

1. 消费者本身的因素

消费者的需要、性格特点、智力水平、自尊心、受教育程度、社会地位、对产品的参与程度都会给态度的改变带来不同程度的影响。

如能最大限度满足消费者当时的需要,则容易使其改变态度;独立性强、自尊心强的人不易改变态度;自尊心不强的人敏感易变;智力水平高的人不易受他人左右;社会地位高和受教育程度高的人,不易改变态度;对产品的参与度低时,态度容易改变。

2. 态度的特点

态度的强度越大,形成的态度越稳固,也越不容易改变;态度形成的因素越复杂,越不容易改变;构成态度的三种要素一致性越强,态度越不易改变;原有态度与目标态度之间的距离越大,不但难以改变,反而会使消费者更加坚持原来的态度,甚至持对立的情绪;态度的对象对消费者的价值大,对消费者的影响就会很深刻,一旦形成某种态度后,就很难改变。

3. 外界条件因素

受群体的影响,有三种消费者更容易接受所在群体的意志:对所在群体重视者、在群体中地位较高者、群体中的规范正确者。形象良好的企业推出的产品容易得到消费者的信赖和喜欢;消费者之间的意见容易被接受;能吸引注意力的、可理解的、可信的且容易记忆的信息具有较强的说服力;企业只宣传产品好的一面的信息,这就是单面信息,双面信息就是同时提供产品好的和不好的方面,单面信息则在巩固已有态度方面比较有效;双面信息对受过较高水平教育的消费者特别有效。

五、消费者态度对消费行为的影响

消费者的态度对消费行为会产生多方面影响。如在新产品上市、产品形象认识或重塑、对产品存有偏见等情况下,不同的消费者会受到内外部因素的影响,从而形成多种态度,进而产生相异的消费模式、购物选择途径、购买决策等。受各种宣传的影响或既有的非积极态度、不肯定态度可能给消费者造成一定的偏见,消极态度会阻碍购买决策与行为。

消费者的态度也可在不同的情境下发生改变,从而改变原有的消费结构、消费习惯以及认知。为此,经营者可通过一些方式改变消费者的态度,满足消费需求,引导合理消费。如提高消费者对于商品的信息认知水平,以提高消费者对商品或服务的信赖程度;强化诉求方式和诉求内容;诉之情感,从而将消费者的消极和中立态度转变为积极态度;也可将消费者的积极态度改变为消极态度,以利于新消费理念的推行。

六、生活方式

1. 生活方式的内涵

生活方式是由马克斯·韦伯首创的术语,其后不少学者对此给出了不同定义。具体地说,它是个体在成长过程中,在与社会各种因素交互作用下表现出来的活动、兴趣和态度模式。生活方式是一个人生活中表现出来的活动、兴趣和看法的整个模式。简单地说,就是怎样生活,是人们长期受一定的民族文化、经济、社会习惯、规范以及家庭影响所形成的一系列生活意识、生活习惯和生活制度的总和。

从社会心理学的角度,生活方式有四个特点:群体现象;覆盖生活的各个方面;反映一个人的核心生活利益;在不同人口统计变量上表现出差异。

2. 生活方式的测量

常用的测量方法有:AIO 测量法、综合测量法和国际生活方式全球透视法。

(1) AIO 测量法

消费者活动(activity)、兴趣(interest)、意见(opinion)结构法简称 AIO 测量法。该方法的基本思想是通过问卷调查的方式了解消费者的活动、兴趣和意见,以描述其不同的生活方式类型。研究人员运用相关技术对消费者的答案进行分析,把答案相似的消费者归为一类,以识别不同消费者的生活方式。问卷中具体的问题没有固定标准,依据研究目的和研究所涉及的领域及性质而定。

(2) 综合测量法

综合测量法就是在活动、兴趣、意见测量的基础上,加上态度、价值观、人口统计变量、媒体使用情况、产品使用频率等方面的测量。研究人员从大量消费者样本中获取相关数据,使用统计技术对这些消费者样本进行分组,大多数研究从两个或三个层面对消费者样本进行分组。

(3) 国际生活方式全球透视法

BSBW 广告公司开发了一个"全球扫描"系统,用于进行跨越文化差异的生活方式细分。该系统是在每年全球多个国家或地区对消费者进行调查所得数据的基础上形成的。在融合生活方式和购买数据的基础上,他们发现了 5 个全球性生活方式细分市场。虽然这些细分市场或群体在上述国家或地区都存在,但研究表明,每一群体在人口总数中的百分比因国家或地区的不同而不同。

3. 生活方式对消费的影响

消费者需要通过自身的行为,以参照群体为标准,来表达自己努力想成为或已成为的那类人。因而,他们这种因受外界刺激或某种未满足感而采取的行为,很多与要购买的一些产品的使用价值无关,更多倾向于取得或回避具有令人愉快或厌恶的心理感受。这种在心理学上称为唤醒的作用就构成生活方式的意识内涵。生活方式的物质内涵是由带有象征意义的物品组成的。生活方式相似的消费者对产品或服务具有共同的期望、态度和偏好。生活方式会在消费者的购买行为、产品类型的选购上有所体现。

生活方式影响需要和欲望,同时影响消费者的购买行为和使用行为。生活方式决定了消费者的消费决策,不同的生活方式会产生不同的购买行为,包括影响其对品牌的看法、喜好。这些决策反过来会强化或改变消费者的生活方式。

消费者很少会明确认识到生活方式在他们购买决定中所起的作用。生活方式通常为消费者提供了基本的动机和行动指南,尽管这些是以间接和微妙的方式表现出来的。

第五节 个性与自我意识

自我形象是人们对自己的看法。人们往往希望保持或提升自我形象,并把购买行为作为表现自我形象的重要方式。因此,消费者对那些符合或能改善其自我形象的产品更感兴趣。

一、个性

1. 内涵理解

个性,也称作人格。它是个人在适应环境的过程中表现出来的系统的、独特的反应方式。个性在遗传、环境、成熟、学习等因素交互作用下形成,并具有很强的稳定性。

2．特点

（1）自然性和社会性

人的个性是在先天的自然素质的基础上,通过后天的学习、教育与环境的作用逐渐形成的。

（2）稳定性和可塑性

稳定性是指个体的人格特征具有跨时间和空间的一致性。只有一贯的、在绝大多数情况下都表现出来的心理现象才是个性的反映。个性也可能会发生某种程度的改变,但其变化比较缓慢。

（3）独特性和共同性

独特性是指人与人之间的心理和行为是各不相同的。共同性是指某一群体、某个阶级或某个民族在一定的群体环境、生活环境、自然环境中形成的共同的典型的心理特点。

3．个性理论

笔者主要介绍与消费者行为关系比较密切的五种理论。

（1）卡特尔人格特质理论

心理学家卡特尔确定了16种人格特质:乐群性;聪慧性;情绪稳定性;好强性;兴奋性;有恒性;敢为性;敏感性;怀疑性;幻想性;世故性;忧虑性;激进性;独立性;自律性;紧张性。

（2）经典精神分析理论(弗洛伊德精神分析理论)

该理论主要分为人格结构与人格发展两种观点。其中,前者认为,人格是一个整体,在这个整体之内包括彼此关联且相互作用的三个部分,即本我、自我和超我。

本我是遗传下来的本能。自我是个体在环境的接触中由本我发展而来的。超我是个人在社会化的过程中将社会规范、道德标准、价值判断等内化之后形成的结果。

这三个部分彼此交互作用构成人格整体,产生内驱力,支配个人所有行为。一个正常的人,其人格中的三部分经常是彼此平衡、协调的。

（3）新弗洛伊德主义的人格理论

阿德勒的人格理论说明,人类的行为不完全由遗传和环境所决定,个体的自我塑造是人格发展的重要力量。

霍妮的人格理论指出,考虑人格的形成和发展就必须从社会文化因素出发,是社会文化因素决定人格而非生物本能因素。

(4) 自我论

该理论的主要代表人物有罗杰斯和马斯洛。其中,马斯洛的个性理论主要讨论人类动机的发展和自我实现者的个性特征。

(5) 人格状态理论

该理论把人格分成三种状态,分别是儿童自我状态、成人自我状态、父母自我状态。

儿童自我状态负责人们完全不受压抑的、表面的行为,天真烂漫的行为和自然的言行。人们的大部分欲求、需要和欲望也由儿童自我状态掌管。

成人自我状态是人格中支配理性思维和信息的客观处理的部分。成人自我状态掌管理性的、非感情用事的、较客观的行为。

父母自我状态为一个人提供有关观点、是非、怎么办等信息。

在一个心理健康的人身上,这三种自我状态处于协调、平衡的关系,三者都在发挥作用。

4. 消费者的个性类型

根据消费者在购买活动中的表现,可把消费者划分为四种类型。

(1) 要求型消费者

该类消费者遇到想要的东西,便会立刻购买,购物中不注重细节,对自己的身份敏感,对商品的选择要求与身份相符并要最好的。

(2) 影响型消费者

该类消费者关心商品选购的细节,对购物信息的搜集感兴趣,愿意与服务员交流。

(3) 稳定型消费者

该类消费者有很强的包容心,即使商品有问题使他们感到不便,他们也不会用抱怨的方式解决。他们愿意为他人提供商品信息并愿意分享,也愿意选择熟悉且可靠的购物地点和方式。

(4) 恭顺型消费者

该类消费者是完美主义者。他们对商品的选择精益求精,对整个购物过程涉及的各个环节都会花费大量精力和时间认真选择。

二、自我意识

1. 内涵理解

自我意识是个体对有关自己所有方面的知觉、了解和感受的总和,是自己可以意识到的执行思考、感觉和判断的部分。自我意识是习得而非天生的,它具有相当的稳定性和持久性,有一定的目的性并具有独特性。

2. 分类

(1) 从形式上,自我意识表现为认知的、情感的、意志的三种形式,分别称为自我认识、自我体验和自我调控

自我认识是自我意识的认知成分,指消费者对生理自我(如身高、体重)、心理自我(如思维活动、个性特征等)和社会自我(如人际关系)的认识。

自我体验是自我意识的情感成分,它在自我认识的基础上产生,反映消费者对自己所持的态度,包括自我感受、自尊、自信、成就感和内疚等。

自我调控是自我意识的意志成分,指消费者对自己行为与心理活动的自我作用过程,包括自立、自主、自律、自我控制和自我教育等层次。

(2) 从内容上,分为生理自我、社会自我和心理自我

生理自我是指消费者对自己的生理属性的意识。对化妆品、服装、健身器材等的消费,就是生理自我的表现。

社会自我是指消费者对自己的社会属性的意识。他人看待自己的方式或自认为他人看待自己的方式,对购买行为产生较大影响。

心理自我就是对自己心理属性的意识,对消费者购买行为的影响最大。

(3) 从自我观念上,分为现实自我、投射自我和理想自我

现实自我是从自身角度对现实自我的看法,即对实在的自我的认识。

投射自我是想象中别人对自己的看法。

理想自我是从自己的立场出发对将来的自我的希望,也是个人想要达到的完善的形象和追求的目标。

还有对延伸自我的理解。消费者购买商品常被看作自我意识的延伸或扩展。用于自我定位及延伸的物品可划分为四个层次:个人层次、家庭层次、社团层次和集团层次。

3. 消费中的自我意识体现

通常,消费者在选购商品时会从象征性的角度考虑消费中的自我意识,从而

延伸自我,尤其是在品牌选择上。

消费者在评价、选择一件商品时,不仅看其使用价值,还要看其是否有助于自我意识的体现。消费者总是购买那些自认为与其形象相一致的商品。多数消费者都希望自己所购买的商品能反映自己的形象,或突出形象的某一方面,也正是从这个意义上讲,消费者的自我概念对其购买行为具有重要影响。

一般来说,成为象征的产品应具有三个方面的特征:使用可见性,即购买、使用和处置能容易被人看到;变动性,即并非所有的消费者都能消费此商品;拟人化,即能在某种程度上体现一般使用者的典型形象。

人们也会从消费者所使用的品牌、对不同品牌的态度以及品牌对他们的意义等方面评判。消费者对自己具有明确的认知,在选择品牌时会考虑这个品牌是否符合自我形象,只会购买有助于提升自我形象的品牌。

消费者常根据所处的境况选择品牌,使自我形象与周围人群对他的期望相一致。消费者的自我意识对产品的品牌形象选择及其购买行为的影响可能会成为无意识的和无须认知权衡与考虑的过程。虽然每个人的自我意识都是独特的,但不同消费者的自我意识之间也存在共同或重叠的部分。

在影响消费者行为的主观因素中,还有一个因素不容忽视,即消费者个体资源。

消费者个体资源,包括经济资源(由消费者的收入、财产和信贷构成)以及时间、知识和个人素养等资源。

消费者的收入水平决定着他们的消费偏好。高收入者的消费偏好主要集中在名牌、高档、奢侈商品及处于高消费范畴的服务与娱乐;中产阶级的消费偏好主要集中于中高档商品和耐用消费品、旅游与中高档的服务和娱乐;低收入者的消费偏好主要集中于中低档的生活必需品。

个体的时间充裕性、时间分配、对时间利用的认识也是影响消费行为的内在因素。闲暇时间多的消费者对消费的方式、消费内容的取舍会多加考虑,在商品的选择上更有时间进行比较和挑选,对分享购后和使用的评价方面也能表现得更积极和热心。同时,他们在参与经营者的各种营销活动中表现得更热情。

消费者掌握与消费有关的知识的程度对消费行为的影响也是值得研究的问题。在消费过程中对相关商品了解得越多,越能提升消费自信,越能对消费风险有明确的认知并可以较好规避。

讨论专区

(1) 对于女人，衣服究竟意味着什么？2007 年 10 月，"时尚界的凯撒大帝"卡尔·拉格斐举办了他的时装发布会。他认为，当女孩子穿上漂亮衣服的时候，不仅仅是为了获得异性青睐的眼光，也是为了表达内在的自我。被评为"时尚界最有权力女性之一"的 PRADA 品牌掌门人缪西娅·普拉达在接受杨澜采访时，也表达了相同的意见。她说，服装是为自己的目的而穿。

资料来源：杨澜、朱冰：《一问一世界》，江苏人民出版社 2011 年版。

(2) 安妮塔是奢侈品美妆的销售员，她看过很多阔太太一进店就花上百万买包，且每月如此，对她们来说，买个 100 多万元的鳄鱼皮包不在话下，根本不能代表什么。但也总有人对普通消费者灌输：背上那个包，你就跟其他人不一样；穿上那件衣服，你就是崭新的自己。

资料来源：达达：《制造与被制造的"刻板印象"》，载《三联生活周刊》2020 年第 36 期。

讨论：基于上述两份资料，"物"的使用体现的是自我还是生活方式？

本章小结

消费行为受多种因素影响。本章重点分析来自消费者自身的影响因素，主要体现在需求、动机、感觉、知觉、学习、记忆、态度、生活方式和自我等方面。这些因素的影响程度对不同的个体是有差异的，即使是同一消费者在不同的情境下影响的力度也会不同。同时，上述因素在消费过程中也并非单独起作用，往往是几个因素共同对消费者的行为产生影响。

关键术语

| 需求 | 动机 | 学习 | 态度 | 注意 |
| 知觉 | 记忆 | 生活方式 | 自我 | |

思考题

1. 一个多国研究小组针对 4598 名志愿者进行了一项颜色与情绪的调查。结果表明，来自 30 个国家和地区、22 种不同语言的志愿者经常会将同样的颜色与同样的情绪联系在一起。

结合本章所学内容,从消费者行为影响因素的角度分析该项调查结果。

2. 影响消费者的众多主观因素中,你认为哪个因素最重要?为什么?

3. 消费者的需求是否可以习得?

4. 如何看待消费行为中的学习和记忆的关系?

5. 基于感觉的视角对体验式消费特点进行简要归纳。

讨论题

法国作家玛格丽特·杜拉斯说:"我首先是一位作家,其次才是一个人,一个生活中的人。在我度过的那些年头,我作为一个作家存在要甚于做饮食男女。"美国新闻摄影师协会前会长威廉·桑德斯说:"你首先是人类的一份子,其次才是新闻工作者。"

问题:请你以消费者的身份简述由上述文字产生的联想。

案例分析

孤独催化下的青年"自悦式消费"

当代年轻人似乎全然不介意吃饭、购物、娱乐时无人交流,反倒希望消费过程中屏蔽一切其他干扰,面向这些在自我中寻找乐趣的主体派生出的产业链,便是孤独经济。

部分行业和品牌敏锐捕捉到"孤独+消费"的潜在商机,针对青年钟爱定制化、喜欢便捷化、倾向私密化等偏好,迅速推出各类"自悦型"服务。"胶囊健身仓""迷你KTV""速食自嗨锅"等商品迅速成为消费市场新宠。围绕孤独经济业态及其"自悦"消费逻辑的讨论此起彼伏。年轻人选择自悦方式消费可从外因和内因两方面分析。

1. 外部机理

(1)社会分工细化为内核的有机团结蕴含的结构张力,为自悦式消费提供了至关重要的外部宽松场域;以个体意识和价值异质性为认同内容的消费选择,赋予开展自悦行为广泛机会,让消费者可以灵活地"消费自己的资源",无须刻意与他人雷同。

（2）如今，货币很大程度上弱化了传统血缘、等级和宗法等特定人身依附关系之于社会行动的束缚，而金钱带来的"人—物"客观依附关系刺激个体自我消费意识及主观能动性不断增强，人们更希望获得自己感兴趣的、能够满足自我愉悦的消费物。这一点在青年人群中体现得尤为明显：他们在消费前，有机会接触丰富的信息，从而更清晰地了解被消费物的价值，对商品喜好的判断也更依赖自己对货币（等价物）数量多少或质量高低的盘算，减少不必要的消费投入，将更多愉悦的消费体验还给消费者本体。

（3）网络工具承载的传递经验助推自悦消费。

2. 内生动机支持的主要体现

（1）幕后释放真实本我：他们觉得孤独经济衍生出的一系列新兴消费选项能够在"无群体性"相处的私密性空间内接近零压力地满足个人诉求。

（2）在快节奏的都市生活里，年轻人更加关注消费带来的自我满足和情感发泄，这顺理成章地催生出一种"麦当劳化"（McDonaldization）消费文化。其看重效率、讲求结果可预见性和"去人性化"等特质，与年轻人的处事态度不谋而合。

（3）休闲额度灵活利用：消费者狂欢的个性化适配。

自悦消费和其他类型消费一样，都离不开个体的休闲立场，即个人自由支配和充分展现个性特点的时间。

资料来源：刘凯强：《孤独催化下的青年"自悦式消费"体验叙事与成因定向》，载《云南社会科学》2020年第1期，有删减。

问题：

1. 如何理解个人感受与消费之间的关系？

2. 根据你的观察和掌握的信息，能否举出与上述材料中类似的现象并进行分析？

实践活动

一、目标和任务

通过对消费者的访谈，了解受访对象的生活方式与消费习惯；理解生活方式对消费行为的影响；明确本章讨论的因素对不同消费者的影响差异。

二、准备

教师准备：活动前，布置活动任务，解释活动要求，指导学生设计访谈大纲。

学生准备：可根据个人兴趣和条件，在长辈、大学同学、中学同学中选择一类人群作为访谈对象，设计访谈大纲，学习与影响消费者行为的内因有关知识。

三、实施

1. 在选定的人群中选择 3—5 个样本依据访谈大纲进行访谈，做好记录。
2. 整理访谈记录，形成报告。

四、反馈和完善

教师对学生的报告作出总体评价并提出反馈意见和建议，总结教学效果，形成教学反思日志。

推荐阅读

1. 〔美〕凡勃伦：《有闲阶级论——关于制度的经济研究》，蔡受百译，商务印书馆 1964 年版。
2. 〔美〕亚伯拉罕·马斯洛：《动机与人格》，许金声译，中国人民大学出版社 2012 年版。
3. 费孝通：《乡土中国》，三联书店 2013 年版。
4. 梁簌溟：《中国文化要义》，上海人民出版社 2018 年版。

第三章

消费者行为外部影响因素

知识目标

1. 知晓消费者行为会受到外部因素的影响
2. 掌握影响消费行为的主要外因

能力目标

1. 提高价值观判断能力
2. 提升洞察力
3. 锻炼合作与表达能力

素养目标

1. 加强自身修养,努力培养各种良好的习惯
2. 以自己的良好表现影响他人

本章主要知识脉络图

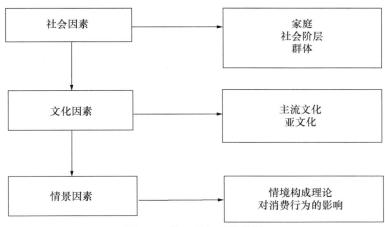

图 3-1 第三章知识脉络图

案例 李佳琦直播现象引发的思考

在李佳琦的直播间,只要他一喊"所有女生",几乎没有一个女生能空手走出李佳琦的直播间。

李佳琦深谙重复"洗脑"的营销之道,他会用叙事、实验场景等方式制造新意。"所有女生"这种台词,可以唤起消费者的注意力。而李佳琦一遍遍喊"所有女生",就是要确保观众注意力集中,从而打开通往(控制)他们意识的大门。

李佳琦是一个值得信任的人,这也是他营造的一种感觉,让消费者觉得面对的是一个邻居或者朋友,他对某个产品非常了解,能够很好地介绍它的优缺点,给你捎一个,还不赚你的钱。他用非常生活化的描述,极具感染力的表达,在不知不觉中拉近与观众的关系。吐槽、"排雷"与推荐、"种草"双管齐下,观众会觉得这就是自己人!

看李佳琦直播的观众,都会有一种强烈的直观感受,一切都发生在眨眼之间,观众需要在短时间内作出决策,决定到底买还是不买,但结果往往就跟着买了。

> 李佳琦非常懂得在直播中创造紧迫感,这种快节奏调动了消费者"抢"的心态。直播间里所有观众都在抢,在这种群体氛围和压力之下,很少有人能保持独立性。
>
> 资料来源:http://news.inewsweek.cn/reading/2019-10-31/7456.shtml,有删减。

思考

1. 如何评价李佳琦介绍产品的方式?

2. 作为消费者的你是否有在李佳琦式的推荐方式下购买产品的经历?若有,请简述购买产品后的想法。

第一节 社会因素

社会环境对消费的影响表现主要体现在:经济对消费者的消费活动产生激励或抑制作用;政治、法律与制度对消费起着引导和制约作用;文化对消费欲望的产生、消费行为的实施产生影响。

为研究消费行为的社会影响因素,本部分主要介绍与消费行为关系密切的家庭、社会阶层和群体因素。

一、家庭

1. 对家庭的理解

家庭是以婚姻、血缘或有收养关系的成员为基础组成的一种社会生活组织形式或社会单位。家庭生命周期的划分有不同形式,常见的观点是分为五个阶段:单身期,主要是指已经成年但尚未结婚者所处的时期;初婚期,是指结婚以后还没有生育的这一段时期;满巢期,从第一个孩子出生到最小的孩子长大成人的一段时间;空巢期,子女组建新的家庭后,只剩下父母二人的时期;解体期,夫妻中一人去世或生活能力极大下降不得不依靠子女的时期。

2. 家庭对消费的影响

不同的家庭生命周期、家庭成员在家庭购买决策中的角色、家庭总体收入、成员间关系情况和个性等因素势必会对成员的个体消费和家庭消费产生不同影响。

单身期的消费多以自我为中心,消费内容也体现为享用型。初婚期的消费心理与行为主要以夫妻为中心,即以规划和发展小家庭为核心,购买一些日常用品伴以一些享受类的精神消费。满巢期的家庭消费主要是以孩子为中心,对于多数家庭而言,孩子工作后到其结婚组成新的家庭之前是收入和消费的高峰期。空巢期的家庭,在消费上有不同的表现,但有趋同性,经济条件好的家庭进行补偿性消费,多见于旅游等享受型支出。同时,这一时期保健类产品的花费占比会提升。解体期的消费基本以生存和保健为主,体弱多病的老人在医药方面的支出会大幅上升。

在家庭购买活动中,成员所扮演的角色会对最终的购买决策产生不同的影响。同时,这种角色的担当也会左右成员自身的消费,有时可能对长期或终生的消费习惯或消费思维方式产生影响。

通常情况下,家庭成员在家庭购买决策中的角色有五种类型:

一是提议者,即首先意识到需要或启动购买的家庭成员。

二是影响者,即为购买提供评价标准者,是直接或间接影响购买决定或挑选商品的家庭成员。

三是决策者,即有权单独或与其他家庭成员共同作出购买决策的人。

四是购买者,即亲自从事购买活动的家庭成员。

五是使用者,即在家庭中实际消费或使用所购商品或服务的家庭成员。

在家庭购买活动中,一个成员可能会同时扮演多种角色,还有可能多人共同扮演一种角色。家庭对消费者行为的影响突出体现在:家庭经济状况决定家庭成员的购买能力;家庭对其成员的购买行为具有强烈的、持续的和潜移默化的影响,这种影响主要是从消费者的个体情趣爱好、个性特征、职业选择、生活习惯和审美等方面表现出来;家庭本身就是一个消费单位,不少日用品的计算多是以家庭为单位的;家庭所属社会阶层决定消费者的需求和消费习惯;当消费者作出购买决定时,可能会受到原生家庭的间接影响,也会受到现有家庭的直接影响。

二、社会阶层

1. 社会阶层的含义

社会阶层指的是某一社会中根据社会地位或受尊重程度的不同划分的社会等级。每一阶层的成员具有类似的价值观、兴趣爱好和行为方式。同一阶层的人,消费行为更加相似,对消费产品的偏好趋同。社会阶层的划分依据不是唯一的,是由多种因素共同决定的。在不同的社会里,各影响因素的相对重要性也会存在差异。

社会阶层的特点主要体现为使社会出现等级;具有稳定性和动态性;具有内部的同质性;与收入水平偏离。

人们往往会结合身份和地位作出消费选择。身份是周围人对自己的要求,是自己在各种场合扮演的角色和应起的作用。身份反映社会对自己的评价和尊重程度。每一种身份附有一种地位。消费者以消费的产品、方式显示身份和地位,这些因社会阶层和地域不同而不同。

决定社会阶层的因素常可分为三类:经济变量、社会互动变量和政治变量。经济变量包括职业、收入和财富;社会互动变量包括个人声望、社会联系和社会化;政治变量则包括权力、阶层意识和流动性。该分类依据的具体因素有:收入、职业、受教育程度、权力、个人成就、占有的财产、价值取向和阶层意识等。

2. 社会阶层与消费行为的关系

由于不同社会阶层的人在价值观、态度和行为上都会有不同的表现,因此,他们在消费行为上也会存在差异性。

(1) 消费观念的差异

社会阶层的一个区分标志就是价值观。价值观的不同导致消费观念存在差别。处于低阶层的消费者更多考虑的是当前的需求,较高社会阶层的人更倾向于制定长远的需求目标。

(2) 消费支出模式的不同

不同社会阶层的消费者选择和使用的产品存在差异,这使得他们购买的产品在类型上有所不同。高层消费者会将其大部分的支出用于豪华型产品上,中层消费者会投资在子女教育或个人爱好上,对低收入阶层来讲,日用品的支出占比较大。

(3) 休闲活动上的差异

社会阶层会影响个体的休闲活动。不同阶层之间的休闲活动类型有明显的不同。

(4) 对消费信息的关注不同

在对与消费有关的信息的搜集、利用和依赖上,不同的阶层会有所区别。低层消费者在购买决策过程中获得的商品信息主要依赖于亲朋。中层消费者比较多地从媒体上获得资讯,并且会主动从事外部信息搜集。高层消费者更多地利用不同渠道获得商品信息。因为随着社会阶层的上升,消费者获得信息的渠道会增多。另外,特定媒体和信息对不同阶层消费者的吸引力和影响力也有很大差别。

(5) 购物场所的差异

高层消费者喜爱去高档和豪华的商店购物,这使他们有一种优越感和自信,得到心理上的满足。通常,人们只到与自己地位相称的场所购物。人们选择购物场所还与购买商品的类型有关。

(6) 购物方式的差异

消费者所处社会阶层与其想象的某商店典型惠顾者的社会阶层差距越大,他光顾该店的可能性就越小。高层消费者购物时比较自信,对服务有很高的要求,反感销售人员过于热情的介绍,乐于接受新的购物方式。中层消费者对购物环境有较高要求,视购物为一种消遣。低层消费者对价格敏感,喜欢成群结队购物。

(7) 对新产品购买的差异

高层消费者常是一些品牌的忠实顾客,对这些品牌的新产品乐意接受,更多关注商品的品质、品牌和流行度。中层消费者对新产品常常持比较慎重的态度,价格和质量是中层消费者是否接受新产品的两大重要考虑因素。低层消费者对新产品不是很关注。

三、群体

1. 群体的内涵

不同的学科基于研究视角的不同,对群体有不同的定义。例如,社会学关于群体的定义为"相对个体的各种社会成员的聚合"。哲学关于群体的定义为"由某种共同纽带联系起来的人们的集体,包括由经济、政治、思想、血缘或共同任务等各种共同纽带联系的人群共同体"。

本书认为,群体是由相互依赖、相互影响的两个或两个以上的人为了某种共同目标,按照一定方式结合在一起的集合体。

对于构成群体的共同纽带,有两种情况:自觉意识到的,这通常由相应的组织形式来表达;没有自觉组织形式的,仍受这种纽带的潜在影响和制约,尽管没有一定的组织形式,但个体处于相同的经济社会地位,有共同的利益要求。

构成群体的两个要素,即成员关系必须具备相互依赖性;成员具有共同的意识、信仰、价值观和规范,用以控制相互的行为。

2. 群体行为特征

（1）从众

从众是个体受群体压力的影响,在知觉、判断、信仰和行为上表现出来的与群体大多数成员相一致的现象。产生从众行为的因素主要有:对群体的信任、对偏离群体的恐惧、群体的规模、群体的专长、个体的自信心、责任感和性别差异。

（2）顺从

顺从是指个体为了符合群体或他人的期望和赞许表现出的符合外部要求的行为。顺从行为产生的原因有:获得别人的赞许、实现群体的目标、保持原有的良好人际关系。

顺从与从众两者都是由于外在群体压力产生的,区别在于行为者的内心是否出于自愿。从众行为是在群体压力的作用下,放弃自己原先的想法,附和大家的意见。顺从则是依然保留自己的看法,但是为了符合群体的期望改变了自己的行为。顺从行为与从众行为相比,不是内在的改变,而是外在的改变,这是因为虽然个体的外部行为发生了改变,但内心的态度和看法并没有改变。

（3）暗示

暗示是指在无对抗条件下,人们对某种信息迅速、无批判地加以接受,并依此作出反应的行为。它具有如下特点:是一种刺激,能够引起被暗示者的反应;是一种直接或间接的提示。

（4）模仿

模仿是有意无意地对某种刺激作出类似反应的行为方式。它分为自发模仿和自觉模仿两种类型,自发模仿就是无意识地模仿他人;自觉模仿则是有意识地模仿他人。

（5）感染

感染是通过某种方式引起他人相同的情绪和行动,或者是个体对某种心理状态的无意识的、不自主的屈服。通常有三类:个体间感染、间接感染和大型开放人群中的感染。

3. 与消费相关的群体分类

笔者提及的与消费行为有关的群体指相关群体,也有观点称为参照群体,即对个人的态度、意见和行为有直接或间接影响的个人或集体。从消费者行为学的观点看,所有能影响消费者购买行为的群体,无论是何种性质和分类都属于相关群体。

依据不同的标准,群体可分为不同类型:

（1）按照对成员影响不同，分为主要群体和次要群体

主要群体是指那些规模相对较小，成员间有着密切联系的群体。次要群体则是成员之间当面交流较少，相互影响较小的群体。

（2）按照是否实际存在，分为假设群体和真实群体

假设群体是指实际并不存在，只是为了某种需要而设想的群体，如全国人口普查按照年龄进行统计得出的各类人群数字。真实群体是实际存在，成员间有直接接触且有共同目标的群体。

（3）依据组织性质，分为正式群体和非正式群体

正式群体指有明确的组织目标、正式的组织结构和规章制度，且成员的地位、角色、权利和义务都很清楚的群体。非正式群体指由一些志趣相投、信念一致、感情相近、关系密切的个体在工作和生活中自然结合而成的、没有固定组织形式的群体。

（4）按照个体与群体所属关系以及个体对群体的态度，分为渴望群体和非渴望群体

渴望群体是个体虽非成员，但期望归属的群体，是消费者内心向往的群体，它可以是实际存在的，也可以是虚拟或想象出来的。非渴望群体即人们试图与其保持距离、避免与其发生任何联系的群体。

此外，还有接触型群体。人们可通过属于各种社会群体的父母、朋友、同事、邻居等对各种群体有所接触。

4. 群体对消费者行为的影响

消费者所属群体对其消费行为的影响是直接、明显和稳定的。消费者会把相关群体的行为标准和规范作为努力达到的目标，修正自己的不符合相关群体的行为。群体可以为消费者个人提供可选择的消费行为与模式，也可以影响消费者对商品购买和消费的态度，引导消费者产生"一致化"的行为。

群体对消费者行为的影响取决于相关群体的权威、可信度与吸引力，以及消费者个人的经验和知识、商品特点和类型、消费者自我形象等因素。相关群体越具有权威、可信度越高与吸引力越大，则对消费者行为的影响越大；消费者个人的经验和知识越不丰富，则群体的影响越大。产品或品牌的使用可见性越高，群体的影响越大，对奢侈品或非必需品的选购受相关群体的影响越大。消费者对产品的不同生命周期的购买决策也与群体有关。相关群体的特征与消费者的自我形象相近，群体就会对消费者产生积极影响。

相关群体的消费行为和生活方式为消费者提供了可供选择的信息。消费者不能在获得有关商品的全部信息后再作出判断,此时,群体的消费决策为消费者本人的消费决策提供了可借鉴的参考。相关群体成员的观念、意见、行为被消费者作为有用的信息予以参考,尤其是消费知识缺乏时,群体成员的信息就显得很有帮助,别人的使用和推荐便被认为是有用的参考。群体在这一方面对个体的影响,取决于个体与群体成员的相似性,以及施加影响的群体成员的专业性。相关群体的消费行为会引起人们效仿,相关群体对某些产品的态度发生改变也会影响人们对商品的选择,而这种效仿使消费者的消费行为与相关群体趋于一致,此时,群体的价值观和行为已经内化为个体的价值观和行为方式。

群体规范对消费行为也会产生影响。群体规范是指在某一特定群体的活动中,被认为是合适的成员行为的一种期望,是群体所确立的一种标准化观念。从形式来看,规范分为成文规范和不成文规范。

成文规范通常由组织正式规定,通过制定明确的书面条文,以行政、政策乃至法律手段为成员提供行为标准,强制性地影响着消费者的心理和行为。

不成文规范指群体成员所认同的文化与习俗对于个体的约束,迫使消费者调整自身行为,以适应、顺从群体的要求。

来自群体的压力和规范使得隶属于群体的消费者自觉或不自觉地按照群体规范采取行动,这表现为对商品的认识、评价会受到群体不同程度的影响。

群体的压力和从众心理也是影响消费的一个重要原因。任何群体都会对与之有关的消费者心理产生一定影响。

第二节 文化因素

一、文化的内涵

文化是在一定的物质、社会、历史传统基础上形成的价值观念、道德、信仰、思维和行为方式的综合体。文化是决定人类欲望和行为的基本因素。文化具有习得性、发展性、稳定性、共享性、无形性和规范性。它对消费者的购买行为具有强烈而广泛的影响,是社会多数消费者行为一致性的基础。与消费行为相关的文化因素包括价值观、信仰、态度、信念、习俗等,它们对消费行为的影响深远且潜移默化。文化的差异会引起消费者购买行为的差异。文化也是会变迁的,在一个民族或群体的文化演进过程中,不可避免地要学习其他民族或群体的文化内容。

全体社会成员所共有的基本核心文化,称为主流文化。此外,在一个国家或社会的文化中还有另一组成部分,即部分成员共有的独特文化,称为亚文化或次文化、潜文化。它相对于主流文化而言,是总体文化的次属文化。

每一种亚文化都会坚持其所在的更大社会群体中大多数人主要的文化信念、价值观和模式。亚文化的划分维度有年龄、种族、民族、性别、职业、家庭类型、收入水平和宗教信仰等,据此产生不同的亚文化群体。亚文化群体是共享整体文化要素,同时还共享独特文化要素的人群。在亚文化群体内部,人们的态度、价值观和购买决策更加相似。随着消费者价值观念、生活方式、消费态度的变化,会不断涌现新的亚文化群体。

二、文化与亚文化对消费的影响

文化因素对消费的影响体现在文化价值观上。文化价值观分为文化核心价值观和次要价值观。前者是指特定的社会或群体在一定时期内形成的,被人们普遍认同和广泛持有的占主导地位的价值观。居于从属地位的价值观被称为次要价值观。

人们的消费行为主要受三种极端的价值观影响,分别是他人导向价值观、环境导向价值观和自我导向价值观。

他人导向价值观是反映社会或群体与个体之间、个体与个体之间、群体与群体之间应如何相处或建立何种关系的基本看法。这些看法会随着时代和群体的不同有不同的体现。

环境导向价值观是指一个社会对该社会与其经济、技术及自然等环境之间相互关系的看法。近年来提及的绿色消费和可持续消费理念就是基于人与自然和谐相处的价值观的考量。

自我导向价值观是个人的一种长久信念,它反映的是被社会认可的应为之奋斗的生活目标和实现这些目标的途径、方式。不同的文化价值观对物质和精神财富的重视程度有很大差异。消费行为不但能够满足人们的基本需要,同时也表达和传递意义和价值,因为消费者通过消费的产品及消费方式达到表征意义、体现心情、营造气氛、获得满足等目的。

文化与消费的关系还可体现为如何看待工作和休闲的关系,从而确定休闲的方式。怎样理解当前消费和未来消费,也可对消费模式产生影响。人们对各种活动所持的态度也有文化的烙印,运用不同的态度选择的同一内容的活动方式会有所区别,进而与之相应的商品选择也会不同。

价值观的差异会导致生活态度的差异,因此有的消费者会克制自己、节制欲望,抑制消费倾向,反之,则会无节制消费。

一些亚文化特征在消费者行为上表现得更为明显,如民族亚文化,各个民族在宗教信仰、节日、图腾禁忌和生活习惯方面都有其独特之处,并对消费行为产生深刻影响;宗教亚文化,不同宗教有不同的文化倾向和戒律,它影响人们认识事物的方式、生活方式、对客观生活的态度、行为准则、价值观和消费习惯,从而影响消费行为;种族亚文化,一个国家可能有不同的种族,他们会有自己特殊的需求、爱好和购买习惯;地理亚文化,不同的地区有不同的风俗习惯和爱好,使消费行为带有明显的地方色彩。

相关阅读 ▶ 影响高校学生消费行为的几种代表性亚文化

1. 佛系文化

佛系文化描述"不争不抢、不求输赢、有无均可"的生活状态与生存态度,强调开心过好当下,往往表现为我行我素,不在乎别人的看法,生活状态随性化、惰性化,更多体现为物欲层面的得过且过和享乐主义。

2. 粉丝文化

粉丝文化已经演化为一种组织模式,渠道具有多样性。除参加有分工、有主题的组织外,其表现形式更加碎片化和更具隐匿性。理性粉丝的比例较高,只作为业余生活的补充或调剂,对正常的学习和生活没有过多的负面影响。

3. 底层文化

"底层"指代集辛酸、自卑、无奈、恶搞于一身,蕴含着在社会最底层生活挣扎的人无奈和自嘲的意味,体现了自我丑化或矮化。

4. 网络文化

网络文化通过网络流行语、网络游戏、恶搞和网络文学等表现,它通过网络展现个性。网络文化依附微博、微信、论坛、贴吧等传播载体,除文字外,在类型上融合了图片、音频、视频等。

第三节 情境因素

一、情境的内涵

情境是指消费或购买活动发生时,个体所面临的短暂的环境因素,由一些暂时性的事件和状态构成。

消费者情境是指那些独立于单个消费者和刺激消费者的单个客体(产品、广告等)之外,能够在某一具体时间和地点影响消费者购买行为的一系列暂时的环境因素。它既不是客观的社会环境,也不是可见的物质环境,而是与二者有关的独立于消费者和商品本身属性以外的一系列因素的组合。

二、消费者情境构成理论

消费者情境构成因素对消费行为产生重要影响的理论包括:两因素说、五要素说和阶段说。

1. **两因素说**

(1) 物理环境,指的是不占据空间的物质环境,表现为无形的或不可见的物理因素,包括颜色、气味、声音、照明等。

(2) 人际环境,是指购买过程中对消费者购买行为产生影响的其他人及与人相关的因素,包括同伴、营业员、时间观、人员密度、购买任务和心境。

时间观一是指客观的时间概念;二是指人们的时间观对购买行为的影响。购买任务是指消费者当时特定的购买目的和目标。即使消费者购买同样的商品,由于购买目的和目标不同,采用的购物策略和选择的标准也不同。心境是一种平静、微弱且持续一定时间的情绪体验,有弥散的特点,对正在进行的行为产生影响,但不是很强烈,能影响个人行为的所有方面,且能在个体没有意识的情况下产生。消费者的心境是消费者带到购物现场暂时的情绪状态,既影响消费过程,又受到消费过程的影响。心境会影响消费者的购买决策以及对不同商品的购买与消费,正面积极的心境使消费者易于冲动购买,负面消极的心境也有这样的可能。心境还影响消费者对服务和等待时间的感知。

2. **五要素说**

五要素具体指物质环境、社会环境、时间、购买任务和先前状态五种影响消费行为的要素。

物质环境是指构成消费者情境的有形物质因素,是与消费者购买行为有关的商品陈列和商店布局等因素;社会环境,即购物或消费活动中他人对消费者的影响;时间是指情境发生时消费者可支配时间的充裕程度,也可以指活动或事件发生的时机;购买任务是指消费者购买产品或服务的目的以及产品使用的场所;先前状态是指消费者带入消费情境中的暂时性情绪,它可能会改变消费者对问题的认识,会通过改变消费者的情感来影响其行为。

3. 阶段说

阶段具体包括信息获得、购物、购买、消费和处置五个阶段。

信息获得情境是指消费者获得诸如品牌和商场选择的相关信息的环境或交流的情境,对消费者来说,有些信息是无意中得到的,有些是有意识搜集的。购物情境是指当消费者购买商品和服务时所具有的物质的空间和社会特征及其他各方面的环境。不同的购买情境会影响人们的消费内容和消费方式,影响购买情境的因素包括营业员的服务、同伴和商店人员密度等。消费就是使用情境,即指在产品使用场合中会影响消费者行为的情境,不同的消费情境中人们会有不同的消费体验,不同的产品适用于不同的消费情境。有些产品营销人员能直接控制消费环境,消费者购买产品和服务就是消费环境本身。处置情境是指消费者在使用产品以后进行处置的情境。消费者对产品的处置可能因产品的不同以及消费者本人特点的不同而有所差异。

三、对消费行为的影响

1. 物质环境

颜色、气味能对消费者的购物行为产生正面影响,目前还没有研究结果说明影响的具体程度以及如何有效运用于情境中。音乐也会影响消费者情绪,影响人们对购物时间知觉的判断,进而又会影响众多的消费行为。购物场所的拥挤程度会对消费者产生负面影响,拥挤不单指顾客人多,商品堆积也会使消费者产生一种压抑感,导致其满意度降低并产生不快的购买体验,再次光顾的可能性就会降低。

2. 社会环境

社会环境指那些对人的心理与行为具有直接或间接影响的非实物化的因素。在此情境下,人们会相互模仿、相互感染,其消费心理带有明显的从众性。当行为具有可见性时,更是如此。购物以及很多在公众场合使用的商品与品牌都是高度可见的,无疑将受社会环境影响。

3. 时间观念

时间观念是指涉及时间对消费者行为影响的一些情境特征。可用时间越少,搜寻到的信息就越少,能够运用的信息就更少,而消费者根据不充分的信息作出购买决策,产生失误的可能性就越大。

时间成本可分为现实可分配时间成本和心理成本。前者指消费者在消费行为过程中所能支配的时间和销售人员在众多消费者中分配给每个消费者的接触沟通时间。后者指消费者在消费时愿意付出的最长时间。同时还有时间压力问题,这是指个体在时间限制下的一种心理状态或情绪体验。

4. 网络购物情境

网络购物情境是指在网络购物过程中,通过设计购物环境对顾客的情感产生某种特定效果,进而刺激顾客购买的一种情境。网络购物情境分为网站设计、人员互动和网站信誉度三个方面。

搜索、双向、互动、分享等在线行为成为网络时代受众参与传播的典型形式。在互联网领域,顾客不断通过在线行为参与品牌传播,表达个人对产品、品牌的看法。由于互联网作用范围大,传播速度快,影响力度大,极大地影响着顾客的购买决策。在线行为会影响消费者对产品和品牌的认知或偏好,进而影响消费者对品牌购买的可能性。

上述情境有时会在消费者购买的全过程中同时起作用,依据各购买阶段的主要任务、消费客体、消费者个性等的不同,它们发挥的作用也有差异。其中,消费客体是指消费的对象,即消费品和服务的一切属性,包括消费品的品种、价格、产地、生产者、用途、性能、规格、等级、主要成分、使用说明书、售后服务或服务的类别、内容、费用等。

讨论专区

有的消费者在"双十一"期间看到降价的商品便买了下来,但一直放着也没用。有的消费者对"买商品送赠品"促销活动中的赠品很喜欢,就买了商品,其实商品基本也是闲置。

讨论题:你是否也有上述类似的经历?谈谈当时购买这些闲置商品时基于怎样的考虑。

本章小结

本章主要介绍对消费行为有影响的外部因素,主要包括家庭、社会阶层、群体、主流文化、亚文化和情境等。这些因素对不同的消费者和消费行为影响的程度有所不同。这些因素对消费行为的影响不是独立起作用的,可以是相互间有联系并共同影响消费者的消费行为。

关键术语

家庭	社会阶层	参照群体	相关群体
主流文化	亚文化	情境	从众
顺从	暗示	模仿	感染

思考题

1. 我国一线城市与二线城市的居民消费观念有哪些区别?
2. 消费者行为的外部影响因素是否有最重要的一种?
3. 如何看待原生家庭对成年人消费行为的影响?
4. 人们在情境因素下是否会无理性消费?
5. 阶层的变化与消费行为是否相互影响?
6. 请描述你的家庭在下列情境下的消费模式:家庭成员生日、除夕、国庆节。

讨论题

请你描述自己受产品宣传因素影响的购物经历,并结合本章所学内容分析该次经历中所购商品是否为必需品。

案例分析

携号转网

2010年11月,第一批携号转网业务试点在天津、海南启动。2014年9月,第二批携号转网业务试点在江西、湖北、云南落地实施。2018年12月,上述试点省份开始执行携号转网业务新规,并对携号转网流程作出进一步优化。但从试点情况来看,该项业务并没有达到市场预期。

中国信息通信研究院发布的数据显示,截至2018年12月底,携号转网业务累计转网167万人次,其中包括2018年新增的63万人次,同比增长62%。

中国工业和信息化部印发指导意见,加快网络改造和系统建设,积极开展网间联调联试,采取有力措施确保在全国实行携号转网;深化携号转网业务规范办理,不得擅自增设办理条件,不得人为设置障碍,不得利用携号转网实施恶性竞争行为。

何为"人为设置障碍"?目前没有这方面的细则,也没有相关管理办法。

携号转网对于运营商也多了一分压力,因为如果服务品质、价格无法满足消费者的需要,消费者就比较容易转去其他运营商。

在《证券日报》记者进行的随机调查中,中国移动用户想携号转网的,占有转网意愿用户的3/4,这说明中国移动用户转网意愿最强。同时,有转网意愿的用户均表示,在转网时主要考虑的因素是信号覆盖、价格和服务。

资料来源:《携号转网即将全国推行 操作麻烦或阻碍用户积极性》,载《证券日报》2019年3月25日,有删减。

问题:

1. 若你是中国移动的用户,看到这份材料,你是否会考虑携号转网?

2. 你是否愿意将此材料发送给使用中国移动的好友,并劝说其采取和你一样的行动?为什么?

实践活动

一、目标和任务

旨在通过对消费者行为的观察以及与消费者的交流,使学生深入理解本章讨论的各种因素对消费行为的影响,以及其对不同消费者影响的差异。

二、准备

教师准备:与相关组织或企业协调沟通获准参与该企业的促销活动,布置活动任务并讲解活动要求。

学生准备:协助教师与企业联络。

三、实施

1. 学生参与促销活动,做好观察和交流记录工作。

2. 课堂活动:教师选择代表或学生主动汇报参与本次活动情况,交流活动心得。

四、反馈和完善

教师对本次活动进行点评,评价学生的表现,总结教学效果,形成教学反思日志。

推荐阅读

1. 〔法〕古斯塔夫·勒庞:《乌合之众:大众心理研究》,陈剑译,译林出版社2016年版。

2. 〔美〕斯坦利·米尔格拉姆:《对权威的服从:一次逼近人性真相的实验》,赵萍萍、王利群译,新华出版社2013年版。

第四章

消费者购买决策与行为

知识目标

1. 知晓研究消费者行为的核心是购买决策
2. 掌握消费者购买决策的三种模型

能力目标

1. 培养多角度反省的能力
2. 提高选择、分析和判断能力
3. 提高搜集、识别和使用信息的能力

素养目标

根据实际需要作出购买决策

本章主要知识脉络图

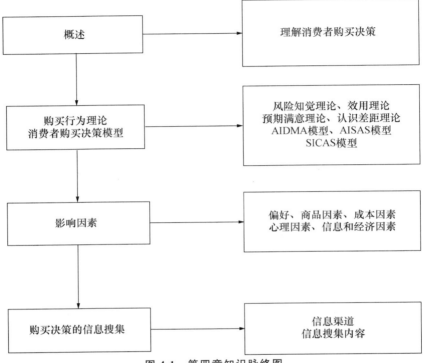

图 4-1　第四章知识脉络图

案例　年轻人的"奥利奥"

"90后""00后"快速崛起,成为消费市场的主力军。他们追逐个性、重视参与感强的互动消费体验,喜欢接触新事物,愿意了解和关注消费活动信息并积极参与。

基于年轻消费群体对于零食的消费习惯正从单纯的享受型向求新求异与情感交流方面发展,"奥利奥"联手"麦吉"奶茶、"伊利臻浓"牛奶、"可爱多"冰淇淋、"光明"酸奶四大产品,举办了夏日甜品跨界互动营销活动,得到年轻人的积极响应。这是因为"奥利奥"与牛奶、酸奶、冰淇淋、奶茶皆是以年轻圈层为核心受众。

网友们事先了解到"奥利奥"在微博上推出 3D"食尚"大片,获取了活动预告信息,随后观看官方的 DIY 视频、美食平面海报。之后,他们纷纷晒出自己的 DIY 美食和美食 UGC(用户原创内容,即用户将自己原创的内容通过互联网平台进行展示或者提供给其他用户),内容覆盖微博、抖音、小红书、快手等各大社交媒体平台。

资料来源:李东阳,《夏日营销抢占 C 位,搞定年轻人,奥利奥很会!》,https://dy.163.com/article/FIOF96FP0519H0JE.html,有删减。

思考　　结合上述材料分析年轻人认同"奥利奥"的过程。

第一节　概　　述

消费者购买行为是研究消费者行为的重要内容,是指消费者为满足自身需要发生的购买和使用商品的行为活动。购买行为是由一系列环节、要素构成的完整过程。这一过程中,购买决策居于核心地位。消费的核心或重点是购买决策过程。

一、购买决策的定义

消费者购买决策是指消费者谨慎评价某一产品、品牌或服务的属性并进行选择、购买能满足某一特定需要的产品的过程。广义的定义是指消费者为了满足某种需要,在一定的购买动机的支配下,在可供选择的购买方案中,分析、评价、选择并且实施最佳的购买方案,以及购后评价的过程。

它是一个系统的过程,包括需求的确定、购买动机的形成、购买方案的抉择和实施、购后评价等环节。

二、购买决策的特点

1. 目的性

消费者购买决策的目的是促进一个或若干个消费目标的实现。

2. 过程性

因刺激产生需求,形成购买动机,选择和实施购买方案,并反馈以影响下一次购买决策,这样的循环是决策主体需求个性化的体现。

3. 复杂性

一是决策内容的复杂性。消费者通过分析,确定在何时、何地以何种方式、何种价格购买何种商品等一系列复杂的购买决策内容。二是购买决策影响因素的复杂性。消费者的购买决策受到多方面因素的影响和制约,具体包括消费者个人的性格、气质、兴趣、生活习惯与收入水平等主体相关因素。此外,还包括消费者所处的空间环境、社会文化环境和经济环境等各种刺激的外部因素。这些因素之间存在复杂的交互作用,它们会对消费者的决策内容、方式及结果产生不确定的影响。

4. 情境性

影响购买决策的各种因素不断变化,因此,消费者购买决策因所处情景不同而不同。

三、购买决策的内容

为何买?买什么?由谁买?买多少?何时买?在哪里买?以怎样的方式买?这些是购买决策需要考虑的主要内容。

为何买?就是权衡动机和买什么,即确定购买对象,这是决策的核心和首要问题。买多少,即确定购买数量,一般取决于实际需要、支付能力和市场的供应情况。由谁买?即实际从事购买行为的人。在哪里买?购买地点由多种因素决定,并且和消费者的心理动机有关。何时买?就是指购买时机。它与购买的迫切性、市场供应状况、交通情况、消费者可供支配的时间和购买场所开放时间等有一定关联。如何买?即选择何种购买方式,这也是一个重要的环节,常涉及亲自购买还是委托他人代买,提前付款还是货到付款,当前消费还是延时消费,现场购买还是订购等。

四、购买决策的类型

依据不同的标准,可对消费者购买决策作出不同的分类。

1. 根据购买者的参与程度和产品品牌差异程度可分为四种类型

(1) 复杂的购买决策,指消费者需要经历大量信息收集、全面商品评估、慎重购买决策和认真购后评价四个阶段。这属于高度参与,消费者需要了解商品在品牌、品种和规格等之间的显著差异。

(2) 习惯性购买决策。消费者对经常性购买价格低廉的商品的选择行为属于习惯性购买决策。这类商品间的品牌差别小,消费者不必进行搜集信息、评价商品特点和慎重决定这些复杂的过程。

(3) 多样化购买决策(或称为有限型购买决策)。消费者不愿在商品的挑选上浪费时间,不断换品牌。此种行为有时因情感性需要和环境性需要产生。

(4) 化解不协调的购买决策。消费者在购买过程中需要高度参与,现有品牌间没有明显差异。消费者比较之后购买,在使用期间会了解更多情况,寻求理由来减轻、化解不协调。消费者为降低决策风险通常借助其经常购买的品牌作出购买决策。

2. 根据决策过程所经历的不同阶段可分为三种类型

(1) 广泛解决问题决策,是指消费者对某类产品的具体品牌不熟悉,尚未建立相应的产品与品牌评价标准且未将选购范围划定在几个少数的品牌范围之内。该决策类型的特点是消费者在购买决策过程中需要搜集大量信息,以便进行深入比较、分析,从而作出购买决策。

(2) 解决限定问题决策,是指消费者对某一领域的产品在一定程度上有所了解,或对该领域的产品与产品品牌的选择建立了一些基本的评价标准,但尚未形成对某些特定品牌的消费偏好。产生此种行为是由于消费者对消费所投入的时间和精力十分有限。

(3) 习惯型购买决策,是指消费者对某一领域的产品比较熟悉,并对该领域内的产品与产品品牌的选择建立了相应评价标准,其购买决策主要参照以往的经验、习惯。它可进一步细分为忠诚型购买决策和无所谓状态下的重复型购买决策。

五、购买决策的过程

1. 实体店购买决策过程(也可称为线下渠道购买决策过程)

实体店消费是指消费者通过实体店进行产品购买。

(1) 五阶段形式

该形式包含认识问题、搜寻信息、评价备选方案、选择与决策和购后评价五个连续阶段。

① 认识问题,也可称为识别需求,消费者在作出购买决策之前,对产品有一定了解。这些问题来自内部因素,主要是消费者的特征变量(如个性、生活方式等),外部因素(如环境、文化、情境、群体、阶层等),同时确定需要的标准,明确需要。

② 搜寻信息。即消费者对内部和外部信息的寻找。消费者主要从个人渠道(自身经验和口碑推荐)和公共渠道(各种媒体渠道和促销活动)对信息进行搜寻。搜寻信息的质量和速度取决于对商品的重视程度、迫切程度和商品价值等。根据不同的消费者类型,结合购买决策的重要性及复杂程度,对内部和外部的信息寻找力度,花费的时间和精力及资金成本,搜集范围也不同。

③ 评价备选方案。消费者根据主观感受和不同的需求,对所拟定的各个备选方案进行综合评价。

④ 选择与决策。消费者在备选方案中进行分析选择,是主观决定过程。消费者在对产品属性、品牌知名度和性价比等方面进行比较分析的过程中,也会受到周围态度、购买便利性和其他外界因素影响。根据购买意愿,购买可分为三种类型:试购、跟随购买、重复购买。

⑤ 购后评价。消费者依据整个购买过程的体验和感受进行评价,大体分为满意和不满意两类。

(2) 七阶段形式

七阶段形式是在上述五阶段形式中的购后评价前后增加使用和处置环节。消费者使用所选择的商品以达到满足需求的目的,当商品无法满足需求时,消费者可考虑对商品进行处置,这表示商品失去使用价值或消费者认为该商品无法满足其需要。

(3) 一般形式

一般形式通常考虑六个相互联系的变量,即信息、品牌识别、态度、自信、动机和购买。信息引起消费者识别产品和品牌;根据自身的需要评价品牌及产品,形成态度;继而根据态度和自信(个人的能力等因素)激发购买动机和意愿并作出购买决策。

2. 网络购物决策过程(也可称为线上渠道购买决策过程)

网络购物是指消费者通过网络进行的电子商务贸易活动。

网络购物通常主要有以下几个阶段:选择购物网站;查询相关商品信息,进行搜寻;选择满意商品,进行交易,如对商品不满意则放弃交易;选择安全、方便、快捷的支付平台;货到检验;评价;退货、换货等。消费者的购物环境是虚拟的,其购买决策受购物偏好和网络购物经验等的影响。

顾客采取网络购物的动机归纳起来主要有:

(1) 追求满足感。网络购物是新生事物,对喜欢追求新潮的消费者,尤其是年轻人,是一种时尚潮流并且会主动追求这种时尚,能从中找到新鲜感和刺激感,并以此获得自我满足,同时满足视觉娱乐和感官刺激。

(2) 注重物美价廉。因减少了中间流通环节,绝大多数商品的网上售价低于实体店的价格。追求廉价的商品是每个消费者的共同特征,这种低价的营销方式会促使更多消费者选择通过网络购物解决本身的购物需求。同时,网上商品比较的便利性也极大满足了消费者"货比三家"的谨慎购物心态。

(3) 保护隐私。消费者受各种心理影响,如购买特殊产品时不愿与人交流等,这时网络购物能够保护其隐私。

(4) 获得尊重感。消费者针对某一产品,可找到共同爱好者谈论,增加与人交流的机会,满足个人社交需求。还有的消费者更喜欢网络购物的个性化和定制化服务。

(5) 体现权威性。消费者在购物后可将体验和评价在网络平台公布,这在某种程度上能增加网购者的权威性,认为他们的意见被重视,有被关注的愉悦感。

(6) 强调便利性。消费者如果采取一般方式购物,通常需要经过一系列复杂的过程,这一过程消耗了消费者的时间和精力,同时,交通问题和实体店面积大、商品多会进一步浪费消费者的时间。网络购物则大大精简了这一系列活动的时间,消费者能通过便捷的搜索方式,快速进行商品对比,这为消费者提供了许多的便利。对于想要找到便捷消费方式、缩短选择过程的消费者来说,网络购物成为最优的消费方式。

(7) 突出偏好性。消费者会因为经常浏览某些网站而对这些网站产生一定的信任与偏好,从而对这些网站推送和广告中所包含的商品产生购买动机。这类消费者通常是这些网站的忠实关注者。

3. 实体店和网络双渠道购物决策过程

越来越多的顾客在实体店和网上同时进行消费,可以用双渠道理论分析这些消费者的购物决策过程。

双渠道是指产品从生产者(企业)通过实体店铺和互联网两种途径转移到最终顾客的通道或路径。

双渠道顾客就是既有店铺购买经验,也具有网络购买经验,穿梭于两种渠道之间进行购买商品活动的人。

双渠道顾客的购买决策过程不仅需要考虑购买何种商品或服务,还需要选择消费的方式和途径。因此,顾客在商品信息搜寻、购买阶段面临双渠道的选择问题。顾客究竟选择何种渠道或者如何分配双渠道购物的时间和精力,主要依据评价、满意程度、价值衡量、自身的约束条件及忠诚度等。

影响渠道选择的因素主要有:感知风险、渠道购买经验、购买动机、商品类别和网站设计,还包括来自顾客的特征如性别、年龄、教育经历、收入、家庭规模、地域、职业、经济环境、生活形态、个性和自我观念等;与零售商有关的因素,包括声誉、营销策略、服务质量等;产品因素、渠道特征,如易用性、渠道风险、信息丰度等;情境因素,如时间分配、购物类型等。这些因素在实际购物活动中往往交织在一起。

并非所有上述类型的消费者的购买决策都完全遵循以上过程。上述介绍的购买决策过程是一个完整的过程。结合消费主客体的实际情况,可以简化一个或几个阶段,甚至省略某个或某几个环节。同时,消费者在不同的阶段所花费的时间和精力以及所运用的手段和方法也会不同。

六、购买决策的原则

1. 最大满意原则

最大满意原则指消费者通过决策方案的选择、实施,取得最大效用,使某方面需要得到最大限度的满足,按照这一指导思想进行决策,即是最大满意原则。

2. 相对满意原则

相对满意原则指消费者以较小的代价取得较大的效用。

3. 遗憾最小原则

遗憾最小原则指消费者估计各种方案可能产生的不良后果,比较其严重程度,从中选择影响最小的作为最终方案。

4．预期满意原则

预期满意原则指消费者比较备选方案,并与个人的心理预期进行比较,从中选择与预期标准吻合度最高的作为最终决策方案。

第二节　消费者购买行为理论

消费者购买行为理论是对消费者购买行为与购买决策过程中各种现象的解释。代表性的理论有:风险知觉理论、效用理论、预期满意理论和认识差距理论。

一、风险知觉理论

1．解释

消费者的购买决策中隐含风险,它由不确定性和后果两部分构成。不确定性是指消费者对购买结果(是否满意)的主观知觉,后果是指购买和使用后可能的得失。消费者能够感知到的这种不确定性或者不利且有害的后果就是知觉风险。

该理论认为,购买商品给消费者带来满足和愉快的同时,也可能会给其带来损失或潜在的危害,甚至是现实的危害。这些损失、危害和危险被消费者意识到,因而构成消费者在购买行为与决策过程中的风险知觉。

2．类型

(1) 消费支出风险(或经济风险、财务风险),是指购物导致货币损失的可能性。若消费者购买了某种商品,就会影响其他商品的消费。为此,必须考虑减少或不能消费另外商品的机会损失(成本)。支出风险可与价格、产品、流通环节和交易等有关。

(2) 功能风险(也称绩效风险),是指产品不具备消费者预期的功能给消费者带来的风险。

(3) 人身风险(也称安全风险或健康风险),指产品使用过程中危害消费者,对其身体造成伤害的可能性。

(4) 心理方面的感知风险,指购买行为不被其他社会成员接受或认可的可能性,从而使自己感到难堪或使自己的威信、地位和形象等受到不利影响,还包括因购买行为遭受精神压力的可能性。通常,若购物行为导致消费者在经济、绩效、身体、时间、隐私、服务等方面遭受损失,可能会使消费者出现不满、自责、郁闷、焦虑、失落和不平衡等心理状态。

(5)社会方面的感知风险。购买或使用某产品可能会给消费者的社会关系带来损害,如造成环境污染、影响邻里关系等。

随着网络购物的普及和多种购物方式的出现,还会出现服务风险、时间风险等可预知或不可预知的风险。

二、效用理论

效用是指商品能够满足消费者某种需要并使其愉悦和产生享受感的特性。商品的效用对不同的消费者会有差别。但商品的效用并不是纯主观的,其大小在于满足程度的高低。消费者会尽可能作出合理的决策,以达到最佳的购买行为效用。

边际效用是西方经济学家在分析消费者行为特点时提出的理论,又称效用理论。该理论的观点是:消费者购买商品是为了用既定的货币支出最大限度满足个体的需要,以一定的货币买尽可能多的商品,以达到效用的最大化。随着消费商品数量的增加,消费者的满足程度也在增加,即总效用增加,但边际效用在降低。

如果货币收入固定,则消费者愿为某商品付出的货币量就以该物的边际效用为标准。为此,消费者不愿意对某种商品进行大量购买。

还可以运用该理论进行货币分配决策。即在货币收入和商品价格一定的条件下,使购买各种商品的边际效用与其所付的价格比例相同。就是说,使购买多种类、不同数量的各种商品所花费的单位货币所提供的边际效用相等,使货币总量能提供的总效用最大化。

三、预期满意理论

该理论的观点是,消费者购买产品以后的满意程度取决于购买前的期望得到实现的程度。消费者感受到的产品效用达到或超过预期,就会感到满意,超出越多,满意度就越高。反之,感受到的产品效用未达到预期,就会感到不满意,差距越大,不满意度就越高。

四、认识差距理论

这种理论认为,消费者在购买和使用产品之后对产品的主观评价和产品的客观实际之间总会存在一定差距,可分为正差距和负差距。正差距是指消费者对产品的评价高于产品实际和生产者原先的预期,这就产生了满意感。负差距指的是消费者对产品的评价低于产品实际和生产者原先的预期,这就产生了不满意感。

第三节 购买决策模型

消费者的购买决策因多种因素的影响会有不同体现,但纷繁复杂的现象背后的规律认知却是相同的。下面归纳消费者购买决策过程的三种重要模型:

一、AIDMA 模型

AIDMA 模型(attention-interest-desire-memory-action)由美国广告学家 E. S. 刘易斯提出,该模型一直是描述消费者购买产品过程中心理变化阶段的主要模型。该模型表示,消费者从接触到信息到最后达成购买,会经历注意、兴趣、欲望、记忆到行动五个阶段。消费者先通过广告、他人介绍等方式获取商品信息,开始对产品注意,然后产生兴趣,进而产生拥有欲望,并把产品或服务信息记忆在脑海中以加强对产品或服务的深度认知,最终作出购买行为。

该理论有助于研究消费者并进行更有效的商品宣传,但是没有具体细化到不同商品类别,更适合高卷入度的商品。该模型在实体经济时代很好地解释了购买行为,在网络时代无法准确概括一些消费者的典型特征。

二、AISAS 模型

2005 年,日本电通集团提出针对互联网应用时代消费者行为分析的 AISAS 模型(attention-interest-search-action-share),该模型是对 AIDMA 模型的改进,即注意、兴趣、搜索、行动和分享。将消费者在注意产品或服务并产生兴趣之后的信息搜集,以及产生购买行动之后的信息分享,作为两个重要环节进行考量,这两个环节都离不开消费者对互联网的应用。该模型不但突显消费者信息获取主动性的增强,更强调消费者通过网络共享购物经历和体验,充分体现互联网对于人们生活方式和消费行为的影响与改变。

该模型强调各个环节的切入和体验。前两个阶段与 AIDMA 模型相同;第三个阶段 search,即主动进行信息搜索;第四个阶段 action,即达成购买行为;最后阶段是 share,即分享。

该理论对网络购买决策中的消费者行为的描述，突出了网络时代的特质，指明分享是购买决策过程中不可忽视的环节，充分体现了互联网带给消费行为的影响。虽消费者能主动利用互联网获取信息，但互动的体现也是简单的碎片化反馈，没有实现真正意义的实时、便捷的双向沟通。

三、SICAS 模型

SICAS 模型（sense-interest & interactive-connect & communication-action share）。

互联网数据中心（DCCI）创始人胡延平在《2011 中国社会化营销蓝皮书》中提出，移动互联网时代新的消费行为模型应体现了非线性、网状、多点双向、实时感知的消费行为特点。

AISAS 模型中的分享阶段，对于企业来说，影响力远远不够，但从发展的角度看，分享、体验分享是真正意义上的消费源头。SICAS 模型包括以下过程：品牌—用户互相感知（sense）、产生兴趣—形成互动（interest & interactive）、用户与品牌商家建立连接—交互沟通（connect & communication）、产生购买行动（action）、体验与分享（share）。

sense 阶段，品牌对用户很重要，而其能被用户感知到同等重要，这两点是品牌商家建立感知网络的关键。对于用户来说，关注、分享、订制、推送、自动匹配、位置服务等，都是其有效感知的重要通路。

interest & interactive 阶段，形成互动不仅在于触点的多少，更在于互动的方式、话题、内容和关系。此阶段，用户正在产生或已经形成一定程度的心理耦合、兴趣共振。兴趣与互动内容包括：关系、话题、关注点、好评度等。兴趣与互动的品牌服务包括：品牌气质、产品功能、价格评价和使用体验等。

connect & communication 阶段，用户与企业建立强连接而非链接。

action 阶段，电子商务网站、社交网络等都可能成为购买的发起地点。

share 阶段，在实际购物过程中，体验、分享并非消费的末尾，而是消费的源头。信息的发现能力能够满足个性化需求，成为消费生产力的来源。

综上所述，SICAS 模型顺应数字和网络消费行为。

以上各模型均强调首次购买行为。对于重复购买模式，有以下常见形式：知晓——初次购买——购后评价——决定重复购买——重复购买循环。

第四节　购买决策过程影响因素

一、消费者偏好

消费者偏好,即消费者对商品的主观评价。每个消费者都有自己的偏好,不同的消费者偏好之间的差异可能非常大。对企业来说,重要的不是单个消费者或家庭的偏好,而是部分或大多数消费者或家庭作为一个群体在偏好上的特点。作为一个群体,单个消费者之间的差异在很大程度上被相互抵消。消费者偏好主要受到经济发展、风俗习惯、时尚变化等因素的影响,也受到社会主导价值观的影响。

二、商品因素

从需求角度出发,商品之间的相关性是站在消费者的角度就商品使用价值关系而言的。按商品使用价值的相关性质不同,所有其他商品或属于相关商品,或属于不相关商品。相关商品又可分为替代品和互补品。

商品之间可替代的程度因商品特性而异,其互补的程度也因其特性不同往往是不对称的。

三、成本因素

引入经济学和管理经济学的理论和观点,在作购买决策时消费者考虑的成本主要有:

显性成本,即记入账内的、清晰可见的实际支出。

隐性成本,即并非清晰可见、非实际支出的成本。

机会成本,即将资源用于某种用途而被放弃的可用于其他各种用途所能带来的最高收益。机会成本通常是隐性成本。

沉没成本,即已经投入且无法收回的成本。

增量成本,即为实施决策还需增加投入的成本。当一项决策付诸实施时,有些成本会发生变化,有些成本则并不随之变化。

相关成本,即随着该项决策的实施将发生变化的各项成本,除此之外的其他成本项目为不相关成本。

通常，决策者易犯两种错误：固定成本谬误和隐藏成本谬误。前者是指在决策时将不随决策结果改变的成本和收益纳入决策分析范围，换言之，不相关的成本和收益成为决策依据；后者是指在决策中忽略相关成本，特别是不可见的隐性成本。

四、消费者心理

因形成购买意向与采取购买行为之间存在时滞性，所以，消费者的心理变化是影响和决定购买行为的重要因素。

五、网络信息因素

在虚拟社区中，普通消费者的推荐信息对于其他消费者决策会有影响。购物目标调节了推荐来源特性（专业性和连接强度）和消费者购买决策影响的作用。目标类型不同时，影响程度不同。如享乐购物易受连接强度的影响；购买目标是商品的实用性时，同时受专业性和连接强度的影响。

在线消费者为提高对在线海量信息的搜索效率而寻找和接受信息。消费者仅使用可获得的同类消费者推荐的信息进行决策，而无论信息来源的个人特性如何。消费者更倾向参与接受同类消费者的评论。

传播者与接受者的专业性和连接强度对口碑信息均有正向的显著影响。

六、经济状况

经济状况是决定购买行为的首要因素，决定着购买行为是否发生以及发生何种规模的购买行为，决定着购买商品的种类和档次。低收入的消费者和群体，购买能力弱，主要购买基本生活必需品，以及价格较低的产品。

影响最终购买决策的因素还包括：他人的态度，即家人、朋友、同事等直接或间接的影响；购买风险，风险越大，消费者购买态度越慎重；意外因素干扰，指源自与消费者密切相关因素的变化，如职业、薪酬的变化等，还包括来自与产品、营销活动有关因素的变动，如可替代的产品上市、商家的降价促销活动；消费者的经验和决策认知、自身的特性、环境因素等。

相关阅读 "外卖+"开启行业发展新业态

据统计,截至2020年年底,中国外卖用户规模已接近5亿人,外卖市场总体规模达到8352亿元。部分餐饮企业通过线上渠道积极加码非堂食业务,增加半成品种类,并利用线上点餐、外卖送餐、团购折扣等方式持续扩大销售。下午茶和宵夜都是消费者的新宠。

"外卖为主、堂食为辅"的"轻堂食"餐饮模式逐渐在全国各地走俏。数据显示,2020年全年,我国新增外卖相关企业67万余家。外卖产业的持续快速增长进一步推动了餐饮产业线上线下的融合。

"外卖+"释放更大潜能。一大批高星级酒店、高端餐饮企业和大型正餐企业纷纷加速推进外卖业务,打破了外卖"廉价、低品质"的固有印象,带动了餐饮包装食品、餐饮半成品和餐饮食材等业态融合的外卖行业发展。与此同时,多个外卖平台也充分利用多年来在"非餐"消费场景的尝试和积累,突破传统"一日三餐"的单一定式,走向更加多元化的发展路径。

在"外卖+"的发展理念下,外卖产业呈现向更多品类、更多消费场景拓展的趋势。生活日用、高端服饰、电子产品等消费品类也纷纷加入外卖行列。业内人士指出,随着消费者对外卖等网络消费的认可和接受程度越来越高,"外卖+多品类"的发展模式将为行业发展释放更大的市场潜能,外卖产业也将迎来更加广阔的发展空间。

资料来源:金晨:《"外卖+"开启行业发展新业态》,http://paper.people.com.cn/rmrbhwb/html/2021-02/05/content_2033023.htm,有删减。

第五节 如何搜集购买信息

日本电通公司的调查数据表明,在商品认知阶段,消费者的信息来源以电视、报纸、杂志、户外广告、互联网等媒体广告为主;在理解商品、比较探讨和决定购买阶段,除了亲临实体店之外,互联网及口口相传是其主要信息来源与决策依据。

由于信息来源的多元化、便利化,在理性购买、个性消费的驱动下,消费者收集信息的主动性大大增强。中国互联网信息中心历次调查数据显示,对商品、服务等的信息检索始终是网民使用互联网的主要用途之一。

艾瑞咨询调研数据显示，网民通常在已经形成较为明确的购买意向时才会查询相关商品的信息。

越来越多的消费者从网络收集信息，其中，网络社群便是重要的途径。网络社群（online community）也称为虚拟社群（virtual community），是随着网络技术的发展，人们出于共同的需要，通过网络连接形成的新社区。网络互助社群属于网络社群的一种具体形式，是由一些有共同兴趣和实践的人，通过共享网络空间或机制，在网络上定期并且持续进行交流所形成的群体。也有相同问题或经历的人们自愿联合在一起，以网络为媒介相互交流并互相帮助，以共同解决问题或应对困难为目标所组成的松散型组织。

网络社群是一种新型社会组织，它具有表达自由、缺乏集中控制、多对多传播和成员出于自愿等特征。

在企业和商家信息对消费者影响越来越小的情况下，消费者生成内容成为影响消费者购买决策的重要因素。

截止到目前，消费者生成内容还没有公认的定义。经济合作与发展组织（OECD）这样定义用户生成内容（user generated/created content）或称为消费者生成内容（consumer generated/created content）：任何由最终用户创造的、可公开获取的媒体内容。它是基于个人经历表达的关于产品、品牌、企业和服务的意见、体验和建议，经由消费者创造，并发布于互联网讨论区、论坛、新闻组和博客中，消费者生成内容包括文字、图像、照片、视频、音频、博客和其他形式的媒体。它具有三个方面的特征：在互联网上公开可用的内容，这些内容反映了一定的原创性，体现非职业常规和实践创造。

在消费者生成内容这一概念中，"消费者"一词通常具有两层含义：一是指真实的产品或服务的消费者，即真正消费过产品或服务的人；二是社群或平台企业的消费者，即进入网络社群或平台读、看或听其他消费者生成内容的人。

与消费者生成内容相关的概念主要有网络口碑和消费者生成媒体。

消费者生成内容与网络口碑的区别：一是范围不同，前者既包括生活相关领域，又包括消费相关领域，后者仅包括消费相关领域。二是重点不同，前者强调的是内容本身，是内容存在的状态，后者强调信息的传播与交流。三是服务对象不同，前者服务对象可能是既定的，也可能是非既定的，后者服务对象是既定的。四是关注的重点不同，前者通常强调其娱乐功能，特别是视频内容，后者主要是关于产品的推荐。

二者的联系表现在它们都不含商业目的,前者本身存在的意义是有限的,通过网络口碑,才能发挥影响力,网络口碑则依赖于内容的传播。

网络口碑是消费者生成内容的重要组成部分,消费者生成内容包括一些口碑与非口碑的内容。

消费者生成内容和消费者生成媒体的区别与联系如下:从当前的研究看,对消费者生成媒体作出准确定义的不多,有学者将消费者生成内容视作消费者生成媒体。通常认为,消费者生成媒体是指以消费者生成内容作为主要内容建立起来的媒体,如博客、产品评论平台等。消费者生成内容与消费者生成媒体的关系是内容与结构、微观与宏观的关系。消费者生成媒体分为全内容媒体和非全内容媒体两种,全内容媒体是指完全依赖消费者生成内容建立的媒体,如百度知道、博客等;非全内容媒体是指基于媒体生成内容和消费者生成内容共同建立的媒体,两种内容的比例在不同的媒体中可能不同。

讨论专区

2020年,复旦大学管理学院副教授孙金云带领研究团队在5座城市打了800多趟车,搜集了"滴滴""曹操""首汽""T3""美团""高德"和直接扬招7个渠道的数据,获得样本总计836个,其中有效样本821个。调研结果如下:

(1) 北京、上海、深圳打车的响应时长峰值均发生在早高峰阶段。除北京外,其余两个城市直接扬招打车最快。

(2) 平台往往会向乘客呈现比实际更短的等待时间。"滴滴"是时间延误比例最高的平台。

(3) 团队以城市为单位,以完全相同的出发地和目的地作为基准。各平台每公里打车价格(以乘客实际支付金额计算)的结果显示,"滴滴快车"的价格与直接扬招金额相同。在上海,打中途车,直接扬招和"美团"最优惠,打远途车,直接扬招最优惠。

(4) 上海是打车软件价格被低估最严重的城市,实付与预估差异的比值为11.8%。

(5) 研究团队表示,他们在研究过程中验证了"苹果税"的存在。与非苹果手机用户相比,苹果手机用户更容易被舒适型车辆(如专车、优享等)司机接单,这一比例是非苹果手机用户的3倍。如果乘客使用的是苹果手机,那么就更容易被推荐舒适型车辆;如果乘客使用的不是苹果手机,那么就要看其手机价位,手机价位越高则越有可能被舒适型车辆接走。苹果手机用户平均只能获得2.07元的优惠,显著低于非苹果用户的 4.12 元。

资料来源:张慧:《复旦教授实证研究:用滴滴打车实付价高于预估价 6.7%》,http://news.hsw.cn/system/2021/0220/1296353.shtml,有删减。

讨论:

1. 在消费决策目标非单一的情况下,如何作出最终决策?
2. 在购买过程中,当购物目标冲突时怎样解决?

本章小结

消费者购买决策受多种因素影响。这些因素对不同的消费者和不同情境下的消费者的影响程度有差异。消费者的购买决策是一个包含不同阶段的连续过程。消费者在购买商品时会有多种目的,往往会综合考虑后进行最优选择。

本章介绍了购买决策涉及的几种重要理论,即风险知觉理论、效用理论、预期满意理论和认识差距理论;结合当前社会发展情况重点分析了几种购买决策模型,即 AIDMA 模型、AISAS 模型和 SICAS 模型;探讨了消费者购买决策过程会受到诸多因素的影响,并重点讨论了网络信息对消费者购买决策的影响。

关键术语

购买决策	购买决策过程	风险知觉理论	消费者偏好
预期满意理论	认识差距理论	效用理论	AIDMA 模型
AISAS 模型	SICAS 模型	网络社群	网络口碑
消费者生成内容			

思考题

1. 你如何理解"大部分的消费需要是人为制造出来的"这句话?
2. 你与朋友选购同类商品时是否存在差异?请分析造成此种差异的原因。
3. 购物目的不同对购买决策信息的搜集有怎样的影响?
4. 随着线上消费被越来越多的人认可,怎样评价传统线下购买决策模式?
5. 如何认识购买决策过程的不同阶段在消费过程中的作用?

讨论题

请分别访问两位最近购买住房和百元价位商品的消费者,分析两人在消费决策过程中有哪些异同。

案例分析

一年带动超4亿消费者做公益

在淘宝平台2018年产生的交易中,有超过79亿笔订单产生了爱心捐赠,参与捐赠的爱心商家超过200万家,带动4.24亿消费者参与,实现爱心捐赠3.6亿元。淘宝正成为全球最大的互联网公益参与平台。

这些爱心捐赠已经支持了"顶梁柱计划""爸妈食堂""爱心包裹""童伴计划""大地新芽""新阳光病房学校""春晖妈妈守护孤儿"和"贫困孤独症儿童救助项目"等30个优秀公益项目,超过800万人次从中受益。

消费者在淘宝平台购物时,如果购买带有"公益宝贝"标志的商品,商品成交后就会产生一定金额的爱心捐赠,平台会按照卖家设置的比例,捐赠一定金额给公益组织或公益项目。

不仅公募基金会的项目可以通过评审入驻公益宝贝项目,其他非政府组织(NGO)的公益项目也有机会通过公益宝贝项目筹得善款。

公益宝贝项目打通了消费者、商家、公益组织三者之间的关系,以商业的方式建立了可持续的公益参与模式。

自诞生以来,公益宝贝项目持续带动更多人参与公益,在淘宝平台上参与爱心捐赠的商家、网友数量不断增加。通过"公益的心态,商业的手法",才能让公益可持续。

资料来源:《一年带动超4亿消费者做公益,淘宝公益宝贝创新模式爆发》,http://zj.people.com.cn/n2/2019/0122/c186327-32560958.html,有删减。

问题:

在同等约束条件下,你是否愿意选择带有"公益宝贝"标志的商品?为什么?

实践活动

一、目标和任务

旨在通过调查大学生在某一类产品消费方面的行为特征和购买决策,深入理解购买决策过程及各阶段的作用,分析购买决策受哪些因素影响。

二、准备

教师:活动前,指导教师布置活动任务并对必要的要求进行讲解。

学生:总结自己消费的产品种类,选定某一种产品或某件物品。

三、实施

1. 课后活动:学生回忆自己购买该类或该件产品的过程,描述选定该类或该件产品的原因,将上述内容以报告形式呈现。

2. 课堂活动:分小组交流报告内容。

四、反馈和完善

教师对本次活动进行评价,总结教学效果,形成教学反思日志。

推荐阅读

1. 〔美〕詹姆斯·G.马奇:《决策是如何产生的》,王元歌、章爱民译,机械工业出版社2007年版。
2. 《战国策》,缪文远、缪伟、罗永莲译注,中华书局2012年版。

第五章

消费者权益

知识目标

1. 理解消费者权益的定义和内容
2. 了解消费者权益保护的发展过程
3. 掌握消费者权益的保护措施

能力目标

1. 意识到作为消费者所拥有的权利
2. 能识别消费者权益受损的表征
3. 知晓维护消费者权益的途径和渠道
4. 掌握基本的消费者权益保护措施

素养目标

1. 提升保护消费者权益的能力
2. 力所能及帮助他人,保护消费者权益

本章主要知识脉络图

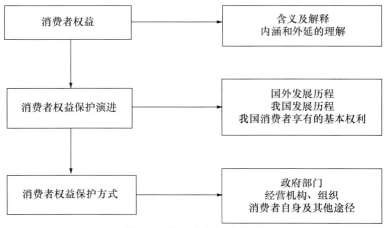

图 5-1　第五章知识脉络图

案例　华东政法大学学生起诉上海迪士尼：双方达成调解

华东政法大学学生起诉上海迪士尼禁带饮食一案，原告与被告达成调解协议。被告对原告的食品损失补偿 50 元。

2019 年 1 月 30 日，原告王洁莹前往上海迪士尼乐园游玩，并携带部分即食食品以备游玩时食用，在乐园安检时，被告知根据《上海迪士尼乐园游客须知》，游客不得携带食品进入乐园，经交涉未果，原告自行处置食品后入园。3 月 15 日，原告诉至浦东新区人民法院，请求判令：

1. 确认被告《上海迪士尼乐园游客须知》中"不得携带以下物品入园"部分的"食品、酒精饮料、超过 600 毫升的非酒精饮料"条款内容无效；

2. 被告赔偿原告因上述入园规则被迫丢弃的食品损失 46.30 元。

上海市浦东新区人民法院于 2019 年 3 月 15 日立案受理该案，于 4 月 23 日公开开庭审理，审理期间多次组织双方调解。

期间,被告对入园规则中相关条款内容进行了修改:除少数特殊食品仍禁止携带外,游客可携带供本人食用的食品及饮料进入上海迪士尼乐园。

2019年9月12日,经浦东新区人民法院调解,原告、被告双方自愿达成调解协议:被告上海国际主题乐园有限公司补偿原告王洁莹50元(当庭给付)。该调解协议经双方当事人签收生效。

之后,上海迪士尼旅游度假区实施主题乐园食品携带和安检新规。

迪士尼方面表示,游客可携带供本人食用的食品及饮料进入上海迪士尼乐园,但不允许携带需加热、再加热、加工、冷藏或保温的食品及带有刺激性气味的食品。

不可携带入园的食物包括(但不限于):需加热水食用的方便面、带自热功能的食品和榴梿等。

游客可以携带瓶装水和饮料入园,遍布乐园的50多个直饮水供应点和20多个热水供应点也将继续为游客免费提供饮用冷热水。酒精饮料、罐装和玻璃容器仍将被禁止携带入园(小型婴儿罐装食品除外)。对于需要将不可携带入园的个人物品进行寄存的游客,迪士尼已推出每日10元/件的寄存服务。

据迪士尼方面表示,为了尽可能降低安全检查对游客体验的影响,将实行更友好、人性化的安检流程和服务。建议游客在安检时自己打开包袋,如安检人员有要求,游客可自行将可疑物品取出,并在完成检查后放回。

与此同时,度假区还将在未来采用如X光机在内的安检设备,辅助人工服务等手段进一步优化安检流程。

资料来源:《华政学生起诉上海迪士尼后续:双方达成调解》,http://www.whtv.com.cn/p/9186.html,有删减。

消费者在维护自身合法权益中,还能起到哪些积极作用?

第一节 概　　述

一、消费者权益的理解

消费者权益是指消费者在实施消费行为的过程中,享有的权利和利益的总和。狭义的理解仅指消费者在消费过程中对消费品和服务、对消费环境应享有的权利和利益。消费者利益是物质利益在消费过程中的具体化和最终体现。消费者权利有狭义和广义之分。狭义上的消费者权利仅指各国家或地区法律规定的消费者在进行消费时所享有的特定权利,如《中华人民共和国消费者权益保护法》(以下简称《消费者权益保护法》)中规定的九项权利。广义上的消费者权利是指作为自然人依法享有的与消费有关的所有权利的总和,它不仅包括狭义上的权利内容,还包括《民法典》中的物权等内容。它通常具有三方面的特征:权利主体是消费者;一旦进行消费,在该领域所享有的理论上的、潜在的权利就转化为现实权利;消费者权利必须是法律所保护的权利。

消费者权益的内涵包括:获得正确的商品购买、使用、操作及维护方面的信息;付出相应的费用后,获得质、价、量相符的商品效用和相应服务;商品性能不断改善且更少污染环境;获得健康、安全、享受;时间和精力的节省;消费者人格得到尊重;消费者经济、人身安全、精神等受到损害时得到相应的补偿或赔偿。

消费者权益的外延,从主体看,涉及所有消费者;从客体即消费过程和消费对象看,涉及诸多方面;从发生或存在的领域看,涉及生产、流通和服务。

二、消费者权益保护演进及在我国的发展

消费者权益保护产生的前提是存在交换,但交换并不是产生消费者权益保护产生的根本原因。消费者权益保护产生的主要原因是消费者和经营者之间存在利益形态差异。经营者的目的是通过货币实现和谋取生产剩余价值(利润),即通过交换赚取他人的利益,再转换成自己的生产资料或生活资料,而消费者的目的只是通过交换实现自己的消费效用,这样可能会导致消费者受到侵害。

最早正式提出消费者权利的是美国前总统肯尼迪。1962年3月15日,他在向国会提交的《关于保护消费者利益的总统特别国情咨文》中,概括提出了著名的四项消费者权利:获得安全保障的权利、了解真实情况的权利、自由选择的权利和提出消费意见的权利。其后,英国、日本、澳大利亚以及欧洲其他各国也先后颁布了保护消费者权益的基本法规。1985年4月9日,联合国第39届大会未经投票一致通过《保护消费者准则》,这是唯一一部对世界各国,特别是发展中国家具有指导性意义的消费者保护国际规范。

1983年,国际消费者联盟组织(IOCU,International Organization of Consumers Union)作出决定,将每年的3月15日确立为"国际消费者权益日"。

消费者社会团体可以支持消费者就商品或者服务的质量及损害与经营者交涉,帮助消费者实现正当的权利要求。1891年,世界上第一个保护消费者利益

的消费组织——纽约消费者协会成立。最早的消费者组织的职能仅仅是保护消费者在购买商品和服务方面的权益,现在已发展为涉及生活的各个领域。1899年,美国出现了世界上第一个全国性的消费者组织——消费者联盟。

1983年3月21日,河北省新乐县维护消费者利益委员会成立,1983年5月21日,该委员会正式定名为"新乐县消费者协会",成为中国第一个消费者组织。

中国消费者协会于1984年12月经国务院批准在北京成立。之后,各省市相继成立各级消费者协会。

1993年10月31日,《消费者权益保护法》经第八届全国人大常委会第四次会议表决通过,于1994年1月1日起施行。2009年、2013年全国人大常委会根据消费者权益保护领域出现的新情况和新问题对该法进行了相应的修正。2014年3月15日,修正后的《消费者权益保护法》正式实施。其他相关法律、法规对消费者合法权益的保护亦作了相应规定。

在我国,《消费者权益保护法》是消费者权益保护的基本法。我国的消费者保护立法采用一般法律模式,且不断完善,形成了以《中华人民共和国民法典》为基础的《中华人民共和国产品质量法》《中华人民共和国反不正当竞争法》《中华人民共和国广告法》《中华人民共和国价格法》《中华人民共和国计量法》《中华人民共和国食品安全法》《中华人民共和国药品管理法》《中华人民共和国商标法》等一系列法律法规组成的保护法律体系,在不同领域为消费者权益提供保护。

自《消费者权益保护法》颁布实施以来,我国各省、自治区、直辖市分别结合当地的情况,陆续制定和推行了一些相关的实施细则,均对消费者权益保护作了具体规定,在操作层面对立法或多或少地进行了完善,从而使维护消费者基本权利的实际工作有了更明确、具体的依据。

三、我国消费者享有的基本权利

消费者权益保护法是指国家为保护消费者的合法权益而制定的调整人们在消费过程中所发生的社会关系的法律规范的总称。它有狭义和广义之分,狭义的消费者权益保护法是专项立法意义上的法律。广义的消费者权益保护法是指实质意义上的有关消费者权益保护的法律规范的全体。笔者所提及的消费者权益保护法指的是狭义的消费者权益保护法。

1.《消费者权益保护法》遵循的基本原则

(1)国家保护原则,将消费者及其权益放到一个特殊的法律地位上加以保护。

(2)全社会保护原则,在国家保护的基础上将消费者权益的保护扩大到全社会范围,动用一切社会力量,对经营者及其他可能或实际侵害消费者的行为进行预防、控制、规范和监督。

（3）适应原则,即法律保护与经济发展水平相适应。

2. 消费者享有的权利

《消费者权益保护法》以立法的形式具体列举了消费者享有的九项权利：

（1）安全权：消费者在购买、使用商品和服务时享有人身、财产安全不受损害的权利。消费者有权要求经营者提供的商品和服务,符合保障人身、财产安全的要求。

（2）知情权：消费者享有知悉其购买、使用的商品或者接受的服务的真实情况的权利。消费者应当知悉的情况包括商品的价格、产地、生产者、性能、规格等级、主要成分、生产日期、有效期限、检验合格证明、使用方法说明、售后服务以及服务的内容、规格、费用等情况。

（3）选择权：消费者享有自主选择商品或服务的权利。

（4）公平交易权：消费者享有公平交易的权利。主要内容为：消费者在购买商品或接受服务时,有权获得质量有保证、价格合理、计量正确等公平交易的条件；有权拒绝经营者的强制交易行为。

（5）求偿权：消费者因购买、使用商品或者接受服务受到人身、财产损害的,享有依法获得赔偿的权利。

（6）结社权：消费者享有依法成立维护自身合法权益社会团体的权利。

（7）受教育权：消费者享有获得有关消费和消费者权益保护方面知识的权利。

（8）受尊重权：消费者在购买、使用商品和接受服务时,享有人格尊严、民族风俗习惯得到尊重的权利。

（9）监督权：消费者享有对商品和服务以及保护消费者权益工作进行监督的权利。主要包括：检举、控告侵害消费者权益的行为；检举、控告国家机关及其工作人员的违法失职行为；对保护消费者权益工作向有关机关提出批评和建议。

随着消费者权益保护制度的不断发展与完善,还将在上述基本权利的基础上,发展出新型的消费者权利,如公平信贷权、征信权和可持续消费权。新型消费者权利的内涵及性质,有待法学界的进一步反思以及立法政策的逐步考量。

相关阅读 ▶ 欧盟公布两部数字法案 限制美国科技巨头市场行为

欧盟于2020年2月启动《数字服务法》和《数字市场法》立法工作,并于同年6月开始向全球公开征询意见。其中,《数字服务法》备受外界关注,因其直接关系普通消费者,该法案侧重社会责任领域,旨在加强网络平台在处理虚假信息、仇恨言论等非法内容以及假冒伪劣产品信息方面的责任,即科技企业须对用户在其平台上发布的内容负责,有义务第一时间删除不合规的信息内容。

两个法案目的一致,即确保欧盟网络用户能够获得多样化的安全产品和服务,同时确保在欧洲运营的企业在网络领域也能自由和公平竞争,正如线下竞争一样。欧洲消费者应能够在安全环境下进行网络购物,并信任其所阅读的新闻。

欧洲舆论普遍认为,两部数字新法案剑指谷歌、脸书、亚马逊等美国大型科技企业,欧盟反对这些企业利用由某项服务搜集的数据"改进或开发新服务",反对它们给自己的用户和竞争对手制定规则,从而使对手难以与自己竞争。两部法案一旦正式生效,大型科技企业将面临更加严格的监管,同时在欧洲市场也将面临包括业务被拆分、巨额罚款等在内的处罚。

资料来源:《欧盟公布两部数字法案 限制美国科技巨头市场行为》,http://finance.eastmoney.com/a/202012161739505560.html,有删减。

第二节 消费者权益保护方式

一、政府部门层面

1. 完善法律保护制度

应对消费出现的新问题,使之有法可依、维权有据。只有依法治国、依法治市才能切实维护消费者权益。消费者权益不仅应受《消费者权益保护法》的保护,还应受到《民法典》的调整。在《民法典》中明确了消费者的概念及权益保护的范围,在完善的市场经济法律体系中,通过非营利法人制度促进公益事业和其他非营利事业的发展,从而强化社会的自我治理能力,提升国家的治理能力和治理效率。

2. 严格监管

首先,应赋予有关行政部门法定执法权。要赋予消费者协会(以下简称消协)一定程度和一定范围的强制执法权,赋予消协仲裁权。在消费者对行政部门或消协作出的决定不服时,不必只通过法院诉讼解决。如果消协有仲裁权,裁决决定具有法律效力,就能大大缓解法院压力,从而提高消费者权益纠纷案件的审结率和执行率。同时,加大处罚力度,对欺诈行为的处罚,应从具体情节、造成的实际损害及增加精神损失赔偿等方面进行修订和规范,适当加大惩戒力度,增加实行欺诈行为的成本,对情节严重的移交司法机关审判。

其次,应加强政府牵头并与各部门联动配合。做到以较少的社会成本,更好地完成保护消费者权益的任务。完善政府信息公开制度,建立信息披露制度,定期发布政府相关工作,定期邀请消费者代表参加政府组织的有关消费领域经营、商品及服务质量问题的听证会、座谈会。

最后,在一些垄断行业、特殊领域引入市场竞争机制,从单一的、政府为主的监管模式转变为全社会共同参与的监管模式。在政府主管的独立监管模式下,可委托并赋予消协一定的监督权力,分行业、分地域进行委托监管。

二、企业方面

首先,企业应当自律。政府部门要强化企业对消费者权益的保护意识,引导企业经营者换位思考,提高其对消费者权益的保护意识,遵循诚信原则,设身处地为消费者着想。提高企业的法治观念,合法经营,一旦有违法行为就要依法承担法律责任。

其次,教育经营者应转变思维方式,用消费行为范式指导经营。在该范式下,消费合同关系中的经营者与消费者间并非"利益-利益"的对抗关系,而是基于消费者权利保护的价值优越性,构建"利益-权利"配置模式。经营者的义务并非单纯满足消费者的信息量、谈判能力等交易劣势的扭转需要,而是服务于消费者权利实现的目的,以构成约束经营者的行为规范,并引领经营者商事行为的价值追求。消费者权利具有超越合同权利的价值。

三、消费者自身

许多消费者之所以在自身权益受到侵害后,没有采取行动保护自身权益的主要原因有:不懂得如何维护自身权益;维护自身权益的成本太高;维护消费者权益的制度还不够健全。

消费者是自身权益的最好维护者。在消费过程中,应特别注意培养如下四个意识:

1. 自我防范意识

自我防范意识不仅要求消费者在购买商品或接受服务时注意考虑自己的利益，而且要求消费者在使用过程中注意保护自己。每一个消费者在进行消费过程中，都应对自身权益给予高度注意。

2. 权利意识

权利意识不仅包括《消费者权益保护法》规定的消费者法定的一般权利，还包括消费者根据其他法律或与经营者签订的合同享有的权利。消费者在自身合法权益受到侵害时，依法维护自己的权利，这也是公民履行的社会责任。因为受到损害的不仅是消费者自身的利益，而且包括社会的公共利益。

3. 文明消费意识

消费者在消费过程中，应当注意培养文明消费的意识，杜绝愚昧消费的行为，以一个文明的现代消费者的标准要求自己。

4. 消费者群体保护意识

消费者群体的普遍利益与单个消费者的具体利益是相互依赖、相辅相成的。现代消费者不仅应关心自身的利益，还应关心消费者的共同利益和其他消费者的利益。消费者群体保护意识，是每一位消费者都应当具备的。

消费者应通过选择或综合运用多种维权方式维护自身的消费权益。常见的维权方式有：与经营者协商、由消费者协会调解、向行政主管部门举报、提请仲裁机构仲裁及通过诉讼方式解决。

四、其他途径

首先，发挥行业协会的作用，就是把该领域主要或骨干企业联合起来，共同商量制定既有利于行业发展又有利于保护消费者权益的规章，然后由大家共同遵守、互相监督。

其次，强化社会性监管。加强新闻媒体的监督作用，借助报刊、电视、广播等传统媒体和网络、微博、微信公众号等新兴媒体，加强对消费者权益保护工作的宣传，不定期组织各类活动，定期发布产品质量报告和维权动态。

最后，传统的工商部门、质检部门和消协等机构应在以往基础上增加网络投诉渠道；充分利用权益保护网站、各大网络交易平台受理专项服务，使消费者足不出户即可实现维权。

讨论专区

一位女士正在超市选购婴儿奶粉,商场促销员向其介绍一种新品牌奶粉。该女士不感兴趣,选择了另一品牌奶粉。促销员见此便严肃地说:"你选择的奶粉,没有人买。"对此,该女士心情很不愉快。

讨论:若你是该女士,对此有何反应?若你是亲历此事件的旁观者,会怎样做?

本章小结

本章主要对消费者权益的含义进行解释;介绍消费者权益保护发展历程;阐述我国消费者享有的基本权利;从政府、经营者和消费者自身三方面讨论解决消费者权益争议的常用方式和渠道。

关键术语

消费者权益   消费者权利   消费者利益   消费者权益受损
消费者权益保护   自我防范意识   权利意识   群体保护意识

思考题

1. 消费者在消费过程中如何认识权益和义务?
2. 怎样做一位文明的消费者?
3. 解决消费者权益争议时如何选择有效的方式?
4. 结合自己的经历,对完善消费者权益的法律提出建议。

讨论题

2019年1月20日凌晨,网传"拼多多"出现严重漏洞,用户可以领取100元无门槛优惠券。当天上午9点,网友发现"拼多多"已将相关优惠券全部下架,直至10点左右,该漏洞才被"拼多多"官方修复。

问题:对于消费者,领取并使用漏洞消费券会被追究法律责任吗?

案例分析

家电售后服务中的问题

美的、小天鹅、方太、西门子等知名品牌的售后服务均存在"小病大治"、误导推销,甚至有意破坏家电产品再维修的行为。而售后服务商全都是由这些家电企业签约授权的。对此,企业只是采取处罚及解约特约售后服务商的方式,并没有对受损失的消费者进行补偿。

负责小天鹅洗衣机售后服务的西安腾辉家电服务公司的一位维修员,在接到一位用户家中洗衣机漏水的维修订单后,明知道是排水管破损,却谎称需要更换滚筒,只是为了可以拿到200多元的提成。

美的特约售后服务商承锦西商贸有限公司的维修人员直言:"首要的目的就是收钱。"

方太的上门安装人员在免费安装油烟机时,会向顾客推销一种叫"防烟宝"的产品,并因此获得提成。

西门子家电的特约售后服务点也存在售后安装时高价推销不必要配件、维修时"小病大治"、虚假维修等现象。

美的集团发表了一份声明,强调"美的、小天鹅对特约服务网点有着严格的管理制度",称对于被曝光的特约服务网点乱收费问题将严肃处理,但声明中并未公布对于遭受虚假服务、乱收费的消费者的补偿措施。

西门子家电的声明更是表示"将立即解除与涉事公司的合作协议,并保留追究其法律责任的权利",却也没有提及受到侵害的消费者。

多数特约服务商提供的增值服务都是签约企业默许的,这样企业可以节省成本。

中国消费者协会专家委员会专家邱宝昌表示,企业作为签约售后服务商的主体,应该承担主体责任。家电售后服务应该市场化,消费者可按需选择服务。

资料来源:《多家大品牌家电售后服务"小病大修"、误导推销何解?》,载《北京青年报》2019年3月25日第7版,有删减。

问题:

1. 售后服务企业损害了消费者的哪些权益?
2. 请你对规范家电售后服务市场的设想作出简单描述。

实践活动

一、目标和任务

旨在通过了解他人不愉快的购物经历,使学生理解消费者权益包括的内容,了解解决侵犯合法权益的途径和渠道。

二、背景和准备

1. 活动背景

请学生描述自身所经历的一次不愉快的购物经历及解决方式,并做好访谈记录。

2. 活动准备

教师准备:在活动前,布置活动任务并解释活动内容和要求;设计活动全过程,对不熟悉采访流程和方法的学生进行辅导。

学生准备:每位学生准备访谈必需的工具,以便做记录;对访谈方法有所了解。

三、实施步骤

1. 活动。学生根据任务安排完成活动计划。

2. 撰写材料。每位学生对所获信息进行整理,形成书面材料。

3. 分享体会。课后分小组,学生在组内交流各自记录的内容,并选择本组有代表性的事件讨论并总结解决方案。各小组代表在课堂上汇报本组的讨论结果。

四、反馈和完善

活动结束后,教师认真审核各组的讨论结果和表现并作出评价,总结教学效果,形成教学反思日志。

推荐阅读

《中华人民共和国消费者权益保护法》

第二篇 群体消费

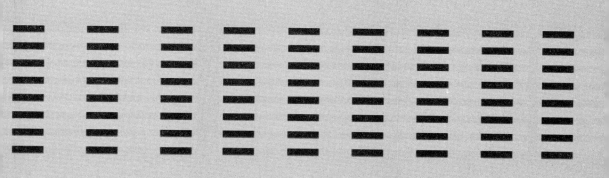

第六章

消费者群体

知识目标

1. 掌握消费者群体的含义和特征
2. 明确研究群体消费的现实意义
3. 理解群体消费行为的影响因素
4. 了解消费者群体分类的依据

能力目标

1. 培养并提升洞察力
2. 具备查阅文献的基本技能
3. 提升分析和判断能力

素养目标

1. 辨别所在群体消费行为的利弊
2. 践行良好的消费理念并影响他人

本章主要知识脉络图

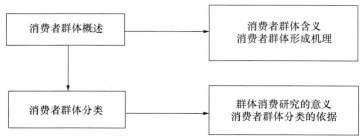

图 6-1　第六章知识脉络图

案例　消费贷款的年轻人

"豆瓣"上有个"负债者联盟"小组，组员都是背上债务的年轻人。跟前辈们相比，这一代年轻人借款消费的渠道增加了。比线下的消费金融公司发展更快的是互联网公司。蚂蚁集团有"花呗""借呗"，京东有"白条""金条"，腾讯有"微粒贷"，百度有"度小满"，美团有"美团生活费"，等等。从人均持卡量来看，截至2019年年末，中国信用卡人均持有量为0.53张。

2019年，尼尔森发布的中国"90后""95后"消费信贷现状报告显示，超过八成中国年轻人会使用包括信用卡、"花呗""白条"等在内的信用金融产品。信用消费已经成为年轻人消费升级的重要途径。

消费金融的主力客群是中低收入的年轻人，他们的还款能力弱，容易受到各种营销手段诱惑而过度消费，并且缺乏金融知识。

18岁的年轻人超过4亿，消费能力增幅为年均11%，是35岁以上消费者的两倍。2021年，年轻一代的消费占消费总量的69%。在释放年轻人消费潜力的同时，也应多替他们想想，先给他们减负。

资料来源：《那些身陷消费贷的年轻人》，载《三联生活周刊》2020年第50期，有删减。

思考　　贷款消费的年轻人是基于怎样的心理？

第一节　消费者群体概述

一、对消费者群体的理解

消费者群体是由相同或者相近消费特征的消费者组成的群体。同一消费者群体内部的消费者在消费需求、购买行为、消费水平、消费结构、消费心理及习惯等方面存在共同之处，不同的消费者群体间会存在差异。消费者群体形成后并非固定不变，会随着时间、地点、环境条件的变化而不断变化。有些消费者群体可能消失，有些可能重新组合，还会出现新的消费群体。

随着社会和经济的发展，以及人们消费需求的不断变化，各种消费者群体层出不穷。群体内可以借助高新科技，不受地理空间的限制进行消费信息和消费体验的交流。同时，这些新兴的消费群体也是国家政府宏观层面，企业及学术界中观和微观层面研究的新课题。例如，网络上"抠门女性联合会""抠门男性联合会"、低消费研究所、用利息生活等各类"抠组"，交流各种省钱购物和生活的经验。

消费者基于多个消费特征可同时分属于不同的消费群体。作出消费决策时，各消费特征会表现出不同的重要性，随之，消费者也会被归于不同的消费群体。

不同的消费群体在消费特征的体现上也不全是显而易见的。有的消费群体的消费特征表现得很明显，外显特征易于描述；有的消费群体的消费特征有内隐性，难以定性甚至较难描述。

二、消费者群体形成机理

消费者群体的形成是内在因素和外在因素共同作用的结果。消费者由于自身生理、心理特点的差异，会受年龄、性别、爱好、需要等影响形成不同的消费者群体。

消费者会权衡利弊，同时考虑自身的需求，在内外部因素的影响下，作出适宜的消费选择。例如，中国涌现的"逆社会时钟"群体。"逆社会时钟"不同于传统认知上的"什么年龄，做什么事情"的社会心理学定义的"社会时钟"，"社会时钟"用于界定生命中某个阶段的文化规范，以及人们所期待的社会行为。传统思维习惯上，人们遵循由主要生活事件排序而成的规定性时间表生活或行动，在一定意义上约束着个体去遵守固定的规范。

"逆社会时钟"群体中有各种不同的目的和表现。有的是基于补偿心理，如一些老年人重拾年轻时的喜好；有的从现有经济条件出发，如一些中年人重新选择职业或再次走进职场；有的考虑外部机遇和条件，如一些年轻人重回校园，学习自己心仪的专业。

这些"逆社会时钟"群体的行为，势必会带来与之前不同的消费理念、消费方式，消费结构也会发生变化。因此，无论学术界还是企业界，都应当重视随之而来的新的消费现象和问题。

外在影响因素主要包括生产力发展水平、文化背景、民族、宗教信仰、地理气候条件等。这些因素对消费者群体的形成起了一定的作用。

第二节 消费者群体分类

一、群体消费研究的意义

以群体为研究对象考虑消费问题的意义可分别从微观、中观和宏观三方面阐明。

政府部门可借助群体对个体的影响力对社会消费加以合理引导和控制，使其朝健康的消费方向发展。直接影响个体的消费活动会对社会整体消费状况产生重大影响，进而影响国民经济的运行和发展，这有利于调节、控制消费。

根据对不同消费者群体的分类，企业可以准确细分市场，并根据自身资源和市场需求潜力选定目标市场，从而减少盲目性和经营风险。

对于消费者个体而言，应在正确的舆论引导下，选择适宜的参照群体，培养良好的消费习惯并树立健康的消费理念。同时，通过自身的行为和言论为他人树立形象。

二、消费者群体分类的依据

常见的群体细分变量有以下几种：

（1）地理变量。可以根据消费者所在区域及其他地理变量来细分消费者，具体包括国家、地区、城市规模、气候条件、地形地貌、交通运输等。常见的可分为国内消费群体和国外消费群体，山区、平原、丘陵、沿海、内地、边远地区消费群体，城市、乡村消费群体等。因为地理变量相对稳定，所以会对消费者某些生活习惯、行为模式的形成发挥持久作用，甚至会促使消费者逐渐形成对某些产品的共同需求和偏好。例如，不同地区居民具有不同的饮食习惯。处于不同地理位置的消费者对产品有不同的需要和偏好，其消费水平、消费结构、消费习惯都有很大差别。相对来看，地理变量的识别较为容易。

（2）人口统计变量。人口统计变量具体包括年龄、性别、收入、职业、教育水平、家庭生命周期阶段、宗教、种族、国籍和参照群体等。人口统计变量容易测量，这些变量也会直接指向某类消费群体的购买偏好和需求特征。例如，年轻消费群体的时尚偏好、老年人的保健偏好等。

（3）心理变量。心理变量具体包括人格、生活方式、社会阶层、个性、价值观念、兴趣爱好等。如完美型人格者注重细节、精益求精，喜欢追求完美；自我型人格者即通常所说的浪漫主义者，拥有强烈的感性色彩和自我意识，容易善变冲动、多愁善感等。

（4）行为变量。行为变量包括时机、动机、品牌忠诚度、追求利益、使用频率、待购阶段、购买渠道、态度等。如基于动机变量，可以将消费者分为实用型、安全型、名利型等群体；基于品牌顾客重复购买次数、购买选择时间、价格敏感性以及品牌美誉度等，可以将消费者划分为绝对忠诚、有限忠诚、非忠诚等群体。通常，态度被视为情感、认知和行为的综合体，可以按照消费者的情感反应、认知反应、购买偏好来细分消费者的态度，评价消费者对某些产品的喜爱、肯定、无兴趣、否定、厌恶等。行为表现相比心理活动更易被识别和了解，因此在反映消费者需求方面更明显。

此外，社会环境因素对消费者群体的形成也不容忽视。随着社会和经济的发展，以及人们需求的不断变化和提升，新的行业和职业应运而生，其中不同职业的劳动环境、工作方式、能力要求、收入水平等的差异，会对人们的消费理念、消费模式、消费结构和消费习惯等方面产生影响，出现了都市白领消费者群体、农民消费者群体、教师消费者群体等。

相关阅读　新社会阶层

新的社会阶层人士，是改革开放以来出现的新兴群体，专指自由择业知识分子。它有广义与狭义之分，广义的包括非公有制经济人士和自由择业知识分子，狭义的仅指自由择业知识分子。新的社会阶层人士包括以下四个群体：

一是私营企业和外资企业的管理技术人员，是指受聘于私营企业和外资企业，掌握企业核心技术和经营管理专门知识的人员。

二是中介组织和社会组织从业人员，包括律师、会计师、评估师、税务师、专利代理人等提供知识性产品服务的专业机构从业人员，以及社会团体、基金会、民办非企业单位从业人员。

三是自由职业人员，是指不供职于任何经济组织、事业单位或政府部门，在国家法律、法规、政策允许的范围内，凭借自己的知识、技能与专长，为社会提供某种服务并获取报酬的人员。

四是新媒体从业人员，是指以新媒体为平台或对象，从事或代表特定机构从事投融资、技术研发、内容发布以及经营管理活动的人员，包括新媒体企业出资人、经营管理人员、采编人员和技术人员等。

上述人员尽管在财产状况、文化层次、社会地位、社会职业上有所区别，但都具有一个共同的特征，即他们都不属于过去人们常说的"公家人"。然而，倘若追根溯源，这些阶层中的许多人原先实际上也是"公家人"。

新的社会阶层人士具有八大特征：许多人是从工人、农民、干部和知识分子中分离出来的；相当一部分人是知识分子；主要集中在非公有制领域；聚集了中国大部分高收入者；职业和身份具有较大不稳定性；他们的政治诉求逐步增强；绝大多数为非党内人士；该阶层具有不断扩大的趋势。

新社会阶层人士涉及中国经济和社会生活的各个领域、各个行业，已成为中国经济和社会发展的重要力量。

资料来源：根据公开资料整理。

讨论专区

阿里巴巴集团于社会招聘网站发布招聘广告，招聘广告对此职位的描述是"淘宝资深用研专员"，全称"淘宝资深用户研究专员"。该岗位的年薪范围是35万至40万元。

该岗位的要求是：60岁以上，与子女关系融洽，有稳定的中老年群体活动圈子，在群体中有较大影响，广场舞领袖、社区居委会成员优先；需有1年以上网购经验，3年网购经验者优先；爱好阅读心理学、社会学等书籍者优先；热衷于公益事业、社区事业者优先；有良好沟通能力、善于换位思考、能够准确把握用户感受，并快速定位问题。

该岗位的工作内容主要是从中老年群体视角出发，深度体验"亲情版"淘宝产品，发现并反馈问题；定期组织座谈或小课堂，发动身边的中老年人反馈"亲情版"淘宝使用体验；通过问卷调查、访谈等形式反馈中老年群体对产品的体验情况、用户需求。以老人的视角，帮助企业更好地了解老人。

资料来源：《阿里巴巴年薪40万招60岁以上老人：会跳广场舞者优先》，https://www.guancha.cn/society/2018_01_17_443557.shtml，有删减。

讨论：

招聘条件中设有"广场舞领袖、社区居委会成员优先"的要求能给该职位带来哪些优势？

本章小结

本章主要介绍何为消费者群体，研究群体消费的意义及消费者群体分类的依据。

关键术语

消费者群体   市场细分   品牌偏好

思考题

1. 针对不同的消费者群体，影响群体消费行为的因素有哪些不同？
2. 描述你所在的两个群体，这些群体如何影响你的消费模式？
3. 在购买商品时你是否会首先考虑好友的看法和评价？
4. 请你提出两种杜绝青少年香烟消费的办法。
5. 按照怎样的依据对消费者群体进行分类能对群体消费研究更有参考价值？

讨论题

请描述下列群体在购买笔记本电脑方面的不同：中学生、大学生、大学年轻教师、刚入职公务员。

案例分析

现代享乐主义

"新消费工具"或者"消费圣殿"是指那些允许、鼓励甚至强迫我们去消费其商品和服务的消费场所，比如迪士尼乐园就是一个典型的消费圣殿。

当下中国的互联网是否可以称为一个新的"消费圣殿"？互联网金融产品门槛低，使用便捷，又将借贷与消费直接捆绑在一起，可以切入各种消费场景，比如电子产品、教育、家装、租房、旅游等。大量的消费工具和消费场景被发明出来。这些新消费工具之所以瞄准年轻人，是因为他们的消费欲望高，社会经验少，容易冲动购买，唯一的障碍则是没钱。

当下，"70后""80后"表现出来的更多的还是炫耀性消费，对"他者"的模仿和想象，以获得某种身份认同；但"90后""95后"已经表现出一种自我导向的倾向，他们在乎的不是他人的认同，而是消费本身赋予他们的快乐和满足感。"95后"消费者似乎更知道自己想要什么。

年轻人在消费行为中得到的快乐和满足感不能简单理解为虚荣，更多是一种消费自主权的体现——他们赋予物质文化和心理含义，即使在看似重复性的日常生活中，也愿意努力发现美、创造美，丰富生活体验。

资料来源：《现代享乐主义》，载《三联生活周刊》2020年第50期，有删减。

问题：

请结合你的所见所闻，谈谈你对上述内容的看法。

实践活动

一、目标和任务

旨在让学生通过查阅文献资料，深入理解消费者群体分类的依据及类型；对当前分类依据进行评价;对消费者群体分类进行预测。

二、前期准备

教师准备:布置活动任务,解释活动内容和要求;讲解文献综述的写作方法。

学生准备:掌握文献检索的方法;学习文献综述的写作思路。

三、实施步骤

1. 实施。查阅相关文献,为消费者群体分类综述准备资料。

2. 撰写材料。每位学生完成并提交消费者群体分类的文献综述。

四、反馈和完善

活动结束后,教师审阅学生提交的文献综述并进行反馈和评价,总结教学效果,形成教学反思日志。

推荐阅读

〔美〕克里斯·安德森:《长尾理论:为什么商业的未来是小众市场》,乔江涛、石晓燕译,中信出版社2015年版。

第七章

典型消费者群体特征

知识目标

1. 掌握几个典型群体的消费特征
2. 了解青年群体消费影响因素

能力目标

1. 培养并提升洞察力
2. 培养写作技能
3. 提升分析和判断能力

素养目标

反思所在群体的消费行为

第七章 典型消费者群体特征

本章主要知识脉络图

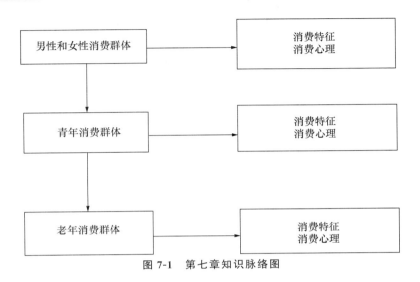

图 7-1　第七章知识脉络图

案例　天猫市场调研公司

2018年伊始,天猫新品创新中心正式成立,这个事业部旨在分析阿里巴巴全渠道的消费者数据,协助品牌厂商洞察市场机会、研发新品,从而满足消费者的潜在需求。除了拥有各品牌、品类的销售数据之外,可以还原消费者全链路旅程,包括消费者对品牌产品的浏览、点击、搜索、收藏、关注、购买、评论、重复购买等所有行为的数据。它还可以通过多种标签定义、分析消费人群,包括其人口属性、购物偏好、导购偏好、媒体偏好、行业特征和包括"高富帅"等在内的自定义用户标签体系。这意味着天猫有能力从大数据中发现消费者偏好以及空白的市场机会,甚至可以定向向某一细分人群发放调查问卷或完成试销。

天猫新品创新中心曾与宝洁公司合作研发洗发水新品。他们首先会在洗发水这个品类中观察消费者的搜索数据,从中提炼出关键词并找到该关键词所属的细分品类,之后通过分析该细分品类在市场中的占有率和渗透率,判断是否还存在市场机会。最终,该中心和宝洁公司一起研发了一款香氛洗发水。

> 挖掘到的市场机会只是给品牌的新品研发提供一个可能的方向或初步的想法,如何把这个想法转变成实际产品,或者能否真正落地,要经过持续反复的迭代和调整,在这个过程中,品牌的专业性起了关键作用。
>
> 资料来源:《天猫市场调研公司》,载《商业周刊(中文版)》2018年第8期,有删减。

思考 如何识别消费者群体的集体偏好?

第一节 男性和女性消费群体

一、男性消费群体特征

男性消费者的购买动机的形成通常迅速、果断,具有较强的自信心和理智。他们善于控制自己的情绪,处理问题时能冷静权衡各种利弊因素,具有较强的独立性和自尊心。其购买动机的形成往往是由于外界因素的作用,主动性和灵活性比较差。当动机形成后,稳定性较好,不会轻易受到影响并能果断作出决策,将购买愿望转化为购买行动并迅速付诸实施,快速完成购买。他们的购买动机感情色彩比较淡薄,购物时通常具有明确的目标,有自己的主见和想法,对具有明显男性特征的商品感兴趣,较注意商品的基本功能、实际效用,在购置大件贵重商品时较理性。

男性消费者的购买范围相对较小,他们多数是购买家庭高档产品的主要决策者。在购买活动中,他们对产品的功能和结构会有较多的了解,在经验、技能等有关方面表现出强烈的消费需求,是结构复杂的产品及高档耐用消费品的选购者。

他们不喜欢花费较多的时间比较和挑选商品,一般较少挑剔,很少反悔退货,多数为理性购买,会从产品的整体质量着眼,对某些细节不予追究。他们在购买产品时力求方便和快捷。他们在消费过程中求新、求异、求癖的心理明显,对新产品的奇特性有较高的要求。

二、女性消费群体特征

女性购物者的消费特点主要表现在重视商品的外观、形状,特别是其中表现的情感因素。

她们注重商品细节,通常会花费更多的时间在不同品牌产品之间进行比较。她们还注重商品的便利性和生活的创造性,喜欢能减轻家务劳动强度、节省家务劳动时间的便利性商品。她们在购物时具有较强的主动性和灵活性,会寻找其他适合的替代品,实现购买行为。

她们强调既能满足需要又能省钱的经济理念,会用一种复杂的方法判断产品是否经济实惠,尤其是在选购日常生活用品时,更关心商品带来的具体利益,追求商品的性价比。她们会考虑购买的时间是否及时,使用过程是否经济等,对价格的敏感性高,关注打折信息。她们认为大包装更经济,常购买熟悉的品牌,且更看重品牌,还会考虑一些隐含的成本,如储存、损坏、浪费等成本。

女性消费者有较强的自尊心和自我意识。日常消费活动中,她们以挑剔的眼光、严格的标准评价自己和别人,希望通过明智、有效的消费活动体现自我价值,同时也希望获得他人的认可和赞扬,外在的评价会影响她们的自尊心,进而影响其购买行为。女性价值观的形成依赖于她的成长环境和教育情况,即使处于同一社会阶层中的不同女性,价值观也不同。她们喜欢将自己的价值观传递给可以影响的人,善于通过说服、劝告和传话等方式对周围其他消费者的购买决策产生影响。她们对商品比较挑剔,关注标签上的信息,如营养价值、科技信息、保质期、特别保证和说明等。她们有很强的观察能力,注重商品的细节设计,能迅速捕获信息,可同时传递和接受不同的信息。她们认为耐用不仅是经济实惠,还代表产品内在的质量。由于女性具有自我保护的天性,更注意带有"安全"和"恐怖"主题的广告。她们看重产品的外在,购物时有耐心,更看重口碑,是口碑最好的传播者。

女性消费者在个性心理的表现上具有较强的情感性特征,反映在消费活动中,就是对外界事物反应灵敏,购买动机易受外界因素影响,波动性较大,容易在某种情绪或情感的驱动下产生购买欲望。品牌的寓意、商品的美感和购物环境等都可能引发女性消费者的购买欲望,从而使其进一步产生购买行为,还会产生冲动购买行为,常会有非理性消费行为。

她们常有攀比炫耀心理,希望通过追求高档次、高质量和高价格的商品或外观与众不同的商品,显示自身与他人的不同。

讨论专区

丝袜是女性的象征。20 世纪 40 年代,美国甚至出现"液体丝袜"——一种类似深色粉底的涂料。丝袜是区分女人资产阶层的隐藏标准。德国 Falke、奥地利 Wolford、法国 Gerbe、瑞士 Fogal 和意大利 La Perla，被公认为全球丝袜领域的奢侈品牌。

电影和小说中常喜欢拿丝袜说事，比如《西西里的美丽传说》、阿加莎·克里斯蒂的侦探小说、希区柯克的悬疑故事等。

资料来源：《丝袜，女人的莫逆之交》，载《三联生活周刊》2020 年第 35 期，有删减。

讨论：为何女性对丝袜如此看重？

相关阅读 2019 年女性安居报告

《都市快报》联合"贝壳找房"，对北京、深圳、上海、杭州、南京、武汉、重庆、合肥、郑州、长沙、苏州、西安共 12 个城市，近千位 18—50 岁的女性进行了购房方面的调研。

数据显示，就整体而言，单身女性购房者比例逐年增加，一线城市大龄女青年购房群体占比高于二线城市。

单身女性年龄越大，越有购房意识。在 30 岁以上的单身大龄女性中，47.1% 的人已经购房，其中，全款购房者达到 3 成以上，有二套房的占比也达到 23.4%。

报告显示，2018 年，女性购房者比例达到 2011 年来的最高值 46.7%，与男性购房者比例很接近。其中，30 岁以上单身大龄女青年购房者逐年增加，比例高于平均值。

在北、上、广、深等城市买房的单身大龄女青年中，有 31.5% 选择全款，这一比例在二线城市更是高达 35.7%。就价格区间而言，总价在 300 万元以内的房产，30 岁以下女青年占比高于大龄女青年；总价在 300 万元以上的房产，大龄女青年占比更高。

30 岁以下的单身女青年中，有 64% 表示不接受租房结婚。单身大龄女青年就比较宽容，不接受租房结婚的占比为 45%，这或与大龄女青年已购房有关。

不少单身大龄女青年认为，"房子比婚姻更让人有安全感"。

资料来源：《快报发布〈2019 年女性安居报告〉》，https://news.hexun.com/2019-03-14/196489088.html，有删减。

第二节 青年消费群体

青年消费群体人数多,具有很强的购买潜力,具备独立的购买能力和较强的自主意识。其购买行为具有扩散性,对其他消费者会产生不小的影响。多数情况下,他们的购买意愿都能得到家庭的尊重,他们特有的消费观念和消费方式对长辈和下一代都会产生极大影响。"90后"消费者正以年均11%的速度增长,逐渐成为网络消费的中坚力量。"00后"年轻消费者也正在强势崛起,并将对整个网络消费产生多维度影响。在未来,30岁以下、成长在社交媒体时代的年轻一代会为中国消费市场贡献一半的消费,他们是未来5—10年中国消费的中坚力量。

(一)青年消费群体的特点

他们注重自我,有一些独特的、不同于他人的喜好,有独立的想法,对自己的判断非常自信。他们头脑冷静,不易被舆论左右,在购物时有自己的标准。他们有主张、有鉴别力,尤其在旅游、娱乐、育儿等领域展现出别具一格的态度。

他们追求时尚,对新产品感兴趣,对新事物表现出强烈的追求欲,喜欢追根究底。他们热衷于新鲜的购物体验,偏爱直观且互动的营销方式,直播、短视频、社交平台都是他们的购物渠道。

他们的品位越来越高,对产品和服务的质量和精细程度都有相当高的要求,看重品牌和质量,希望在群体中体现自身的地位和价值。

绿色消费和理性消费成为主流价值观。"90后"更加理性成熟,购买地点、购物种类、购物原因以及购后的想法,都成为他们消费时的优先考量。同时,他们会在有限的预算里选择最适合自己的商品。

他们的消费需求进一步变化,买"小众的""服务的""共享的"商品,以使生活各方面精致升级,个性化和复杂度不断提升。

他们有明显的超前消费意识,信用消费习惯已养成,是线上消费分期付款的核心人群,但"90后"的信用消费有节制。

他们是跨境电商消费的绝对主力人群,在品类上越买越丰富且呈现升级趋势,数码、宠物、个人护理类的消费占比进一步提升,需求越来越细分。

他们从自己的需求出发"主动消费",不轻易追随潮流,不喜欢缺失性补偿或攀比性的被动消费。他们独有的购物、社交、娱乐和出行等消费习惯,对企业打造极致顺畅的消费体验提出了更高的要求。同时,他们也有版权意识并且尊重原创,愿意为"体验"和"品质"买单。

因思想倾向、志趣和爱好等还未完全稳定,在消费活动中,他们也会受到客观环境的影响,会产生冲动购物行为。

(二) 青年消费群体的网络消费特征

(1) 原创消费大众化。有理念、有个性、有设计感的原创品牌尤其受到年轻人的喜爱。

(2) 内容付费多元化。年轻消费者有很强的学习欲望,愿意不断学习不同领域的知识以提升自我,也愿意为有价值的内容买单。

(3) 颜值经济。从护肤、彩妆到医美、健身,全面引爆颜值经济下各个领域产品与服务升级。

(4) 粉丝经济迭代。明星的影响力正在全方位渗透到年轻人中。

(5) 宠物消费升级。对陪伴的情感诉求在一定程度上推动了宠物经济的发展。

(6) 社交消费"圈子"化。在年轻人群中,消费已然成为社交生活的副产品。愈加细分的社交圈层,正在对年轻人产生更大的影响力。

(7) 租赁经济深入渗透。租赁经济正在进入全面发展的快车道。越来越多的年轻人偏爱"以租代买"的轻生活。他们认为这种生活方式更经济环保和时尚。不同于传统的租赁经济,"信用租赁"降低了年轻人体验全新生活方式的门槛。

(8) 懒人经济拓展。"懒文化"与优质生活需求正在催生更多的新业态,"懒文化"渗透到生活各个方面。

> **相关阅读**　"Z世代"消费画像
>
> "Z世代"(又被称为网络世代、互联网世代)整体消费呈现个性化、多元化的趋势,有着非常强烈的求异需求。独具特色、体验炫酷、相对稀缺的产品和品牌更易受到他们的追捧。
>
> "单身经济""种草经济""懒人经济""夜经济"和"他经济"都是伴随"Z世代"兴起的消费形态。
>
> "Z世代"的消费者关注健康和身材,低糖食品逐渐受到青睐,他们注重养生。越来越多的消费者会购买便携类或即食类的滋补养生品。

随着数字化生活以及智能化生活的到来,外卖、跑腿、扫地机器人、洗碗机、电动牙刷等新产品将"懒人经济"推向高潮,懒系饮食愈发受到年轻人的追捧。

家居方面,他们的消费观念逐渐转向方便、智能,而产品也转向专业化、智能化。他们会选择使用方式简单、体积小、功能强的便携式家电数码产品。线上智能宠物设备受到他们的欢迎,特别是智能喂养设备及穿戴设备。

尼尔森调查数据显示,64%的年轻消费者会购买包装更吸引人的产品。颜值主义已经涉及生活的方方面面,寻找高颜值器具赋予的生活仪式感成为"Z世代"的普遍追求。

"Z世代"相较于其他前代的消费者更愿意为兴趣买单,"悦己式购物"和"我喜欢"成为评判商品是否值得购买的核心标准。他们更喜欢情感代入感强的产品,从而催生情感消费,注重消费体验。

在有关国潮的消费中,服装、运动鞋最热门,国潮正是契合了这些新生代的精神需求和自我表达。

在中国,"Z世代"有将近2.6亿人,其开支高达4万亿元人民币,占全国家庭总开支的13%。

他们以兴趣划分圈层,在互联网的助力下,对各自的圈层有着强归属感和高参与度,由圈层文化带来的相关消费潜力正被不断释放。

"Z世代"对父辈的消费影响,远大于其他子代对父辈的影响力,他们有较高的生活费用,且其偏好能显著影响家庭购买决策。

"Z世代"的消费观为社交媒体时代的消费带来前所未有的影响,颠覆了人们原有的认知,使得产品在满足享用之外,还要用于"传播"。

资料来源:《2020 Z世代消费态度洞察报告》,https://cbndata.com/report/2381/detail,有删减;《洪敏网络:后浪汹涌,面对Z世代的"金主"品牌何以找到致胜之道?》,https://www.sohu.com/a/415276391_120510812,有删减。

第三节 老年消费群体

一、老年消费群体心理特征

老年消费群体一般指年龄在60岁以上的消费群体。他们的消费能力相对较弱。他们在自身的消费上有限制，主要为子女和家庭支出考虑；消费需求相对集中和稳定，经济型的购买方式占比高；比较注意维持与自己的社会角色相对应的消费标准与消费内容，消费习惯稳定，多凭借习惯和经验进行消费；对商品、品牌的忠诚度高，因为几十年的生活实践形成的习惯在很大程度上对他们的购买行为产生了影响。

他们追求商品的实用性，强调商品质量可靠、方便实用、价格合理、舒适安全。他们看重消费便利，这一点不仅体现在购买场所、交通方面，还体现在实际购物环境方面，对商品的选择要尽可能操作方便，减少脑力和体力的负担。

他们对更新换代节奏过快的产品接受较慢，有补偿性消费心理。但高收入的老年人，有着对新产品消费的兴趣。一些生活富裕的老人的消费观念正发生变化。

二、老年消费群体结构特点

他们越来越注重饮食结构的调整，食品和保健产品的消费支出增多，更加注重商品的方便性、省力性和实用性。他们在穿着和其他奢侈品方面的开支减少，满足个人嗜好和兴趣的商品支出增加。同时，他们会增加储蓄，为以后的医疗作更多准备。

老年人医疗服务需求上升，医疗保健支出持续增加；文化消费支出的比例不断上升，高龄老人以服务性消费为主，低龄老人以娱乐性消费为主；子代消费和隔代消费支出大。由于不同地区之间老年人收入来源和生活观念不同，使得城市老年人的消费水平高于农村老年人，发达地区老年人的消费水平高于欠发达地区老年人，尤其在文化消费方面的支出差异表现得异常明显。

相关阅读 ▶ **70岁以上的老人可以开车上路了**

按照联合国的标准，65岁以上人口占总人口的比例超过14%，就可以定义为老龄化社会。若按国际通常定义，则把60岁以上人口占总人口的比例达到10%或65岁以上人口占总人口的比例达到7%，作为国家和地区进入老龄化的标准。65岁以上人口占比达到20%，就意味着进入超老龄化社会。1999年，我国60岁以上人口占总人口的比例为10%，正式进入老龄化社会。截止到2019年年底，我国65周岁及以上人口为1.76亿，占总人口的12.6%。按照中国目前老龄化的速度，10年后中国将步入超老龄化社会。

2019年，全国老龄工作委员会办公室发布一份报告，预计到2035年前后，我国60岁及以上老年人口占总人口的比例将超过1/4，2050年前后将超过1/3。考虑到人口年龄的自然增长和平均寿命的持续增长等因素，预计2022—2035年我国将迎来人口老龄化的第二次高潮。

2019年11月，中共中央、国务院印发《国家积极应对人口老龄化中长期规划》。2020年10月，十九届五中全会提出"实施积极应对人口老龄化国家战略"。

最近几年，我国申领驾照的人群中，60岁以上驾驶人员是增长速度最快的一个群体。申领驾照的老年人数量越来越多，说明老年人确实有开车出行的需求，也说明老年人司机将成为我国汽车消费的重要力量。因此，公安部取消了领取驾照的年龄上限。

资料来源：《银发经济能拉动中国消费吗？》，载《三联生活周刊》2020年第44期，有删减。

 ## 本章小结

本章重点选择男性、女性、青年和老年等有代表性的消费群体，分析他们的消费特征、消费心理及消费行为。

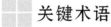 ## 关键术语

理性消费　　　网络消费　　　消费体验　　　单身经济
懒人经济　　　消费形态

 ## 思考题

1. 在行为心理学领域并没有研究表明陷入消费借贷困境的人群有明显标识，但进行消费借贷比较常见的人群是那些时间充裕的人。如何避免掉入消费陷阱？
2. 阶层和职业的特征在女性消费行为中有怎样的体现？
3. "高科技使用弱势"给老年群体的消费造成哪些影响？

4. 女性使用男士香水的现象是否说明隐性性别影响商品的选择?
5. 群体消费现象对政策制定有怎样的影响?它们之间是否存在相互影响?

讨论题

　　国外化妆的人群具有很大的年龄跨度,国内则集中在"Z 世代"年轻人。中国化妆品网 2020 年发布的一份美妆行业趋势报告显示,"Z 世代"更愿意在美妆上投入,并且由于线上购物发展迅速,美妆市场下沉,小镇青年的消费力突显。化妆也呈现低龄化的趋势。为什么年轻人对化妆如此热衷?"知乎"上一条关于化妆的问题是这样问的:"现在很多人说化妆不是为了取悦别人而是为了取悦自己,不出门的时候有人化妆吗?"回答是肯定的,如果说在日本,化妆表示对他人的尊重,那么在中国,化妆则具有一种取悦内心的疗愈性。

　　资料来源:《国货彩妆为什么风靡》,载《三联生活周刊》2020 年第 48 期,有删减。
　　讨论:
　　群体消费的趋同性是否可以看作"物是自我的延伸"的集体表征?

案例分析

年轻人的"自悦式消费"

　　2018 年 1 月,专业大数据平台"脉脉研究院"对上万名职场人士(18—40 岁)开展了一场关于"孤独感"的调查,在其随后发布的《2017 年孤独经济白皮书》中显示,61.47%的受访者日常会感觉孤独。其中,"偶尔孤独"占 51.77%,"经常孤独"占 27.22%,"每天都会孤独"占 21.01%。面向这些在自我中寻找娱乐主体派生出的产业链,便是孤独经济。

　　孤独经济滥觞于"80 后"和"90 后",他们是城市不同角落的"细胞",拼接出一幅"空巢青年"的画像。据阿里研究院数据显示,全中国约有 5800 万"空巢青年"。其"自悦式消费"内在特征为:一方面,人们愈加强调消费效率性,直面自我即刻需求;另一方面,人们也格外注重找寻在精神层面慰藉"本我"孤独的消费形式。

　　看似孤独的状态正在被新生代的年轻人主动接受并过出"新滋味","单人解放"态度酝酿的"脱嵌"(disembedding)消费方式正式开启:人们不再强行融入世俗规定的公众消费理念,也不担忧特立独行的消费举止会遭受他人诟病,而是主动寻求在"离疏化"情境下自由编排消费事件序列。

孤独经济孵化的"自悦式消费"是矛盾对立的一体两面:借助物品购买、服务享受达到舒缓压力、排解空虚和充实休闲时光等目的,这也说明现今的年轻人愈发崇尚自由、张扬个性,乐于享受不受他人或外界干扰的专属空间。孤独也许只是他们刻意伪装的表象,真正想诉说的是消费多元化、位序化和符号化。当孤独由个体情绪凝结为规模性情感意识的共同表达时,它就不再只是某一个体主观感受的映射,而是群体的真实写照。

长期处于"压力槽"峰值的年轻人在客观条件(工作学习与社交娱乐的资源挤压)和主观意愿(身体疲劳与人情淡化的复合叠加)的联合推力下,消费行为在支离破碎的时间里更多体现为自己讨好自己,以满足自身需求(快乐、轻松、自在)为目标的简单化自悦消费。

为迎合这股新的消费模式,商家适时推出各类"自悦型"服务。由于自悦而变得热门的行业走向涵盖3个领域:餐饮产业、娱乐产业和陪伴产业。

资料来源:刘凯强:《孤独催化下的青年"自悦式消费"体验叙事与成因定向》,载《云南社会科学》2020年第1期,有删减。

问题:

请结合你周围同龄人的情况,对"自悦式消费"提出建议。

实践活动

一、目标和任务

旨在通过观察和切身体会,了解所在群体的消费特点,并对该群体的消费行为进行评价。

二、前期准备

教师准备:布置实践任务并说明要求。

学生准备:掌握必要的观察法,准备观察和记录所需工具。

三、实施步骤

1. 选定观察对象。
2. 通过观察了解该群体的消费特点。

3. 以该群体成员的身份,反思自己的消费行为。

4. 整理、分析所搜集的资料,形成评价报告。

四、反馈和完善

活动结束后,教师评阅学生提交的报告并反馈报告撰写质量,总结教学效果,形成教学反思日志。

推荐阅读

1. 〔美〕阿尔·里斯、杰克·特劳特:《定位》,谢伟山、苑爱冬译,机械工业出版社2021年版。
2. 〔美〕尼葛洛庞帝:《数字化生存》,胡泳、范海燕译,海南出版社1997年版。

第三篇　组织消费

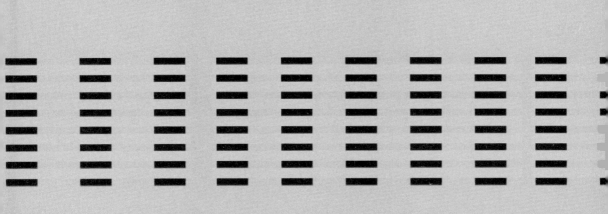

第八章 组织市场概述

知识目标

1. 掌握组织消费的基本问题
2. 了解组织市场的客户分类及特征
3. 熟悉组织购买行为的过程及影响因素

能力目标

1. 明确组织购买品的分类
2. 知晓组织市场的特征
3. 识别影响组织购买行为的不利因素

素养目标

1. 运用理论分析实际问题
2. 培养有利于组织购买行为的影响力

本章主要知识脉络图

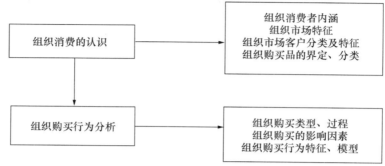

图 8-1　第八章知识脉络图

沃尔玛在中国的采购

2017财年,沃尔玛在中国的总销售额增长了5.4%。推动销售增长的动力主要来自大卖场和山姆会员店,其中,鲜食和干货产品表现最为强劲。沃尔玛每年都会在中国市场大量采购这些产品。

沃尔玛对于产品有4个检验标准:供应商的产品能否提高沃尔玛的档次;能否使沃尔玛产品的价格更低;能否提升沃尔玛的价值;能否丰富沃尔玛的产品种类。沃尔玛对供应商的选择标准高于对产品质量的选择标准,对他们来说,选择了合适的供应商,才有可能采购到合格的产品,所以他们对供应商的考察非常全面。

资料来源:宋彧主编:《市场营销原理与实务(第二版)》,清华大学出版社2017年版。

思考　沃尔玛为何对采购如此重视?

第一节　组织消费的基本认识

市场营销对象除了包括广大消费者,还包括生产企业、商业企业、政府机构等各类组织,由此构成原材料、零部件、设施设备、企业最终产品和服务的庞大市场。对于市场经营者而言,一方面需要出售产品或服务,另一方面也需要进行生产资料或生活资料的购买与使用,从而形成了庞大的组织消费市场。

一、组织消费者内涵

组织是两个或两个以上的人所组成的实体机构,由正式的角色定义规范个人行为,通过有计划的协作达成共同目标。组织行为通过个体、职能部门的行为来表现,受到组织目标、组织角色的影响和制约。组织有生存、生产和发展的需求,也会存在组织消费行为,但与个体消费者及个体消费市场相比,有着截然不同的特征。

组织消费者是为达到组织消费使用目的,购买各种产品与服务的组织使用者。相较于个体消费者,组织消费者的特点体现在:

1. 消费动机不同

个体消费者购置产品或服务出于生理需求或精神需求,而组织消费者购置产品或服务则主要出于盈利或公益目的,进而衍生出针对某类特定产品或服务的需求。由此可见,两者消费动机存在很大不同。

2. 消费偏好不同

个体消费者的需求更具情感性和个性化,会因为某类产品或服务在品质、功能、包装、品牌知名度等方面的独特个性而激发购买,甚至会出现冲动性购买。但组织消费者相对理性,在作出购买决策时会全方位考虑价格、质量、信誉、长期合作关系等方面的因素,进而实施合理的购买行为。

3. 规模及分布不同

个体消费者每次购买的产品或服务的数量较少,且交易次数频繁,交易场所呈现多样化,交易双方关系稳定性不高。组织消费者购买的产品或服务的数量基本固定,有规模大的特点,会因自然条件、产业基础、竞争格局等方面的因素而逐渐形成产业集聚趋势,组织市场买卖双方关系较为稳定。

二、组织市场的特征

组织市场是由各种组织机构形成的针对企业产品和服务需求的总和,可以进一步理解为企业、政府和各类机构为了组装(如原材料或零部件)、消费(如办公设施、咨询服务)、使用(如设施或设备)或者再销售等目的,在不同交易市场上参与的消费行为。

通常来说,组织市场中的各类组织机构都会根据自身的需求制订常规性或临时性采购计划,规范组织采购流程,并依规在可供选择的供应商之间进行审慎鉴定和评价,最终确定购买方案。

组织市场的特征有以下五个方面:

1. 提供产品的复合性

生产加工任何一件产品,即便生产工艺非常简单,也需要多种原材料、零部件、机械设备、人员,这些物质之间存在相对严格的配套和数量比例关系。因此,产业市场在产品购买的种类、数量上呈现一定的复合性。

这种复合性为供应商扩展产品线提供了线索,供应商可以由点及面地提供相关原材料和零部件,这样既为客户的一揽子采购需求提供便利,也增强了与客户之间的联系,从而形成稳定的买卖关系。

因此,在组织市场上,无论是卖家提供的产品或服务,还是买家所需要的产品或服务,都具有一定程度的复合性。

2. 需求的派生性

组织需求的派生性强调组织机构购买产品是为了满足其顾客的需求,即组织机构对产品的需求归根结底是从消费者对产品或服务的需求派生而来。例如,服装生产商购买布料,是因为消费者对服装服饰的需求。

3. 决策的群体性

组织市场中,购买决策过程的参与者众多,通常是群体决策,可能涉及组织的各个部门,甚至连采购经理也很少能不受他人影响进行独立决策。

4. 提供服务的个性化

向组织市场提供的物质产品并不能满足组织购买者的全部需求,企业还必须为之提供技术支持、人员培训、及时交货、信贷优惠等便利与服务。

5. 市场价格的杠杆性

通常来说,当消费者需求增加或减少时,上游一系列产业的总需求就会呈现放大效应,甚至表现出10倍到20倍的增减,这种放大效应也可以称为"杠杆效应"。上游环节越多,放大效应的比例越大。

投机行为即是造成杠杆效应的原因,也正是这种杠杆效应诱发大量投机行为。适当的投机行为在一定程度上有助于提升市场的活跃度和参与度,但过度的投机行为往往会造成短期市场恐慌,扰乱市场经济秩序。

三、组织市场的客户分类及特征

组织市场的客户主要有三种类型:产业客户、中间商客户和政府客户。

1. 产业客户

产业客户,又可称为生产者客户,是购买产品或服务并将之用于生产其他产品或服务,以供销售、出租或供应给他人的个人和组织。这些生产者客户可能在不同的产业中运作,如农业、林业、制造业、建筑业、通信业、金融业、保险业等等。

这类客户运营目标极为明确,主要以营利为目的,注重下游客户的需求,会根据市场行情和客户的需求,确定企业的运营模式和产品类别,因此对价格、信誉、产品周转周期、利润回收周期等方面都格外关注。在产业市场上,购买者绝大多数是企业,其数量比消费者市场的购买者数量少很多,但购买规模却大很多。由于资本和生产集中,一些行业的产业市场可能被一家或少数几家大公司的大买主垄断。对于产业客户的需求而言,可能变化会比较大,生产产业用品的企业往往实行多元化经营策略,尽可能增加产品品种,扩大企业经营范围,从而降低风险。同时,由于产业用品尤其是主要设备的技术性很强,企业通常都雇用经过培训的专业人员负责采购工作,且往往直接从生产者那里采购所需产业用品,尤其是那些单价高、技术性强的设备仪器。此外,针对机器设备、车辆、飞机等单价高的产业用品,产业用户通常都需要融资才能购买,而且技术设备更新快,因此企业可能会采用租赁方式获得所需要的机器设备。

2. 中间商客户

中间商客户是指由购买产品或服务并将之转售或出租给他人以获取利润为目的的个人和组织。中间商客户购买商品主要用于转卖,只有数量极少的商品用于本身的经营管理,他们在市场中既是商品购买者,又是商品出售者,主要包括批发商和零售商。其中,批发商是指将所购产品或服务转卖给商业组织,但不将其大量卖给最终消费者的商业单位。零售商主要把产品或服务直接提供给最终消费者。中间商不提供形式效用,他们提供的是时间效用、地点效用和占有效用。

中间商市场的需求应与终端消费者的需求保持时间上的一致性,以此抓住来之不易甚至稍纵即逝的市场机会。因此,中间商对市场变化的反应极为灵敏,更加关注下游客户的即时需求,对选购产品的质量、品种、样式、规格以及价格、交货时间、资金周转周期也极为敏感。同时,中间商客户还需要与上游供应商、生产厂家通力合作,一方面协同开展产品宣传推广工作,提升品牌知名度,全面提升销售能力;另一方面需要上游供应商、生产厂家协助为最终消费者提供技术支持、售后维修等服务。

3. 政府客户

政府客户是指那些为执行政府的主要职能而采购或租用商品的各级政府单位。可以说,一个国家政府市场上的购买者是该国各级政府的采购机构。政府通过税收、财政预算等掌握了相当大一部分国民收入,为了开展日常政务,政府机构经常要采购物资和服务,从而形成庞大的政府客户群体。政府机构往往是组织市场活动的最大买主,约占30%的份额。

为了加强对政府采购的管理,提高财政支出的使用效益,促进公开、公平、公正交易,一些地方政府机关、事业单位和其他社会组织使用财政资金采购物资或服务的行为逐渐受到法律的约束和规范,不少地方陆续出台政府采购条例。

政府采购的基本特征是公开性、计划性和标准化。公开性主要体现为政府采购往往遵循公开、公平、公正和效益的原则,维护社会公共利益,公开招标,严格遵循采购流程。计划性主要体现为政府采购的主管部门通常根据经批准的预算和其他财政资金的使用计划制订并公布采购计划。标准化主要强调政府客户会明确指定采购物资或服务的标准并严格执行,不会超标采购。

相关阅读 发挥政府采购的政策引导作用 扶持中小微企业发展

2020年,河北省政府采购规模达1819.46亿元,占全省一般公共预算支出的20.16%,有力支持了全省经济社会发展。其中,中小微企业中标成交金额1080.07亿元,约占全年采购合同额的6成,突显了政府采购的政策导向作用,扶持了中小微企业健康发展。

按采购项目属性划分,货物类规模为354.98亿元,比上年增长18.88%;工程类规模为1100.56亿元,比上年增长102.5%;服务类规模为363.92亿元,较上年增长35.5%。工程类采购规模大幅增长,主要是由于雄安新区新建工程大幅增长以及老旧小区改造、扶贫、冬奥会场馆和公共基础设施建设等一批国家和省、市、县重点基础工程项目相继开工建设。

从采购方式看，公开招标1543.41亿元，占全省采购总规模的84.83%，居主导地位。此外，还包括竞争性磋商156.82亿元、单一来源47.03亿元、竞争性谈判27亿元等。

2020年，河北省财政部门积极运用政府采购政策功能，确保财政政策提质增效，为保障疫情防控，实行政府采购"绿色通道"制度。积极支持消费扶贫政策成效明显，累计完成采购额2亿元，排全国第13位，全省入驻"832"平台供应商613家。为支持节能减排政策落地生效，强制和优先采购节能、节水产品规模为17.2亿元，占同类产品采购规模的87.96%；优先采购环保产品规模为23.07亿元，占同类产品采购规模的86.03%。

资料来源：《河北去年政府采购1819.64亿元中小微企业中标近六成》，https://baijiahao.baidu.com/s?id=1695319467449122075&wfr=spider&for=pc，有删减。

四、组织购买品的界定和分类

组织购买品的划分与消费者市场不同，不同的划分方式导致购买行为也存在差异。

1. 生产设备

生产设备包括组织的主要生产设备、厂房建筑和某些价格昂贵的装备，如大型计算机、重型机械等。生产设备的价值较高，组织对这类购买品的性能要求也很高，因为这类购买品直接影响买方组织未来的生产效率及产品质量。除此以外，还有一些价值较低、在组织生产与运营过程中起辅助作用的机械设备和办公设备，如手工工具、运输车辆、办公家具等等。这类商品的购买通常有一定的规格标准和要求，一个部门或少数人就可以作出购买决策。

2. 原材料及加工材料

木材、矿石、原油、谷物、煤、碳等都属于原材料，钢材、玻璃、石墨烯、皮革等都属于加工过的原材料。买方一般会将这类产品当作原材料购进，通常是定时、定量重复购买。这类产品多数具有规定的标准和等级，统一标准等级在产品质量上没有太大差别，故品牌差异不太明显，在作出购买决策时，买方通常会着重考虑供货方的供货能力、生产资质、供货准时性、价格的合理性和合作关系的密切性。

3. 零部件

零部件是已经完成的产品,但仍会被组装到用户的最终产品中,如小型电机、紧固件、仪器、仪表等。零部件市场的需求和购买行为特点在许多方面与原材料和加工过的原材料市场相似,但标准化程度略有不同。这类仪器、仪表、电机等产品的品牌知名度和企业的信誉度会对买方作出购买决策产生一定程度的影响。

4. 消耗品

这类商品消耗快、单价低、需要经常购买,与消费者市场上的便利品类似,如办公用品、清洁用品等等。这类商品的购买决策比较简单,常规购买即可,有些买家可能会通过定期自助下单方式完成采购任务。

5. 服务

服务质量的优劣是买方衡量卖方资质,最终决定长期合作的重要考虑因素。有些组织在购置大型设备等实体产品的同时,也会购买安装、调试、人员培训等服务项目,甚至有时会单独购买某项服务。目前,服务类产品的购买范围比较广,包括建筑设计、金融、广告、运输、储存等定制化服务,还有一些日常维修、定期保养、技术人员培训等常规性服务。

第二节　组织购买行为

一、组织购买类型

组织购买类型有全新采购、直接重购、修正重购。组织购买者在进行采购时面临一系列决策。影响决策的主要因素有购买重要性、客户需求和供应商供应等。

全新采购是指购买者第一次购买某种产品或服务。新购的成本费用越高,风险越大,需要参与购买决策过程的人数和需要掌握的市场信息就越多。因此,供货企业需要派出营销专员点对点对接,提供最新市场信息的同时,尽可能打消顾客的购买疑虑。

直接重购是指组织的采购部门或采购中心根据过去和供应商打交道的经验,从供应商名单中选择供货企业,直接重新订购以前采购过的同类用品。此时,组织购买者的购买行为是惯例化的。在这种情况下,列入供应商名单的供应商应尽力保证产品或服务的质量,提高品牌知名度和组织信誉,积极维系合作关系。未列入名单的供应商应不断创新产品或提供更为优质的服务,积极尝试与更多的采购者建立合作关系,争取签订更多订单。

修正重购是指组织适当改变所要采购产品的品种、价格、规格、交货条件等要素后进行采购或更改供应商。这种行为类型比较复杂,因而参与购买决策过程的人数较多。在这种情况下,"门外的供货企业"可能获得更多的市场机会,需要加大沟通和促销力度,开拓新顾客;"已入门的供货企业"可能会受到威胁,需要强化营销力度,维护客户关系。

二、组织购买过程分析

组织购买决策事关盈利,决策过程相对消费者市场更为复杂。在直接重购这种简单的行为模式下,组织购买者购买过程的阶段最少;在修正重购情况下,购买过程的阶段则多一些;而在全新采购这种最复杂的情况下,购买过程的阶段最多,需要经历以下六个阶段:

1. 确认需求

在全新采购和修正重购情况下,采购过程是从组织的某些人员意识到要采购某种产品并确定这种需求品种的特征和数量开始的。

首先,需要意识到需求的存在。这种情况下,需求由两种刺激引起:一方面是内部刺激,包括企业最高管理层决定推出某种新产品,所以需要采购生产这种新产品的设备、仪器和原材料;有些机器发生故障和损坏,需要购置新零部件或新设备;原材料质量不好,需要更换供应商或寻找替代品。另一方面是外部刺激,如组织参加展销会、进博会或浏览了某些广告,进而找到更为优质、价格更为适宜的产业用品。

其次,需要确定所需品种的特征和数量,并向采购人员说明对这种产业用品的需求情况。

2. 需求价值分析

需求价值分析即邀请专家对组织所需要的产品或服务的类别进行价值分析,作出详细的技术说明及价格估算。价值分析的目的在于要投入最少的资源,以此获得最大的功效,组织在采购工作中要进行价值分析,调查研究本企业要采购的产品是否符合功能、技术、样式等要求。采购的专家小组也需要对需求品类进行价值分析,以此帮助采购人员作出取舍,也借此机会了解这类需求或产品,从而向下游顾客展示和说明这类产品的功能。

3. 查询可能的供应商并征求报价

组织需花时间物色供应商，同时邀请合格的供应商报价和征询意见。这一阶段，组织应通过多渠道，如网络搜索、组织间互访、参加展销会或博览会等方式获得可靠信息，确定若干家备选供应商。同时，向合适的供应商发出邀约，一方面获得报价，另一方面征询对方的意见或建议。

4. 确定供应商

组织的采购中心根据供应商产品质量、产品价格、信誉、及时交货能力、技术服务等评价和选择最有吸引力的供应商。采购中心决策之前，还需要与一些中意的供应商谈判，争取较低的价格和更好的条件。许多精明的采购经理都倾向于同时掌握多个供应来源，以便增加产品来源，从而进行有效比较。

传统的供应商选择模式能有效降低成本，但隐藏着一些风险，如供货质量参差不齐、供应商破产等。现在，越来越多的组织开始与供应商建立合作伙伴关系，设法协助供应商提高供货质量和经营管理水平，实现长期合作共赢。

5. 选择订货程序

采购经理开具订货单，在订货单上列出技术说明、需要的数量、期望的交货期等。很多企业会倾向于签订一揽子合同，通过与这个供应商建立长期供货关系，进而确定适宜的价格和交易条件，这在一定程度上减少了库存。

6. 追踪合同履行情况

采购经理最后还要向使用者征求意见，了解这种产品的质量、使用率、产出效益等，检查和评价供应商履行合同的情况。这种检查和评价，成为决定是否继续向某个供应商采购产品的主要依据。

三、组织购买行为影响因素

1. 环境因素

环境因素主要指采购单位的需求水平，由采购单位的生产计划和生产目的决定。当满足计划目标时，采购单位可能还会受到经济发展和社会发展的影响，诸如经济前景、市场需求、技术发展变化、市场竞争、政治法律情况等。另外，对手的购买行为对采购单位也会带来一定约束。

2. 组织因素

组织本身的因素，包括使命、目标、政策、程序、组织结构、体制、预算等都会影响组织购买决策和购买行为。

3. 人际因素

组织的采购团体可能会涉及使用者、影响者、采购者、决策者和信息控制者，他们都会参与购买决策过程，会对决策的执行情况产生影响。这些参与者在企业中的地位、职权、权威以及他们之间的关系有所不同，也会因此影响组织购买决策和购买行为。

4. 个人因素

实际作出采购决策及执行采购任务的参与者因年龄、阅历、经验、个性等方面的差异，会对所需采购的产品和供应商有不同的认知，这也会影响最终的采购效率和效果。

四、组织购买行为特征及模型

1. 组织购买行为特征

组织的购买行为涉及大量的资金，流转环节较多，更因参与的部门及角色众多，呈现出理性和集体性。具体如下：

（1）目的性

企业作为营利性机构，消费采购的目的并不是满足个体的物质或精神需求，而是通过对所采购的产品进行加工和销售，进而获得利润，这就是企业对其所购产品一种重要的价值判断。可以说，组织一方面会考虑自身的支付能力，另一方面也会考虑购买行为所能带来的利益，从而最终确定是否采购，究竟采购哪些产品，采购数量是多少，因此，企业的采购动机会更加理性和谨慎。

政府及非营利性组织采购的目的并非获得利润，但同样存在为终端客户提供优质服务的目标，因此也会对政策要求、自身的支付能力、所购产品的价值、供应商提供的服务质量等方面进行审慎判断，进而作出理性决策。

对于供应商而言，应该始终把客户的利益放在第一位，为客户提供更加优质的产品和服务是供应商运营的关键，从而在合作中实现双赢。

（2）复杂性

组织购买过程较为复杂，从需求产生、寻找供应商、谈判、签约到验收时间间隔较长，买卖双方都可能因各种主客观因素的变化影响产品购买与履约的进程。为降低购买风险，保证决策过程的规范性，企业的购买活动通常需要生产、财务、技术、研发、采购、法务、营销等多个部门与最高管理层的共同参与，进行集体决策，这更进一步增加了购买过程的复杂性。

（3）专业性

参与组织购买的各部门多为专业人员，他们相对熟悉产品技术，了解市场行情，擅长资金管理、法律事务。面对多方面的采购要求，他们基于产品本身的质量、规格、成分等性能参数及供应商的服务能力等各方面要素衡量所购产品对组织的价值和合理性。同时，在组织采购过程中，也会借助外部的市场专家、行业专家帮助组织作出适宜的决策。

（4）重复性

组织采购通常都是大批量购买，由于购买的次数不多，因此需要在运输成本、仓储成本之间进行平衡。生产的周期性导致原材料采购也会呈现周期性和重复性。重复购买在双方建立密切合作关系的基础上会变得相对简单，供应商营销成本也会下降。

2. 组织购买模型

行为心理学创始人约翰·沃森认为，人的行为是受到刺激的反应，由此提出"刺激—反应"模型，将人的复杂行为分解成刺激和反应两个部分。刺激来自两方面：身体内在的刺激和外部环境的刺激，人的反应则会随着刺激的发生逐渐显现。营销学者发现个体消费者的购买行为会受到外部环境和企业安排的营销活动的刺激，还会受到自身教育水平、背景阅历、心理认知等个体因素的影响，因此借助消费者购买行为的"刺激—反应"模型进一步解释说明外界刺激与用户反应之间的关系，如图8-2所示。

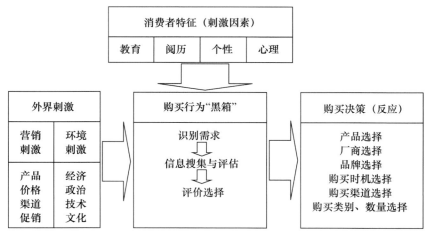

图8-2 消费者购买行为模式

这一模型不仅适用于消费者市场，也适用于组织市场，不过"黑箱"的刺激因素存在一定差异，过程也相对复杂，如图 8-3 所示。

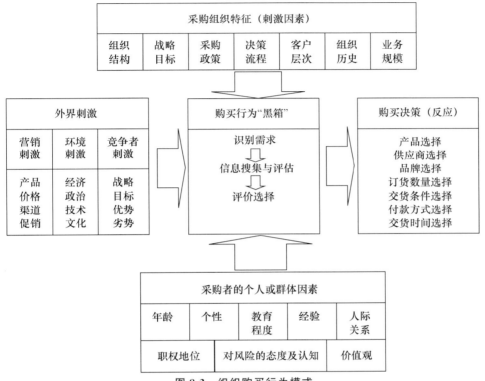

图 8-3　组织购买行为模式

该模式深刻阐释外界刺激、组织特征及采购者的个体因素对购买决策的影响。其中，营销刺激来自产品、价格、渠道、促销等方面的认知差异；环境刺激来自外界政治、经济、技术、文化等方面的变化；竞争者刺激主要考虑行业竞争者、品牌竞争者或产品竞争者的战略布局、目标规划、优势和劣势等方面对组织购买行为产生的影响。采购组织自身的组织历史、组织结构、战略目标、采购政策、决策流程、业务规模以及客户层次也会对组织购买行为形成某种制约或推动。此外，在组织中执行采购决策的可能是某一个体或某一群体，他们会在共同决策中受到年龄、教育程度、个性、人际关系、经验、职权地位、对风险的态度及认知、价值观等因素的影响。

讨论专区

同为多人消费形式,组织市场消费与群体消费有何异同点?

本章小结

本章重点对组织消费进行阐述,包括组织消费的概念、组织市场的特征和客户分类等。同时,介绍组织购买行为相关内容,包括组织购买过程、组织购买行为特征和影响因素。

关键术语

组织消费者 组织市场 产业客户 中间商客户 政府客户
组织购买行为 全新采购 直接重购 修正重购

思考题

1. 非营利组织购买行为的主要影响因素有哪些?
2. 在组织消费者关系中,是否存在购买决定与消费客体无关的情况?
3. 如何看待组织购买行为特征在不同类型组织中的体现?
4. 组织价值观或组织文化对购买决策有怎样的影响?
5. 分析某一企业在购买决策过程中受参照群体的影响情况。

讨论题

1. 本章所介绍的组织购买过程是否对所有组织都适用?
2. 组织在进行购买决策时是否要完全依照购买的全部流程?原因有哪些?

案例分析

新产品研发的后续决策

一家拥有20多名员工的小型医疗器械生产企业有着良好的声誉和生产效

益。该企业新近研发的一种简易多功能术后辅助康复机械获得了专利。随后，该企业召开部门负责人员会议，讨论研发的方向。

下面为此次会议的发言记录：

(1) 我们目前的资金不足以自行研发，而且缺口很大，最好找其他企业一起合作开发。

(2) 我们可以和诺恩公司联系，据说该公司员工的技术不错。如果不外聘技术人员，我们的后期技术支持难以保证，毕竟市场上还没有这种新机器，谁也无法预料今后会出现什么技术问题。

(3) 我们可以贷款，我们的声誉一直以来都不错。

(4) 我们可以直接买培因科技的生产线，这样能一步到位，最省事。

(5) 目前，我们的生产线不符合新产品的要求，最好能另开一条生产线。

(6) 目前，我们的产品销路很好，不用着急研发新产品。

(7) 转让专利也是一条思路。

(8) 可以与以前合作的天城公司一起研发，他们出资，我们出技术和专利，不也是共赢吗？

(9) 之前我们通过合作研发的几个产品都不错。

(10) 是否有必要召开员工大会？让所有员工知道我们靠自己研发这种新产品有困难，这样也能群策群力。

(11) 民主之后还得集中。

(12) 无论以什么形式研发新产品，都要尽快行动，合作是一种最快且最好的办法。

(13) 自己研发虽有困难，但也要想办法克服，因为自己研发获利最多。

(14) 虽然研发新产品是机遇，但老客户的口碑还是要重视的。

(15) 关键是领导的决心，其他人的决定是次要的。

(16) 上马新生产线不但需要资金，还有人员培训、管理等问题。转让专利，不仅收益快，而且省事、省心。

(17) 从大环境看，这种高效环保的产品肯定有好的发展前景。

(18) 我赞同上马新生产线。自己研发最保险，尤其是关键工艺。

资料来源：根据实地调研资料整理。

问题：

1. 根据上述材料，若你是与会者，你将如何发言？
2. 假设你是该企业决策层中的一员，请结合本章所学的知识和会议的发言内容,谈谈你的想法。

实践活动

一、目标和任务

旨在使学生通过观察,理解组织购买过程,了解影响组织消费者购买行为的因素。

二、背景和准备

1. 活动背景

联系某一企业,全程旁听一次采购讨论会议。

2. 活动准备

教师准备:与企业联系旁听会议事宜,给学生布置活动任务,解释活动内容和要求。

学生准备:分小组,回顾并进一步学习参与观察法的理论知识。

三、活动步骤

1. 实施。根据时间安排进入会场,征得企业同意后,本组同学互相合作,认真倾听并记录会议内容。

2. 总结。旁听结束后,学生整理记录的资料。

3. 分享体会。学生分小组在课后分享活动体会,完成并提交参会报告。

四、反馈和完善

活动结束后,教师认真审阅各组报告并对学生的活动效果作出总体评价,总结教学效果,形成教学反思日志。

推荐阅读

〔美〕J. 史蒂文·奥特、桑德拉·J. 帕克斯、理查德·B. 辛普森:《组织行为学经典文献(第三版)》,王蔷、朱为群、孔晏等译,上海财经大学出版社2009年版。

第九章 组织营销战略制定

知识目标

1. 掌握影响组织营销战略制定的因素
2. 了解组织营销战略的意义
3. 熟悉组织营销战略的制定方法

能力目标

1. 能够识别复杂现象所包含的规律
2. 具备归纳总结的能力
3. 具备概括性的文字表达能力

素养目标

1. 运用理论分析实际问题
2. 培养并提升洞察能力

本章主要知识脉络图

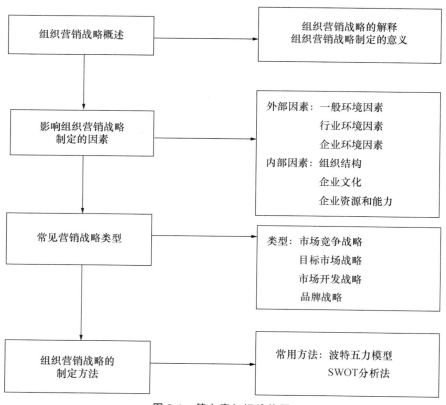

图9-1 第九章知识脉络图

案例 奶茶的未来

　　2020年年底,全国的奶茶店已超过60万家。"制造之都"东莞是全国奶茶店密度最高的城市,平均每千人就拥有1.5家奶茶店。奶茶的消费主力是年轻人。年轻人要社交,奶茶是再好不过的载体。

开奶茶店有两种方式:加盟现有奶茶品牌和自己开店。奶茶属于即制即饮的饮品,是门槛低、参与者广、竞争激烈的行业,更是"红海市场"。

如今的奶茶品种有羊奶、牛奶、炼乳、港式、台式等,花样翻新,名目繁多,注定是一个不断细分、再细分的市场。统一品质的连锁经营未必能在奶茶业流行。

资料来源:邢海洋:《代际之间观念转换,没积蓄的一代要担负拉动消费的重任了》,载《三联生活周刊》2020年第50期,有删减。

思考　你怎样评价奶茶店如今的发展状况?怎样看待两年后奶茶业的发展?

第一节　概　　述

面对瞬息万变的市场竞争环境以及个性化、多样化的顾客需求,企业通常会为了长期生存和不断发展制定不同阶段的战略规划。无论是短期战略,还是中长期战略,都需要服从并服务于企业经营的理念和目标,这是保障企业获得最大收益和保持竞争优势的重要途径和手段。近些年来,以目标市场和顾客需求为导向的营销战略在企业发展和目标实现过程中发挥着越来越大的作用,已成为企业战略取胜的关键要素。为提升营销战略制定的有效性和执行效率,企业需要认识到营销战略制定的重要性,需要随时洞察来自企业外部环境和内部经营环境的限制性或推动性力量。

一、组织营销战略的解释

战略(strategy)一词源自希腊语"strategos",原指对军事斗争全局的重大部署和运筹帷幄。《孙子兵法》将战略视为对战争最高层次的决策和把握,崇尚"上兵伐谋",被视作中国最早对战略进行全局筹划的著作。当前,战略理念广泛应用于经济管理、社会治理、政治外交、体育赛事等领域。1962年,艾尔弗雷德·钱德勒首先将"战略"概念引入企业管理,将战略视为实现既定目标所作的统筹安排和全局规划。安索夫在《公司战略》一书中系统阐述了企业战略的制定和实施,极大促进了战略管理在企业运营中的广泛应用。托马森曾提出,在集团层面,企业战略包括公司战略、经营战略、职能战略和运作战略;在公司层面有经验战略、职能战略和运作战略。从内容来看,企业战略包括竞争战略、营销战略、财务战略、人才战略、研发战略和品牌战略等。

组织营销战略是组织基于现代市场营销观念,以市场需求为出发点,以实现经营目标和创造客户为导向,对一定时期内市场营销发展作出的总体规划和统筹安排,也是对企业营销整体性、长期性、基本性问题的全局谋划。组织营销战略贯穿企业的各个层级,是企业战略的核心,企业的其他职能战略需要以营销战略为导向,相互配合运作。在较高层面,营销战略的制定和实施与企业的竞争、财务、人才等战略协同发挥作用,关系整个企业的发展和最终目标的实现。在较低层面,组织营销战略可能关系某一系列产品的营销策略,甚至具体到某些方案的设计或活动的策划,例如,某些广告文案的设计、宣传活动的实施模式等等。

制定组织营销战略,首先需要准确识别市场需求、竞争态势及企业自身经营状况;其次,制定组织营销的战略目标,可以同时考虑短期目标和长期目标;再次,选择合适的营销战略,需要根据目标进行市场定位和资源配置;最后,确定具体的市场营销组合策略,包括产品策略、价格策略、渠道策略和促销策略。

二、组织营销战略制定的意义

市场营销战略是企业的重要战略之一。组织制定营销战略的意义主要体现在如下四方面:

1. 提高应变能力

制定营销战略的过程,是进一步认知企业自身优势和劣势的过程,也是识别市场机会和需求趋势,深度了解竞争者和利益相关者的过程。制定营销战略,可以帮助企业在未来一段时间内从容应对市场机遇和市场变化,帮助企业改进决策方法,提高风险防控能力和市场应变能力,进而最大限度地保持和提升企业的竞争优势。

2. 明确目标导向

战略的制定与实施是企业实现经营与发展目标的前提条件。目标依赖于战略,战略服务于目标,这是贯穿企业全部经营活动的一个重要规律。可以说,营销战略是企业营销目标乃至总体战略目标得以实现的重要保证,它有效提高了企业的预见性、主动性,克服了企业的短期行为。如果营销战略制定有误或战略决策失误,即便企业在一段时间内享有较高的知名度和活跃度,能够获得高于行业平均水平的投资收益,也会因为判断失误、错失机会等原因逐渐丧失发展动力,最终难以保持自身的竞争优势。

3. 实现协同运作

组织营销战略的制定与实施,需要全面考虑生产与销售、市场定位、财务管理、人才匹配、流程管理等环节,需要实现全过程管理、全阶段管理和全员管理。由于企业明确了未来一定时期内各业务单位的具体职能和分工,所以企业中的每个部门、每个人都知晓自己的岗位职责、权限范围及绩效考评标准,这在一定程度上激励着他们积极主动完成工作目标,也进一步增强了企业的凝聚力和向心力。

4. 优化资源配置

制定营销战略的过程中,企业会进一步确定各个阶段的工作重心和所需资源,这会使组织结构的设计和资源的整合更具目的性和匹配性,从而有利于优化资源,提高营销资源的利用率,实现营销资源价值最大化。

第二节　组织营销战略制定的影响因素

组织的营销活动需要在特定的营销环境中进行。环境的变化,会直接影响需求趋势的演变和消费者行为的变化,也会影响组织的供给与市场行为、组织与利益相关群体之间的关系,既可能带来市场机会,也会带来市场威胁。因此,组织需要随时关注营销环境的变化,及时、准确洞察和分析环境的变化及由此带来的影响,这是组织制定营销战略、开展营销活动的基本前提。

一、外部影响因素

1. 一般环境因素

一般环境通常指影响组织营销活动的社会性力量和因素,代表组织不可控制的变量,具体包括政治法律、经济、社会文化、技术、自然和人口五类因素。

(1) 政治法律因素

政治法律因素强调组织所在国家和经营区域的政治制度、体制、方针政策、法律法规给经营行为和投资行为带来的或可能带来的影响,既规定了社会经济活动和组织经营活动的基本运行规则,也指导着消费群体的消费模式和价值取向,约束着公共资源的开发利用行为。

政局稳定是组织有序开展营销活动的前提条件。国家或地区制定的人口政策、能源政策、物价政策、行业补贴政策、财政政策、货币政策等,也为组织发展提供机遇和方向指引,为组织经营活动的策划与成功实施提供政策支持。例如,国家通过提高烟草、酒类商品的消费税税率,抑制消费者对此类商品的需求;国家出台一系列产业扶持政策,鼓励需要发展壮大的战略性新兴产业对所需的物质、人力、技术等资源进行合理匹配和系统管理。

市场经济是法治经济,组织的经济行为和营销活动也需要遵循一定的法律规范。法律环境中,国家或地方政府颁布的各项法律法规,是组织运营活动的准则。对于组织来说,法律为组织经营活动提供了行为空间和约束条件,也为组织在规定空间内自由经营提供了法律保护。组织在制定营销战略时,需要熟知相关法律规定,确保经营的合法性和营销活动的有序性,必要时运用法律武器捍卫组织和消费者的合法权益。

(2) 经济因素

经济因素主要强调外部社会经济条件,即社会购买力对组织营销战略制定产生的影响,主要包括消费者收入、消费者支出、消费者储蓄及信贷等因素。消费者收入主要指工资、奖金、红利、退休金、租金、馈赠等收入,是影响消费者社会购买力、评判市场规模以及制定营销战略的重要因素之一。对于大多数消费者来说,购买必要产品和服务的花销只占其收入的一部分,在支付衣食住行等基本生活费用之后,消费者还会将其剩余收入用在购置奢侈品、房产、医疗保健产品、旅游产品等方面。因此,组织制定营销战略之前,还需要重点考察目标市场的下述经济因素:

一是消费者收入的构成及变化。对于消费者的收入而言,有可支配收入和可任意支配收入两种界定范围。可支配收入是扣除消费者需缴纳的各种税款和非商业性开销之后可以用于个人支配的收入,是消费者购买力和消费者支出的决定性因素。可任意支配收入是可支配收入扣除购买衣食住行等生活必需品等固定支出后剩余的收入,这部分收入通常用来购置奢侈品、房产、汽车、旅游产品等。需要注意的是,区域不同,消费者的收入水平、收入增长率也会有所不同。组织在制定营销战略时,需要深入分析目标市场上各个阶层消费者的收入构成及其变化趋势。

二是消费者支出的变化。消费者的支出除了受到消费者收入的影响,还会受到消费者惯有的消费理念、消费者家庭生命周期所处阶段和购买倾向、周围熟悉人群和有影响力的意见领袖的购买推荐或消费模式等多方面因素的影响,从而导致形成差异化购买意愿、购买忠诚度、购买数量和购买频率。例如,满巢家庭会将更多收入用于健康食品、子女教育、亲子娱乐活动、旅游等方面;当了解到周围朋友都在使用某款漱口水,近期在网站上也多次看到这款漱口水的广告时,消费者就会萌生买来试一试的想法。

三是消费者储蓄和信贷情况的变化。多数家庭都会有一些流动资产,包括储蓄存款、债券、股票等。这些流动资产源自消费者的货币收入,虽然其最终仍是为了消费,但在一定时期内,却会影响消费者即期的购买力和消费支出。有些消费者还会采用贷款方式购买产品和服务,贷款数额和还款方式也会影响消费者即期的消费支出比例。

(3) 社会文化因素

组织经营区域内消费者的民族特征、价值观念、生活模式、风俗习惯、教育水平、语言文字、社会阶层等因素,可以统称为社会文化因素,可以概括性划分为社会核心文化和社会亚文化。社会核心文化是区域内全体成员在长期的社会生活中形成的持久性文化理念,会在社会生活中不断被强化。社会亚文化派生于社会核心文化,每一个社会领域都包含若干个亚文化群体。这些不同的亚文化群体因为各自有不同的生活经验和生存环境,所以在价值观念、风俗习惯、兴趣偏好、生活方式等方面存在一定差异。社会文化因素会对消费者行为产生直接或间接影响,因此组织在制定营销战略时也需要重点关注和了解。

(4) 技术因素

技术因素是指组织所在的行业领域中各类技术要素的类型、力量、水平、发展空间、趋势动向及其产生的社会影响力。组织在制定营销战略时必须考虑技术因素带来的市场机会和威胁。技术的进步和发展可能会改变竞争规则、改善组织经营管理模式、加快产品更新速度、加速产业转型与升级、影响商业结构和消费者的购买习惯,但同时也会对组织现有软硬件设备的技术含量、资源整合能力、技术投入水平、管理效率、创新能力等方面提出更高的要求和挑战。尤其是在当前信息化、网络化、数字化背景下,组织的发展也有赖于利用大数据技术和新的数据处理模式增强决策力、洞察力和流程优化能力,而这也关系组织竞争优势的维系和提升。

(5) 自然和人口因素

自然和人口因素具体包括物质资源、地理气候、人口特征等方面,对组织营销活动及其营销战略的制定有着直接且深远的影响。组织制定营销战略之前,还需要重点关注目标市场的下述自然和人口因素:

一是物质资源。物质资源包括有限的可再生资源(如农作物、林木等),不可再生的有限资源(如矿石、土壤、石油、煤等)和无限资源(如风能、太阳能、潮汐能、海水等)。物质资源地域分布的不均衡造成传统产业结构的差异,也在一定程度上造成消费结构的差异。近年来,我国大力推进节能减排,发展循环经济,建设资源节约型、环境友好型社会,为节能环保产业发展创造了巨大需求。2018年,国家统计局下发的《战略性新兴产业分类》对战略新兴产业作出界定,明确将节能环保产业细分为高效节能、先进环保、资源循环利用三个细分产业,共涉及23个细分行业。2020年,节能环保产业已成为我国经济的一大支柱产业。由此可见,企业在研发、生产、营销等过程中也需要重点关注环保、节能理念的应用与技术提升,倡导绿色生产、绿色消费。

二是地理气候。一个地区的地理气候决定了当地的地形、河流水文特征、土壤、动植物生长及分布、农业生产模式,这在很大程度上决定了一个地区的饮食结构和风俗习惯,自然也会影响组织在制定营销战略时对产业布局、营销模式的设计。

三是人口特征的变化。人口特征涵盖人口规模、人口密度、人口构成等要素。通常情况下,一个区域的人口规模越大,市场需求和潜力就越大;人口密度越低,当地的交通、通信、电力系统等生产生活基础设施就越差,产品运输成本、售后服务成本、沟通成本就越高。人口构成包括年龄构成、性别、民族、职业结构、家庭结构等因素,其中,家庭是购置耐用消费品、房产、汽车、旅游等商品的主要消费单元。家庭规模越大,对产品和服务的需求就越大。家庭结构的变化和复杂性,也决定了对某些产品和服务的个性化需求和衍生需求。

2. 行业环境因素

常见的行业环境因素包括行业发展阶段、规模和发展趋势分析等。

(1)行业发展阶段

行业发展阶段是指从行业培育到行业最终完全退出社会经济活动所经历的时间,主要包括四个时期:培育期、成长期、成熟期和衰退期。用以识别行业发展阶段的指标包括市场增长率、行业平均利润率、产品品种、技术变革速度、竞争者数量、进入及退出壁垒、潜在产品替代率、用户购买行为等。

在行业培育期,行业内企业仍处于前期投资和研发阶段,其核心产品尚不成熟,行业利润率较低,但市场增长率较高,需求增长较快。培育期内的企业会全力研发新产品、新技术,同时全面开发新用户、新市场。但因为技术攻关存在难度、市场规模、投资收益、产品经营模式上尚存在一定程度的不确定性,所以企业会极为慎重地作出是否进入行业发展的决策,相应地,其制定的一定时期内的营销战略也会保守一些。

在行业成长期,核心产品的市场增长率逐渐提升,需求高速增长,技术趋于成熟,行业运营模式、竞争态势、用户特征及购买行为相对明确,产品品种及竞争者数量逐渐增多,行业进入壁垒逐步提高。此时,企业的营销战略应更多围绕保持现有市场、开发新市场这一目标制定。

在行业成熟期,市场增长率和盈利能力逐渐下降,技术已相当成熟,行业内的企业均已清楚知晓行业本身的特点、竞争态势及用户购买行为,开发新产品和拓宽产品的新用途已极为困难。此时,企业可能会作出退出行业的选择,或采用降价促销、大力投放广告等营销模式维持现有产品的运营。

在行业衰退期,企业生产能力已出现严重过剩现象,顾客会转而购买其他行业替代品。在行业衰退期到来之前,企业就需要慎重作好调整产业或促进产业转型升级的决策。

(2) 行业规模和发展趋势分析

行业规模通常用生产总值或产出量表示,它代表一类产业或行业的产出规模或经营规模。产业发展趋势则主要强调产业发展的方向,产业结构调整的范围、力度及具体模式。行业不同,发展阶段不同,行业的规模和发展趋势均不相同。了解和掌握这些信息,就能准确预估一段时期内推动该产业发展所需要的营销力量,由此审视自身管理能力、技术创新能力、政策制度的匹配性。

3. 企业环境因素

企业环境因素主要涉及与企业运营有紧密联系的营销中介市场、资本市场、人力资源市场、政府部门和社会组织。

(1) 营销中介市场

营销中介市场中包含各类营销中介企业,也可称为市场营销渠道企业。具体涉及向企业提供原材料、零部件、能源、劳动力等资源,但不直接参与产品经营的企业或机构;从事产品购销活动的批发商、零售商等经销商;协助交易和推销产品,但不享有产品所有权的产品经纪人、生产代表等代理商;辅助企业执行产品交换、仓储、运输、保险、广告设计、营销调研、产业咨询等职能,但不直接经营产品的组织或机构。

(2) 资本市场

资本市场包括股票市场、中长期债券市场和证券投资基金市场。资本市场中的各类金融机构为企业提供发展所需的资金,如商业银行、投资公司、信托公司、人寿保险公司等。当前,多元化的资本市场融资机制,可以快速补充企业现金流,加快企业项目落地和投产的速度,促进企业规模的扩张。众多企业可以充分利用资本市场的多种手段,实现融资兼并、股权激励,为企业持续发展注入活力。

(3) 人力资源市场

人力资源市场是将企业人力资源部门、劳动保障部门组建的职业介绍机构、教育部门组建的高校毕业生就业市场融合而成的现代人才服务平台,以为企业提供专项人才服务,促进人才要素实现优化配置为目标。为建设统一开放、竞争有序的人力资源市场,更好服务就业创业和高质量发展,2018年7月,前国务院总理李克强签署国务院令,公布《人力资源市场暂行条例》,其中突出规范了人力资源市场活动,促进了人力资源自由有序流动,细化了就业促进等规定,明确了市场监管措施。

(4) 政府部门

政府部门是对企业的生产经营活动发挥引导、监督、服务等功能的政府机构,同时也会为履行政府职责而实施购买行为,成为企业的客户。企业需要运用各种信息传播途径和手段与政府建立双向沟通机制,以此赢得政府部门的理解、支持、信任并且协同合作。

(5) 其他社会组织

其他社会组织是指影响企业经营活动的各类团体和组织,包括报纸、杂志、广告、电视、网络直播等在内具有广泛影响的传媒组织;在社会上具有一定影响力和号召力的行动组织,例如,消费者权益保护组织、红十字组织、环境保护组织、动物保护组织等。

二、内部因素

1. 组织结构

组织结构是组织为实现战略目标采取的一种分工协作体系,表明组织各部门、各要素之间的相互关系。战略与组织结构的有效结合是企业生存和发展的关键因素。在组织长期的经营与发展中,战略与组织结构相互影响,协同变化,只要其中一个发生了变化,那么另一个也必然会随之发生改变。可以说,组织战略是组织结构设计和调整的主要驱动力,也是组织结构调整的最终目的和方向。组织在设计组织结构时,必须全面考虑分工协作、部门化、管理幅度、集权与分权等问题。

2. 企业文化

企业文化代表组织独特的文化形象，包括组织的愿景、价值观、企业精神、信念、道德规范、历史传统、制度、仪式、标识、文化环境、员工处事方式等，是企业在经营活动中形成的经营理念、经营目的、经营模式、社会责任、品牌形象等的总和。总体来说，企业文化由三个层次的内容构成：

（1）表层的物质文化

物质文化也可以称为"硬文化"，包括厂容厂貌、营业环境、广告招牌、商标、员工服饰、产品包装、质量等，这些都会给人带来直观感受，形成直观印象。

（2）中间层次的制度文化

制度文化包括领导体制、人际关系以及各项规章制度和纪律等。

（3）核心层的精神文化

精神文化也可称为"软文化"，具体包括各种行为规范、价值观念、经营哲学、企业道德、群体观念、职工素质、历史传统等，是企业文化的核心。

3. 企业资源和能力

企业资源和能力是指企业能够控制或可以利用的有形或无形资产。它们是企业在长期的经营发展中逐渐积累起来的重要资本，也是组织在制定和实施营销战略过程中需要重点关注和合理利用的资本。这些资源和能力的有效结合是构成企业竞争优势的基础，也是企业营销战略实施的保障。

（1）企业的资源

财务资源反映企业的借贷能力和投资能力，可以通过资产负债率、经营现金流、信用等级等指标反映企业的财务资源现状。

物质资源不仅反映企业的生产能力，也进一步影响成本状况，可以通过设备规模、位置、技术复杂性和灵活性、固定资产的市场价值、设备的使用寿命等指标说明物质资源情况。

技术资源反映企业享有的知识产权和创新能力，可以通过专利数量、版权许可收益、研发人员比例等指标反映技术资源情况。

人力资源反映企业员工的适应性、员工承诺和忠诚度及员工经验，可以用员工获得的专业技术资格、员工满意度、员工缺勤率、流动率等指标解释人力资源现状。

企业形象与声誉反映企业与客户、政府机构、社会组织之间关系的密切性和相互信任理解的程度，可以通过品牌忠诚度、重复购买次数、品牌识别度、行业评级等指标体现。

（2）企业的能力

企业的能力具体包括企业管理者运筹帷幄，经营和管理资源的能力；创造新产品、新工艺、新材料并将其市场化的能力；针对项目决策和项目实施进行科学论证和策划的能力；对项目工程的进度、成本、质量及风险进行有效控制的能力；选择和管理有价值客户的能力；制定人力资源政策并有效管理的能力；有效利用市场法则，实现资本增值，提高运营效益的能力；合理分配时间，有效获得、筛选、传递、利用、共享知识和技术等显性和隐性知识的能力；等等。

第三节　常见营销战略类型

一、市场竞争战略

竞争战略是组织战略的一部分，是在组织总体战略的安排和制约下，具体指导和管理战略实施单位的行动和计划，是对竞争中整体性、长期性、基本性问题的计划安排。实施有效的竞争战略，关键在于确定市场需求、竞争者的竞争战略及本组织竞争优势之间的关联，奠定组织提供的产品或服务在市场上的竞争地位。市场竞争战略是组织为了在竞争中保持或提升在市场中的竞争地位和市场竞争力采取的各项竞争策略的组合。实施正确的市场竞争战略是组织实现市场营销目标的关键。树立竞争观念，制定正确的市场竞争战略，是组织获得持久性竞争优势的重要前提。

1. 基本竞争战略

迈克尔·波特提出了三种基本的竞争战略，帮助组织识别自身的竞争优势，制定合理的竞争战略，维持组织在市场上的竞争地位，具体包括成本领先战略、差异化战略和目标集中战略。

（1）成本领先战略

成本领先战略依靠规模经济、成本控制、技术创新等途径，以低于竞争对手或低于行业平均水平的成本提供产品和服务，以此获得较高的投资利润和较大的市场份额。实现成本领先战略的企业需要采用先进的生产线和高效率的生产设备，全面控制价值链成本和管理费用，最大限度地降低研发、生产、存储、销售、服务、推销等方面的成本。同时，时刻关注竞争对手的生产模式、技术研发情况，以及消费者和产业用户消费偏好、价格认知的变化。

实施成本领先战略，首先，成本优势可以让企业在与竞争对手之间的价格战中处于有利地位。同时,面对议价能力很强的购买者也能获得较高收益。其次,低成本企业往往对原材料或零部件需求量大,因而为获得低价的原材料或零部件提供了可能。低成本策略可以抵御来自供应商的威胁,也便于和供应商建立长期稳定的合作关系。再次,有利于企业保持和维系现有消费者的忠诚度,可以通过降低价格减缓消费者需求偏好转移所带来的利润下滑影响或提高消费者使用替代品的转换成本,为企业赢得反应时间。最后,面对潜在竞争对手,企业所采取的低成本策略可以在规模经济或成本优势方面形成有效的障碍,延缓潜在竞争者进入行业的时间,短时间内削弱潜在竞争者的正面威胁。

实施成本领先战略的组织,前期需要购置价格昂贵的生产设备,对员工进行全面的生产培训,一旦前期资金链断裂或发生技术变革,就会让企业过去的投资和原有的高效率丧失殆尽,企业就会陷入困境。当企业将注意力更多集中在生产环节,关注降低成本和费用时,就可能导致企业忽视市场需求趋势及消费者偏好的变化。

因此,采用成本领先战略的组织需要关注潜在风险,加强对企业外部环境,尤其是技术环境、竞争环境及顾客需求的了解和判断。当产品的市场需求具有较高的价格弹性,实现产品差异化的途径较少,价格成为购买决策和市场竞争的主要因素时,企业可以考虑采取这一战略。

成本领先战略的实施途径主要包括以下三种主要方式:

首先是规模化生产。降低成本最直接的方式就是简化产品、简化生产和营销流程、实现规模化运营。因此,企业可以选择大量生产同质程度较高、技术成熟度较高、可以实现标准化生产的产品进行规模化生产。

其次是推进技术创新。技术革新、生产线升级、技术熟练度提升都会提高生产效率,也会带来成本的降低。福特汽车公司正是借助汽车生产流水线大幅度降低生产成本,从而获得成本优势和市场份额。

最后是节约成本。企业可以通过控制生产所需的原材料来源,批量采购和节约使用原材料,以及降低生产及营销过程中的间接费用降低成本。

(2) 差异化战略

差异化战略是指企业在用户广泛关注的某些市场营销方面特立独行,提供与众不同的产品、服务或树立独有的品牌形象,以一种独特的定位满足用户的需求。采用这种差异化战略的企业可以在产品特色、性能、质量、服务、品牌形象等方面下足功夫,形成特色品牌和竞争优势,由此享有品牌溢价能力所带来的丰厚利润。

实行差异化战略首先有利于维持顾客对差异化产品的偏爱和购买行为,赢得顾客信任的同时,降低顾客对价格的敏感性,由此削弱购买者的议价能力。其次有利于企业树立独有的品牌形象和提升企业知名度,获得高额的投资收益,同时增强企业对供应商议价的能力,对潜在进入企业形成有效的进入壁垒。

差异化战略同样存在潜在风险。这种策略往往以高成本为代价,需要不断投入高额费用、招聘大量专业人员开展技术研发、产品设计、流程再造、营销创新等生产经营活动。一旦出现资金短缺、人员离职、核心技术外泄、竞争者模仿等情况,企业就会陷入被动局面。因此,企业需要将差异化建立在自身特有的技术更新、产品升级、独特的营销资源基础之上,使竞争者无法模仿。此外,受成本因素的影响,实施差异化战略的企业的产品价格通常高于行业平均价格水平,但并非所有顾客都能接受差异化产品,以及由此带来的高位定价。产品的定价一旦超过顾客的支付极限,低成本定价的企业就会彰显定价优势,这也无形中扩大了竞争对手的市场空间。

实现差异化的途径较多,主要涉及产品、服务、营销渠道、营销推广等方面的差异。

产品差异化主要体现在产品的种类、外观设计、包装、性能质量、技术含量等方面。

服务差异化主要体现在人员服务、售后服务流程、客户咨询、技术培训、物流等方面。

营销渠道差异化借助线上和线下联动方式扩大渠道的覆盖面,实现精准化和专业化。

营销推广差异化体现在个性化广告宣传、公关活动推销产品、塑造企业独特的个性和形象等方面。

(3) 目标集中战略

目标集中战略是指组织把经营的重点目标放在某一特定消费群体,或产业内一种或一组细分市场,充分利用现有资源和能力,发挥自身优势,为这个市场的消费群体提供个性化产品和服务,以此确立组织的竞争优势及市场地位。对于很多新进入市场的中小企业或进入某一个新市场的企业来说,因为资源有限,难以在现有市场展开全面竞争或差异化竞争,因而需要缩小目标市场范围,利用较小的市场空间谋求生存和发展,以小博大,逐渐集聚市场力量。

实施目标集中战略的前提是与竞争对手相比,组织能以更有效的方式为少数特定消费群体提供产品和服务。实施这种战略的组织可以为了更好地满足其特定目标而寻求差异化优势,也可能会在目标市场上彰显成本优势,或者两者兼而有之。与成本领先战略和差异化战略相比,目标集中战略更强调围绕行业内某一特定目标采取综合性营销手段和方法,其他两种战略则重点强调在全行业范围内实现目标。

2. 竞争地位与策略选择

因组织在市场上的竞争地位不同,可以大致划分为市场领先者、市场挑战者、市场追随者和市场补缺者四类。

(1) 市场领先者

市场领先者是在市场上占有率最高的企业,它在技术更新、产品升级开发、价格设计、渠道拓展和促销力量等方面处于领导地位,也是其他现有企业、潜在竞争者挑战、模仿或回避的对象。为了保持现有市场上的领先地位和市场份额,企业可能采取扩大市场需求、维持市场份额或提高市场占有率等竞争策略。为扩大市场需求,企业会采取挖掘潜在用户、持续推进技术创新、丰富产品用途、提高使用频率等策略,同时也会时刻防御挑战者的进攻,提高市场占有率,持续保持领先地位。

(2) 市场挑战者

市场挑战者是指那些在市场上居于次要地位的企业。这些企业通常可以采取两种策略,一是安于现状,不挑战领先企业,但也随时提防潜在进入者和其他竞争者的正面对抗,也可称为跟随战略;二是不甘于现在的市场地位,通过价格优势、产品创新、服务创新、渠道优化等手段,对市场领先者或其他竞争对手发起正面挑战和攻击,提升企业自身的市场份额和竞争优势,甚至试图取代现有市场领先者的地位。

要想向市场领先者和其他竞争者发起挑战,市场挑战者需要确定自身的战略目标、资源禀赋和能力,然后选择适当的时机,采用适当的方式向竞争者发起挑战,通常可以选择攻击市场领先者,与自己实力相当的企业,或经营不善的地方性中小企业。

(3) 市场追随者

市场追随者可以密切关注市场发展动态,快速模仿和改良市场领先企业研发的新产品,沿用这些企业优秀的管理模式,紧紧跟随市场领先者,由此获得较高的利润。具体采用的方式有紧密跟随、差距跟随、选择性跟随等。

(4) 市场补缺者

每个行业都会有中小企业密切关注市场上被大企业忽略的部分,集中自身资源优势,通过专业化营销在众多大企业的夹缝中寻求生存与发展。具体采用的方式有市场专业化、顾客专业化、产品专业化、区域专业化、服务专业化、渠道专业化等。

二、目标市场战略

目标市场战略是组织在市场细分的基础上,选择其中一个或几个细分市场作为目标市场,根据目标市场的需求和客户的行为特征确定营销策略,以此获得组织存续和发展的思维模式和方法。

1. 市场细分

20 世纪 50 年代中期,温德尔·史密斯提出了市场细分概念,强调市场供求关系的变化和顾客需求的差异性,这体现在"卖方市场"向"买方市场"转变的过程中,生产和产品导向型营销观念向市场和客户导向型营销观念的转变。

(1) 市场细分的概念

市场细分可以界定为基于一定的市场细分变量,识别客户的需求、购买行为等方面的差异,从而将某一个产品或服务的整体市场划分为若干个子市场或亚市场。在每一个细分市场中,顾客群体的需求倾向、购买行为、购买模式、购买心理都有着一定程度的相同点或相似点。实施目标市场战略,首先要进行产品细分;其次,要针对顾客进行分类,按照某些共同的需求和相似的行为特征鉴别顾客群体,不过从绝对意义上来说,任何两个顾客的需求和行为都存在差异,极度的市场细分就是客户定制化;最后,顾客的需求和行为并非一成不变,它会随着市场环境的变化及个人因素,如年龄、阅历的变化而不断变化,组织需要不断关注和识别顾客需求和行为的变化,也可以通过营销努力影响甚至改变顾客的想法和行为模式。

可以说,市场细分是实施目标市场战略过程中一个至关重要的步骤,也是营销管理的重要基石。市场细分时,首先需要根据专业知识分析竞争环境,了解产品市场,确定合理的市场细分范围;其次,搜集和分析各类数据,借助统计软件和定性分析方法深入分析市场细分要素,确定市场细分方案;再次,通过抽样调查验证细分市场的合理性;最后,实施市场细分并展开追踪反馈。

(2) 组织市场细分变量

用来细分消费者市场的变量,如品牌忠诚度、待购阶段、使用频率、态度等,也可以用来细分组织市场。除此之外,还包括区域位置、用户类型、用户规模、利益等变量。

一是区域位置变量。用户所在的区域位置、分布的集中程度会直接影响运输、推销等营销成本,也会间接影响销售收益。用户集中度较高的区域会吸引组织在当地设置销售处或招募销售代理,也会致力于将供应商集中在此地。同时,受气候条件、自然资源、政策环境、人才资源等因素的影响,处于某些区域的某类产业也会呈现集中化发展趋势,并逐渐形成富有特色的产业带或产业区,也同样会吸引组织用户到此地进行采购或开展产业合作。

二是用户类型变量。不同类型的最终用户对同一类产业用品的营销组合会有不同的要求。例如,企业用户重点考虑产品质量、性能和服务质量,对于某些特殊原材料或零部件还会重点考虑是否符合行业或技术标准;中间商用户重点关注产业用品的采购价格、交货期、配货条件及相关服务;政府用户通常会在相关采购条例和法律的约束下集中采购,并重点关注产品的质量、性能和服务。

三是用户规模变量。用户规模反映用户对产品需求量的多少。用户规模大,则购买数量相对较大,但企业数量不会太多;用户规模小,则购买数量有限,这样的用户可能占多数,且分散于各个区域。通常来说,组织会针对不同规模的用户建立适宜的沟通机制和销售模式。如针对大规模用户采取点对点式直接业务交往,针对小规模用户则通过代理商、经销商或零售商进行销售对接。

四是利益变量。用户对产业用品利益的诉求不同,也会影响对产品及供应商的选择。例如,有的企业注重质量,有的看中售后服务,有的在乎采购成本;即便是针对同一类产业用品,不同生产类型的企业也有不同的利益诉求,如有的注重技术的创新性、有的关注耐用性和使用寿命、有的重视操作的便利性和灵敏性等等。

在市场细分实践中,通常不会只采用单一变量,而是同时采用若干种变量,甚至是一系列变量进行市场细分。

2. 目标市场选择

有效市场细分的目的在于选择能充分发挥组织优势、带来最佳或满意的经济效益的目标市场,这个市场也是组织预期开拓的特定市场。目标市场的选择主要有三种基本策略。

(1) 无差异营销

无差异营销是指企业将整个市场作为目标,不考虑其中的差异性,只强调市场需求的共性,所以只推出单一产品,采取单一的市场营销组合,尽量满足大多数顾客的需求,这样不仅可以增强消费者对产品的认知,也会使营销管理变得简单而有效率,如图 9-2 所示。早期的可口可乐公司就采用过这种无差异营销策略。

图 9-2　无差异营销模式

实施这种策略的优势在于产品单一,可以充分发挥规模经济的优势,采取大批量生产方式以降低生产、存货、研发、市场调研、促销、运输等成本费用。但这种策略也存在应变能力差、难以满足不同消费者差异化需求的缺点。通常来说,采取无差异营销策略的前提条件包括:企业在这个细分市场上实力雄厚,侧重于在这个细分市场上培育竞争优势,且可能没有竞争对手;企业生产的产品适应性强、差异性小、市场需求量大,如标准化仪器设备,以及不受季节、生活习惯影响的日用品。

（2）差异性营销

差异性营销是企业在市场细分后,选择两个或两个以上细分市场作为目标市场,并根据不同细分市场的需求特点分别设计、生产不同的产品,采取不同的营销组合方式,有针对性地满足不同细分市场顾客的需求,如图 9-3 所示。宝洁公司就是实行差异性营销的典型例子。宝洁公司的织物护理主推三个洗衣粉品牌,包括强力去污的"碧浪";去污力强但价格适中的"汰渍";保持衣物洁净柔顺且有留香的"当妮"。秀发护理主推七个洗发水品牌,包括代表品位的"沙宣";去屑担当"海飞丝";代表优雅的"潘婷";引领洗护二合一潮流的"飘柔";主打天然护发、高端品质的"植物哲学";含有天然的水果精华成分,抗氧化的"发之食谱";清爽控油的"澳丝"。此外,还主推 5 个皮肤护理品牌、2 个居家护理品牌、2 个口腔护理品牌、3 个男士理容品牌、3 个女性护理品牌等。

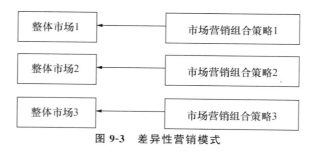

图 9-3　差异性营销模式

差异性营销策略的优点是可以推出不同类型的产品,满足不同顾客的需求。

同时,有较强的适应性,且不完全依赖于某一个市场或某一类产品,但由此带来企业各项成本和费用,如研发成本、生产成本、存储成本、促销成本的相应增加也是该种营销策略的主要缺点。

(3)集中性营销

集中性营销是指企业集中全部力量,以一个或少数几个性质相近的子市场作为目标市场,如图 9-4 所示。通常,采取这种策略的可能是规模不大、资源有限的中小企业,或是新进入某一市场的大企业。企业只关注少数子市场,就可以花费更多时间、精力,深度调研市场需求,在生产和营销方面表现得更为专业、精准,并由此获得较高的投资收益率。但这种策略也存在风险,一旦目标市场情况突变、竞争加剧或消费者偏好改变,就会导致企业陷入困境。

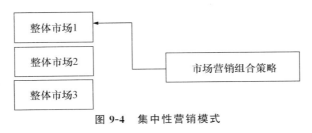

图 9-4　集中性营销模式

组织在选择合适的目标市场时,需要全面考虑组织资源及经营状况(如组织内部政策、流程、组织文化、组织结构、组织能力等)、产品特性以及竞争企业的目标市场策略,最终制定最优方案。

3. 市场定位

20 世纪 70 年代,美国营销学家艾尔·里斯和杰克·特劳特提出市场定位概念,即在确定目标市场后,针对目标市场上的潜在顾客设计特色产品、品牌形象及营销模式,试图在顾客心目中留下深刻印象和独特位置,从而吸引更多顾客,取得目标市场的竞争优势。只有确定了市场定位,才能进一步深入制定产品、价格、渠道、促销策略。为此,组织首先需要了解潜在顾客对这类产品的需求、偏好,确定影响顾客购买的主要因素;其次,需要深入了解同一目标市场上竞争者的产品定位、产品属性、营销策略及产品成熟度和顾客反馈情况;最后,组织可以根据自身产品的特性、竞争优势,准确选择相对竞争优势,并通过有效的促销方式将其独特的竞争优势准确展现并传递给潜在顾客。

(1)市场定位的依据

组织可以根据以下方面进行市场定位:

① 产品特点及属性定位。即根据产品的属性及特点确定市场定位，如成分、材质、性能、质量、功效等。即便在同一个目标市场上，针对同一类产品，也会存在市场定位差异，设计的产品属性及特点也会略有不同。如佳洁士3D炫白牙膏强调实现防蛀、美白双效功能；云南白药牙膏强调解决牙龈问题、修复黏膜损伤及改善牙周健康。

② 特定使用场合及用途定位。为新产品找寻合适的消费群体，以及为老产品找到一种合适的新用途，都是为这类产品创造新的增长点和盈利点的有效方式。上海的一些老字号食品店最初将其产品定位为调味食品、休闲食品，但发现很多顾客都是为了馈赠亲友而购物，便将产品定位为高档礼品。近些年，这些老字号食品店又纷纷尝试跨界做文创，推出了一系列"弹眼落睛"、国潮味十足的"上海礼物"作为特色伴手礼。如第一食品与上海艺术品界老字号"朵云轩"携手推出联名款礼盒。

③ 顾客利益定位。即根据为顾客提供的最终利益作为定位的依据。如有些餐厅的定位是提供健康饮食，迎合那些需要社交聚餐而又担心发胖的顾客的需要；有些餐厅的定位是亲子餐厅，为顾客提供托管服务和亲子娱乐空间，满足那些需要照顾小孩而又想放松心情的顾客的需求。

④ 使用者定位。即根据使用者在购买同质产品时对价格、购买方式、功能等因素的系统分析进行市场定位，尝试将其产品指向某一类特定的使用者，以便根据这些使用者的特征塑造品牌形象。

例如，"奇瑞QQ"的市场定位为"青年人的第一辆车"，其将目标市场锁定在有学识、有品位的年轻人和追求时尚的中年人；"金利来"的市场定位为中高档男性服饰品牌，全力打造有品位的、高端的"男人的世界"。

(2) 市场定位策略

① 避强定位。即尽可能避免与强有力的竞争者发生直接对抗的一种策略，在产品设计、品牌形象塑造、营销推广时会有意与竞争对手区分开来，也会通过市场调研挖掘目标市场的空白点。这种策略可以有效保护组织，利于组织在目标市场上迅速站稳脚跟，积蓄力量以提升产品在顾客心目中的形象。通常，当进入某一新市场时，知名度不太高、实力不甚雄厚的企业多数会采用这种做法。

② 对峙定位。即根据自身实力，为博得消费者的关注和快速抢占市场，选择主动出击，与目标市场上占支配地位、实力较强的竞争对手展开正面竞争的一种策略。采用这种定位策略的企业通常会借助独特的产品设计、富有诱惑力的价格、创意性广告宣传模式或挑衅性广告词极力吸引消费者关注，以此达到树立

市场形象和快速争夺市场份额的目的。但这种策略风险较大,极有可能引发竞争对手的反攻,进而引发激烈的市场竞争。因此,选择这种定位策略的组织必须提前作好市场需求、容量、消费者偏好分析,合理判断与竞争对手的能力、资源等方面的差异,由此作出正确决策。

③ 重新定位。即针对已有定位进行重新规划、重新设计的一种策略,也被称为二次定位。一般来说,重新定位是组织摆脱经营困境,寻求新的生机的有效途径,但这种定位策略的风险极大,且成本较高。只有出现下述情况时,组织才会考虑采取重新定位策略:一是顾客的需求偏好发生明显转移,目标市场需求大幅下降;二是新的竞争者进入市场,选择与自身相近的市场定位竞争,且组织在竞争中明显处于劣势。

三、市场开发战略

市场开发战略是将现有产品投放到新市场,或将改进后的产品或新产品投放市场,进而拓宽销售渠道、扩大顾客群体、维系和提升企业竞争优势的一种战略。通常,在产品成长期或成熟初期,现有产品在原有市场上面临较为激烈的竞争态势时就会考虑:一是拓展业务范围和市场区域,如从一线城市拓展到二三线城市,从国内市场拓展到国外市场;二是面向现有市场和新目标市场,改进产品或开发新产品,扩大现有顾客群体。甚至有些企业在产品生命周期的引入期和成长初期,就已经开始布局市场区域的拓展和新产品的研发。目前,市场开发主要包括针对现有产品的市场开发和新产品的市场开发两种形式。

1. 现有产品市场开发战略

现有产品市场开发是指拓宽现有产品的销售渠道,扩大现有产品的消费群体的市场开发过程。主要涉及市场渗透战略和市场拓展战略。

(1) 市场渗透战略

市场渗透战略指企业立足于现有产品,充分开发其市场潜力的企业市场战略。典型的市场渗透战略包括成本领先战略、差异化战略、集中化战略三种最具竞争力的战略模式。

当产品在市场上处于导入期和成长期时,很多顾客对产品的了解尚不全面,有些顾客抱有期待或尝鲜态度,也有顾客持怀疑或观望态度。企业可以根据自身资源和能力等优势,系统考察市场趋势和顾客需求,最终选择合适的目标市场和市场渗透战略,通过有效的信息传播,吸引那些尚在观望、仍未使用过此类产品的顾客,将其转化为实际顾客。

当产品进入成熟期后,市场趋于饱和状态,企业间的相对竞争地位基本固定,此时企业仍然可以借助市场渗透战略持续扩大销售量和市场份额,进一步稳固和增强竞争优势。可以采用的具体手段和方法有:

① 降价。降价不但利于吸引对价格敏感的潜在顾客,还可以提高行业进入壁垒,有效防御潜在竞争者和新进入企业发起的攻击。企业可以在降价的同时,通过改进生产方式、提高工艺技术、提升员工的操作熟练度等方式有效降低成本,实现规模经济,从而维持现有的利润和市场份额。

② 增加销售渠道。即借助更多的渠道将产品信息送达同一市场。具体方式包括增设商业网点;与更多批发商、代理商、零售商建立合作关系;关注在线销售、网络直播方式的应用等等。

③ 扩大宣传。扩大广告宣传范围或改进推销方式,例如,提供赠品,征询顾客的意见,使用社会平台与顾客对话,设计新颖的广告。

(2) 市场拓展战略

市场拓展战略是指企业将现有产品投放到新市场的开拓战略,同样可以通过市场渗透战略拓展市场区域的方式扩大现有产品的销售。但需要注意的是,当准备进入一个新市场时,要提前开展调研,摸清市场成熟度、消费者需求及增长趋势、进入壁垒、竞争对手等情况,并根据这些现状,设计合理的市场拓展战略。

企业可以选择以下四种典型战略:

① "周边渗透"战略。该战略是企业以现有市场为根据地,在现有市场占有绝对优势和竞争地位的前提下,逐步向周边邻近区域渗透、拓展,直至占领整个市场。企业需要集聚力量,借助现有市场为开拓新市场提供充足的资金、实用的营销经验、优秀的人才等资源。

② "跳跃布点"战略。企业在拓展现有市场之外的目标区域时,采取跳跃式、选择式拓展战略。即企业不考虑区域的地理位置,只根据市场吸引力、消费者需求等因素从强到弱依次进入。采用这种模式时,企业需要在不同市场上合理配置并利用自身资源和能力,做好统筹规划。

③ "重点突破"战略。企业在现有市场之外,通过市场分析,找到可以占领绝大部分目标市场的某个"关键市场",集中力量重点突破,并利用这个"关键市场"的辐射扩大目标市场的范围。此时,组织需要精准找到这个"关键市场",重点考察产品或服务与市场的匹配性,以及这个市场对其他市场的辐射作用,同时权衡利弊以及组织自身拥有的资源和能力。

④ "全面撒网"战略。企业在具备足够实力的前提下,基于现有市场,面向整个市场全面撒网,在最短的时间内同时向各个市场发起进攻的一种战略方式。企业需要具有丰富的实战经验,每个市场都需要投入大量的精力、人力和开发费用,因此成功的概率不高。

2. 新产品市场开发战略

(1) 新产品的概念及开发的必要性

开发新产品是指运用新原理、新技术、新材料,改善原有产品的质量、性能、结构、造型,或研发产品的新功能、新工艺、新用途,以此满足顾客某些方面新需求的创造过程。企业之所以要开发新产品,主要是因为科技的发展推动着技术研发和产品创新,加快了产品更新换代的速度。产品生命周期的存在、消费者需求的变化、同类企业间竞争的加剧也迫使企业不断开发新产品。新产品主要包括全新产品、改进换代产品和增补产品。

① 全新产品。源于某些技术方面的重大突破,研制成功前所未有的新产品。如飞机、电视机、电话、抗生素、尼龙等产品刚进入市场时,就呈现全新产品的特征。全新产品的研发及生产,需要企业投入很长时间和巨额资金,意味着企业需要付出极高的代价并承担巨大的风险。1928年,杜邦公司投入巨资,开展高分子聚合物的基础性研究。历时11年,耗费近3000万美元,200多名专家共同参与研发工作,终于实现了合成纤维的工业化生产。尼龙在纽约世博会上的初次展示就产生巨大轰动。尼龙作为降落伞的材料在第二次世界大战中更是声名大噪。

② 改进换代产品。这是指在原有产品基础上,采用创新性技术,改善现有产品的外观、性能、功能等,为顾客提供改良或更新换代的产品。这类新产品可能会逐渐取代老产品,甚至会改变顾客原有的产品认知和消费模式。

③ 增补产品。这是指在现有产品或产品线的基础上增补新产品,如增加产品的品种、口味等,或生产现有品牌的周边产品,如星巴克推出的猫爪杯、"老干妈"的潮牌卫衣、"喜茶"的帆布包、故宫文创等等。

(2) 新产品市场开发战略的选择

企业可以根据自身的资源和能力,选择独立研发、联合研发或技术引进等方式研制新产品。在经过创意设想甄别、形成产品概念、制造成品等一系列产品研发环节之后,企业需要进一步制订市场营销计划,将新产品推向市场,实现批量上市。此时,可以选择现有市场开发战略、新市场开发战略及混合战略三种模式。

① 现有市场开发战略。即在现有市场推出新产品。在这种战略模式下，企业可以借助现有资源和能力，基于已开拓的营销渠道和顾客群体，全力推进新产品在现有市场的局部试销、批量上市和全面扩散。同时，企业需要重点关注以下四个方面：

一是产品的市场定位。明确产品定位，才能进一步明确产品的品牌名称、包装、价格和相应的营销方案。

二是顾客的参与。当前，企业越来越重视将现有顾客和潜在顾客引入新产品开发和营销过程。拥有丰富产品知识的专家型顾客可以为产品核心功能的创新提供灵感和建设性意见；购买频率较高的忠诚顾客可以为新产品的推广和扩散提供有针对性的建议。企业需要在新产品市场开发的过程中，更有效地共享、开发和运用顾客的专业知识、经验、想法和建议改进新产品营销流程和扩散模式。

三是关注率先采用者。任何新产品都是由少数顾客率先开始使用的。企业需要在现有顾客中挖掘那些极富冒险精神，敢于尝试新产品，常常搜集与新产品相关信息资讯，已成为或将会成为某些领域意见领袖的顾客，与之互动联络，通过他们的推荐和宣传，让越来越多的消费者使用新产品。

四是保护知识产权。开发和推广新产品，会遭遇同类竞争者的竞相模仿和跟随。企业在最大限度保护自身商业秘密，保护新产品知识产权的同时，也需要制定相关对策，随时抵御竞争者的对抗。

② 新市场开发战略。即企业选择将新产品首先推向新市场。与现有市场相比，新市场的进入阻碍和花费会更大，需要企业全面衡量自身竞争优势，洞察新市场中顾客的需求倾向，采取稳健的推广模式帮助新产品进入新市场。此时，企业需要重点关注当地的社会因素、竞争因素和消费者个人因素。

鼓励顾客亲自试用新产品，让消费者全面了解新产品的特性、功能以及与现有产品的相对优势。营销人员需要积极主动地向消费者进行介绍并示范，鼓励顾客提出意见和建议。积极寻找当地或网络意见领袖，借助意见领袖的知名度和影响力，广泛开展营销推广。

③ 混合战略。即同时在现有市场和新市场推出新产品的战略模式。采取这种战略的企业需要同时关注不同市场的顾客需求、竞争状况、进入壁垒和市场成熟情况，需要投入的精力、费用和人力非常大，因此需要谨慎选择进入时间、进入时机和进入方式，否则会引发同类企业的强烈反击或模仿。

四、品牌战略

品牌建设是企业生存和发展的灵魂和生命力,是国家引领经济高质量发展的重要内驱力。2014 年,习近平同志在河南考察时作出推动中国制造向中国创造转变、中国速度向中国质量转变、中国产品向中国品牌转变的重要指示,为我国品牌升级和品牌经济发展指明了方向。2017 年起,我国将每年 5 月 10 日设立为"中国品牌日",鼓励企业借助各级媒体平台开展自主品牌公益宣传活动,讲好中国品牌的故事。可以说,品牌已逐渐成为企业乃至国家经济发展的战略性资源和核心要素,品牌战略也已成为企业最为重要的营销战略。

1. 品牌的含义

美国市场营销协会将品牌界定为"一种名称、术语、标记、符号或设计,或是它们的组合,其目的是借以辨别某个销售者,或某群销售者的产品或服务,使之同竞争对手区分开来"。品牌的名称、术语、标记、符号、商标、图案、颜色、设计以及它们的不同组合可以称为品牌要素。这些要素共同构成了顾客认知企业品牌视觉、听觉、行为、理念的协同化识别系统,是彰显品牌经济价值的无形资产。

品牌实质上代表着企业所提供的产品和服务的特征和利益,代表着企业的承诺,具体涉及下述构成要素:

(1) 品牌名称

品牌名称反映产品的核心功能,也融合了企业的经营理念、价值观念、文化等信息,是品牌成功的关键要素之一。企业在设计品牌时,应尽可能简单、易记、朗朗上口,能给顾客留下深刻的印象。如苹果、蒙牛、王老吉、小米等。

(2) 品牌标识

品牌标识包括图标、符号、文字、设计、字母、颜色、卡通人物形象等,可以让顾客更具体形象地识别和记住品牌名称。

(3) 品牌广告

品牌广告将品牌名称、标识及其他声音、动作、人物、动画等元素共同融入视觉作品,吸引顾客的兴趣和关注,使品牌信息得以快速传播。例如,设计脍炙人口的广告语、传唱品牌主题曲、邀请明星代言广告等。

(4) 品牌内涵

品牌内涵是品牌所倡导或引领的某种理念、价值观、文化思想、道德诉求,这种理念可以带给消费者精神层面的满足感和愉悦感,会形成顾客对品牌的依赖和忠诚。例如,海尔空调的"蔚蓝承诺",强调用科技创造蔚蓝生活;苹果的"品质责任承诺",承诺在 2030 年实现整个供应链的 100% 碳中和等等。

2. 品牌的作用

品牌在营销中发挥着极为重要的作用,主要体现在如下方面:

(1) 扩大产品销售

品牌是一种直接而有效的广告宣传形式,它用简单、醒目的方式提醒顾客产品或服务的某种特性,有助于形成品牌认知优势,吸引顾客重复购买,扩大市场销售,提高市场占有率和投资收益。

(2) 树立良好形象

品牌建设有利于消费者形成对品牌的忠诚,提升品牌知名度、满意度和美誉度;也有利于赋予品牌更为丰富、深刻的内涵,从而进一步确立企业形象,巩固和提升企业的品牌地位。

(3) 降低开发风险

企业可以借助现有的销售渠道和宣传模式推广企业研发的新产品;借助成功的品牌进行品牌延伸;借助原有品牌的知名度和美誉度,提升顾客对新产品的期待值和兴趣度。

(4) 规避购买风险

品牌建设有助于帮助顾客识别产品的来源,作出正确的购买决策;有助于保护顾客权益,让顾客享受优质的产品和售后服务,降低购买风险。

相关阅读

2019 年的中国品牌日活动于 5 月 10 日至 12 日在上海举行。这次活动的主题是:中国品牌,世界共享;加快品牌建设,引领高质量发展;聚焦国货精品,感受品牌魅力。品牌日活动进一步推动了中国品牌企业走向国际市场,为世界提供更多更优质的产品和服务;国外品牌企业也将在中国市场获得更大的发展机遇和市场空间,共享发展红利。众所周知,随着中国经济的不断发展,国牌品质不断提升,获得消费者的极大认可。"新国牌"是指中国企业通过技术创新、业务模式创新、品牌形象重塑、传统文化元素的挖掘与再现等手段,为中国消费者提供优质的创新商品的品牌。"新国牌"时代下的国牌通常有"新国货品牌""国潮""国民 IP"三个类型。(见图 9-5)

图9-5 "新国牌"分类品牌图谱

如"网易严选"作为品质电商先驱,以严选模式开辟了国牌发展新思路,凭借高性价比产品升级成为品质电商新国货代表。"李宁"作为国货老牌代表,主动改变古板、老旧的品牌形象,积极寻求转型,其推陈出新的模式获得较大成功,海内外知名度都获得大幅度提升。随着国风热潮盛行,传统文化热度不断攀升。在此背景下,故宫IP、传统文化IP、民俗IP、国产动画IP在诞生伊始便受到热捧。同时,国民IP衍生品凭借极具创意的设计与良好的品质引发购买热潮。

这些中国品牌积极吸收现代元素,融合传统文化,持续为消费者提供高性价比的优质商品。文化环境上,国人的文化自信也使得传统文化衍生品在市场中受到热捧。同时,贸易摩擦激发了国人的爱国情怀,国人对国货发展支持意愿强烈,中国品牌重新崛起。可以说,品质提升是中国品牌逆势崛起的关键,新国牌应继续保持高性价比、高品质的优势,同时通过更广泛的创新提升核心竞争力。

资料来源:艾媒咨询:《2019中国品牌发展报告:"新国牌时代"来临,高性价比是消费者核心期待》,https://www.sohu.com/a/321880051_533924,有删减。

3. 品牌战略的选择

根据企业是否拥有自主品牌可以将品牌战略分为自主品牌战略和无品牌战略。拥有自主品牌有利于企业细分市场，树立良好的品牌形象，有利于吸引消费者，形成品牌忠诚度和品牌优势。采用无品牌战略的企业通常没有自主品牌，会向营销渠道出售没有品牌提示、包装简单且价格便宜的大众产品，以此节省广告宣传、包装等费用，提高产品销量。

根据品牌提供者的不同，可以将品牌战略分为使用制造商品牌战略、使用中间商品牌战略、使用混合品牌战略。大多数制造商都更愿意使用自有品牌，既可以充分体现自身实力，又可以为企业树立品牌形象提供各种便利条件。当制造商将产品出售给中间商，且没有指定产品品牌时，中间商就可以使用自己的品牌。通常来说，实力较弱、知名度不高的制造商会选择使用中间商品牌。制造商在商品销售过程中不仅使用自有品牌，同时还使用中间商品牌，即为使用混合品牌战略。在向国际市场推广新产品时，制造商常常使用混合品牌战略。

品牌延伸战略是指企业将成功塑造的品牌用于推广同类或不同类型新产品的战略模式。主要有四种战略形式：

（1）品牌扩展战略

品牌扩展是指企业拓展现有产品线，或研发新产品、改进已有产品时，仍沿用原有品牌。扩展产品的存活率往往高于新产品，企业可以利用现有产品和新产品强化品牌效应，满足不同细分市场的需求；在延续品牌寿命的同时，还能提高整体产品组合的投资效益。但随着产品线的不断扩充，扩展产品可能会逐渐淡化品牌原有的个性和形象，增加消费者认知和选择的难度；一旦原有优势产品或扩展产品中的任何一方出现问题，就会产生株连效应，甚至出现一损俱损的局面。

（2）多品牌战略

多品牌战略是在相同产品类别中建设多个品牌的战略模式。实施多品牌战略可以在细分市场中借助品牌特征之间的差异，满足不同消费者的个性需求，提高企业的市场占有率和整体收益。同时，多品牌战略还有利于实现一定程度的企业资源共享，有效降低营销成本和市场风险。但多品牌战略也会增加品牌战略运营成本，增加品牌管理的难度和风险。

（3）新品牌战略

新品牌战略是为新产品设计新品牌的战略模式。尤其是当企业推出一款新产品，而原有品牌名称并不适合这款产品时，企业就需要重新设计品牌。例如，因生产空调而闻名的春兰集团,在开发摩托车产品时,采用了新的品牌名称"春兰豹"。

(4) 合作品牌战略

合作品牌是两个及两个以上的品牌在同一个产品上联合生产和营销,共同强化整体品牌形象,提升顾客购买意愿。合作品牌的形式有很多种。一是中间产品合作品牌,如 Alcantara 是以创新科技打造独特功能性面料的顶级材质品牌。2021 年 4 月,上汽通用汽车雪佛兰品牌宣布,将在雪佛兰四款主力车型上率先推出 Alcantara 内饰升级版本,为顾客带来更具质感和舒适性的内饰体验。二是同一企业合作品牌,如摩托罗拉公司有一款手机品牌为"掌中宝","掌中宝"也是公司注册的一个商标。三是合资合作品牌,如蒙牛于 2021 年携手西藏净土乳业推出联合品牌的学生饮用奶。

第四节 组织营销战略制定方法

组织在营销战略制定过程中,需要精准洞察市场情况,权衡自身与竞争者之间的资源和能力差异,统筹安排可行性营销战略,可以采用的方法有:五力分析模型和 SWOT 分析法。

一、五力分析模型

五力分析模型是迈克尔·波特(Michael Porter)于 20 世纪 80 年代初提出的竞争战略分析模型,对企业战略的制定产生深远的影响。组织在制定营销战略时,需要关注这五种竞争力量,具体包括行业内部竞争、顾客议价能力、供货商议价能力、潜在竞争对手威胁、替代品竞争压力等影响因素。

1. 行业内部竞争

行业内部竞争主要涉及市场上现有经营企业之间的对抗与竞争。市场上的竞争者越多,产品或服务越同质化,竞争越激烈。一旦消费者偏好发生改变,或市场接近饱和状态,就会导致行业增速变缓,甚至出现停滞或倒退,行业内部竞争就会加剧。

2. 顾客议价能力

顾客的范围涵盖最终消费者、产业客户以及供应链下游的批发商、零售商等。顾客拥有的议价能力会在一定程度上压缩组织的利润空间,也促使组织为了提高投资收益和竞争优势提供更优质的产品和服务。在下述情况下,顾客的议价能力会更强一些：一是购买的批次多、数量大；二是购买的是标准化产品，货源上有更多选择；三是熟悉市场供求情况和价格变动趋势。

3. 供货商议价能力

供货商议价能力具体表现在其能否提供更优质的产品或服务，优惠的供货条件、更早的付款时间、更安全可靠的付款方式。影响供货商议价能力的主要因素包括：一是货源数量，货源越少且只由少数几家厂商控制，那么供货商议价能力就越强；二是产品稀缺性和独特性，越是稀缺或具有独特品质的产品越有利于供货商自主定价，获得高额利润；三是供货商的经营年限和声誉，供货商经营时间越久，供货及议价经验越丰富，越容易积累一定的顾客认知，也有利于企业塑造自身良好的形象并形成口碑效应，这在一定程度上也会提升供货商的议价能力；四是顾客特征和合作次数，对于信誉良好的长期合作伙伴或重要顾客，供应商会为其提供更为合理、优惠的价格，以此建立长期稳定的合作关系。

4. 潜在竞争对手威胁

潜在竞争对手是指那些已作好统筹安排，预期进入同一市场参与竞争的企业。这些潜在对手通常有备而来，会带来新的营销理念和营销模式，推出更优质的产品和特色服务，与现有竞争者共同分享市场资源、市场份额及行业利润。2019年6月，小米公司推出一款能书写5万字的"巨能写"中性笔，成功进入文具市场。根据小米智能生活官方的消息，截至2020年12月31日，小米"巨能写"已卖出1亿支，连起来可绕地球一圈多。在文具市场独占竞争优势的晨光也无法忽视小米这个竞争对手。当然，每个行业都存在进入障碍和限制，也会遭遇行业内现有企业的抵御和反击，这是潜在竞争对手可能遇到的威胁。

5. 替代品竞争压力

替代品是指功能相近，满足现有市场同类需求，带给消费者近似的满足度，可以相互替代的产品，如石油和煤炭、铜和铝。随着科技的发展及消费者需求的变化，几乎所有行业都有可能受到替代品的冲击，产品更新和技术创新成为必然趋势。

企业在制定营销战略时应尽可能发挥自身竞争优势，从自身利益出发采取保守或激进竞争策略以应对上述五种竞争力量，以此巩固市场地位，保存竞争实力。

二、SWOT 分析法

SWOT 分析法是对企业内外部竞争环境和竞争态势的整体分析，具体涉及优势(S,strengths)、劣势(W,weaknesses)、机会(O,opportunities)和威胁(T,threats)。运用这种方法,可以全面、系统、准确地呈现企业所处的竞争状况,从而据此制定相应的营销战略和具体实施方案。

1. 分析竞争态势

分析竞争态势是指运用调查研究方法,深入分析企业的外部环境因素和内部能力因素。其中,外部环境因素是外部市场环境和竞争环境对企业发展直接产生影响的有利和不利客观因素;内部环境因素是企业自身存在的优势和劣势,也可称为积极性和消极性主观因素。运用SWOT分析法可以全面、系统地印证企业的经营现状和行业竞争态势,可以条理清晰地诊断企业的现存问题。

组织机会包括:政策的扶持;市场需求的增加;新市场进入壁垒的解除;竞争对手的失误等。

组织威胁包括:竞争对手增加;替代品增多;市场需求缩小;行业政策变化;顾客偏好改变;突发事件引发不利局面等。

组织优势包括:拥有的竞争地位;充足的资金来源;良好的企业形象;雄厚的技术力量;成本优势;独特的广告宣传优势等。

劣势具体包括:资金短缺;成本增加;管理不善;设备陈旧;人心涣散;研发能力下降;竞争力弱等。

2. 构造SWOT矩阵

根据各种因素的影响程度进行排序,构造SWOT矩阵。优先排列那些对企业营销战略制定和发展产生直接、重要、深远影响的因素,重点考察这些因素对企业决策的影响程度,并给出综合性诊断结果。

3. 制定营销战略

制定营销战略时,应充分发挥企业的优势因素,极力克服劣势因素,最大化利用机会因素,合理化解威胁因素。在全面考察各种环境因素并结合企业自身资源和能力后,作出最佳营销战略选择。

讨论专区

新消费是以消费者为核心,以满足消费者需求为目的,重构消费者与商家的关系,实现业态整体的全要素升级。应对新消费产业的机遇和挑战,可从如下方面考虑:

(1)"用户体验"为王。即更注重消费者的需求,以更人性化、便利化、定制化作为一切活动的出发点和落脚点。

(2) 消费场景化很重要。生产者与消费者之间的关系要满足物质和精神的双重诉求。

(3) 互联网反哺实体,科技的作用愈发重要。如今,线上与线下的联系愈来愈紧密,并且通过流量反哺线下。数据和信息的作用变得极其重要。

(4) 新与旧的边界不再强烈区分。结果证明,老品牌与旧品牌不仅很难清晰划分,而且老品牌也可以通过一系列营销动作变得年轻。优质品牌的二次价值得以被重新开发,传统的二手经济和租赁模式,也因此被注入新的内涵。

资料来源:林川,《2019 年消费报告:如何应对新消费产业的机遇和挑战》,https://www.sohu.com/a/332227675_726993,有删减。

讨论:

本节介绍的战略制定方法中,哪种方法对新消费产业的营销战略制定最有效?为什么?

 本章小结

本章主要解释营销战略的含义;介绍影响营销战略制定的因素;分析常见营销战略的类型:市场竞争战略、目标市场战略、市场开发战略和品牌战略;介绍组织营销战略制定常用的两种方法,即五力分析模型和 SWOT 分析法。

 关键术语

营销战略	市场竞争战略	目标市场战略	市场开发战略
品牌战略	五力分析模型	SWOT 分析法	行业环境因素
企业资源能力			

 思考题

1. 怎样评价营销战略制定的影响因素对不同组织的影响?
2. 如何运用品牌战略使传统品牌保持活力?
3. 竞争战略制定过程中最好首先考虑哪个影响因素?为什么?
4. 实施线上与线下目标市场战略的区别有哪些?
5. 如何选择营销战略的制定方法?

第九章 组织营销战略制定

讨论题

2017年2月,优衣库母公司迅销集团发布了一份"数位转型"战略蓝图,强调整个企业从上到下,从顾客情报搜集到制造供应链,甚至零售端点,全部要往数字化转型。"迅销必须转变成新型数字消费零售企业,以数字服务客户、将信息商品化。为实现目标,我们必须改革全部业务流程,快速生产出顾客需要的商品。积极引入新技术,提供富有吸引力的划时代产品和服务。"优衣库创始人、迅销集团董事长兼CEO柳井正深信,现代化科技可以帮助公司保持竞争力。

资料来源:《优衣库如何赢得全球消费者的心?》,载《商业周刊/中文版》2018年第1期,有删减。

问题:优衣库创始人为何作出如此决定?为实现此战略需要考虑哪些因素?

案例分析

购买感受

上海某企业向职工发放生日蛋糕礼券作为福利。该企业先后选择A和B两家蛋糕店,这两家蛋糕店均无实体店,只接受网络平台或移动终端的订单。下面是该企业一名员工分别在上述两家蛋糕店选购蛋糕的经历。

A店通过企业工会向当年过生日的职工发放面值为300元的蛋糕礼券,有效期为两年。员工可通过浏览该店网站选定蛋糕,当次消费不足300元,可在有效期内用剩余金额继续消费,超出部分则需自行补足。另外,该店提供免费送货上门服务。

一员工花费10分钟选好心仪的蛋糕,但考虑到消费额度的限制,又用20分钟进行比较分析,最后剩余78元。

该员工担心剩余金额的有效期限,一星期后又在A店预订了蛋糕,再次花费20分钟选择蛋糕,最终超出30元,由其自行补足。

配送员在送货时只是核对收货地址,没有与该员工进行其他交流。

根据员工的反馈,工会转而与B店合作。B店也提供了价值300元的蛋糕礼券组合,其中包括各种口味的生日蛋糕、一袋糖果及一包点心。礼券需一次性消费,订单提交成功后礼券则作废。

该员工花费3分钟在组合中选定喜欢的蛋糕并完成预定流程。提交订单时,系统提示需缴纳30元送货费,该员工拨打了B店的服务热线,客服人员称:上海市外环内免费送货,外环外加收30元送货费。该员工考虑后下单预定蛋糕。送货前3小时,该员工收到B店发来的短信,告知订单状态及配送员的联系方式。

配送员在送货时核对了收货地址和收货人,并提醒该员工蛋糕的储存条件及最佳食用时间。

资料来源:根据实地调研资料整理。

问题:

1. 请评价A和B两家蛋糕店。

2. 文中的"员工"能否代表材料中提及的"根据员工的反馈"中的"员工"?请简单阐述你的理由。

3. 若你是某蛋糕店(非A和B两家蛋糕店)的销售主管,得知该企业有此项福利,你会采取什么行动?

实践活动

一、目标和任务

旨在使学生通过比较法,理解组织在制定营销战略时考虑的因素以及常见的营销战略。

二、活动准备

教师准备:布置活动任务、解释活动内容并提出要求。

学生准备:分小组,确定选择的企业类型。

三、活动步骤

1. 每位学生根据选定的企业类型,查找其中两家企业与目标市场战略制定有关的资料。

2. 比较所选择的两家企业目标市场战略制定的异同点,分析其战略是否存在待改进之处,整理形成报告。

3. 课堂上,学生在小组内交流并汇总本小组的观点。

4. 各小组选派代表汇报本组的观点。

四、反馈和完善

教师点评此次活动,总结教学效果,形成教学反思日志。

推荐阅读

1. 〔美〕H. 伊戈尔·安索夫:《战略管理》,邵仲译,机械工业出版社 2013 年版。
2. 金占明:《战略管理学科地图》,北京大学出版社 2016 年版。
3. 〔美〕马尔科姆·格拉德威尔:《引爆点》,钱清、覃爱冬译,中信出版社 2014 年版。

第十章

组织市场营销

知识目标

1. 掌握产品策略、定价策略、渠道策略和促销策略的含义
2. 理解 4P 理论的基本观点
3. 了解市场营销策略在组织中的意义

能力目标

1. 明确组织营销策略实施中的权变性
2. 掌握营销策略的综合分析能力

素养目标

1. 以权变的思维方式考虑问题
2. 培养识别主要问题和问题主要方面的洞察力

本章主要知识脉络图

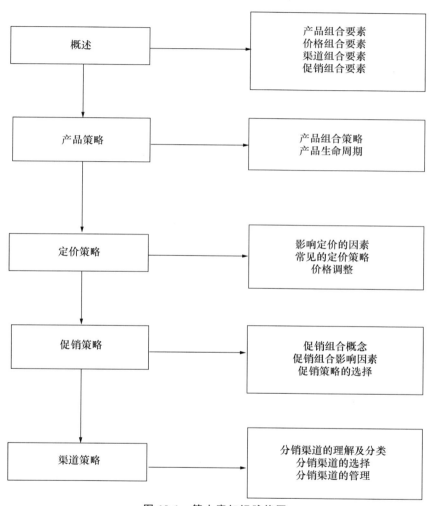

图 10-1　第十章知识脉络图

■ 消费理论与应用

> **案例**
>
> ## 事与愿违的广告效果
>
> 　　2018年11月17日，杜嘉班纳（Dolce & Gabbana）为其即将举办的上海大秀造势，在其官方微博和官方Instagram发布"起筷吃饭"系列广告，主要内容是教一位亚裔女模特如何用筷子吃意大利的传统食物。广告一经发布，就有网友对片中旁白傲慢的语气、模特尴尬的表演，以及将筷子称作"小棍子""小钳子"，而将披萨饼称为"伟大的传统玛格丽特披萨饼"等表达不满。负责此次上海大秀的中国团队发现问题后，在24小时之内即从全网撤下广告。
>
> 　　英国时尚品牌博柏利（Burberry）发布了其历史上首个庆祝中国农历新年的广告，但中国消费者对此并不买账。这些以家庭肖像的形式出现的广告形象被批评"令人毛骨悚然"。网友表示，这些照片让人产生不适。
>
> 　　奢侈品牌巴黎世家（Balenciaga）号称独家定制的七夕限定款沙漏包，官网售价人民币13900元，有黑、白、红、粉四种颜色，包袋表面用中文写着"我爱你""你爱我""他爱我""我爱我"字样。在其产品的广告片中，巴黎世家采用了类似20世纪80年代的配图背景，辅以大量"土味"紫、粉红、绿色等"辣眼"配色。浓重的乡土气息扑面而来，巴黎世家很快被网友"骂上"热搜。
>
> 　　资料来源：李潇月：《论跨文化广告传播中的伦理问题——以杜嘉班纳"起筷吃饭"广告事件为例》，载《广告大观》2019年第4期，有删减；《博柏利首推春节广告大片，被批"好像恐怖电影"》，https://finance.sina.com.cn/stock/usstock/c/2019-01-08/doc-ihqfskcn5044872.shtml，有删减；《巴黎世家七夕"土味店"惹争议，两年前曾因辱华遭抵制》，https://www.sohu.com/a/412816081_698311，有删减。

> **思考** 为何以上三则广告在中国会失败？

第一节　概　　述

　　市场需求在某种程度上受到诸多营销要素的影响，这些要素在促进交易和满足顾客需求中发挥着不同作用。为了达到既定的市场营销目的,企业需要对这些要素进行有效控制和整合。为了便于识别和应用市场营销要素,麦卡锡教授把市场营销要素概括为四类:产品(product)、价格(price)、渠道(place)和促销(promotion),这些要素还包含若干特定的子因素。因为这四个名词的英文首字母都是p,故简称4P。

产品组合要素是企业为顾客提供的产品要素和服务要素的组合,包括产品质量、外观、式样、规则、功能、花色、包装、品牌、尺寸、保险、安装和售后服务等。

价格组合要素是各种价格要素的组合,包括价格、折扣、折让、信用条件、付款时间和津贴等。

渠道组合要素是企业将产品送达目标市场的活动组合,包括中间商选择、销售渠道管理、仓储、运输物流配送等。

促销组合要素是企业宣传推广活动的组合,包括广告、销售促进、宣传、公共关系和人员推销等。

营销组合是一个复合型结构,需要企业灵活有效组合各种营销要素;营销组合也是一个动态组合,会随着外部市场环境的变化而变化,如果营销组合中任何一个要素发生变化,其他要素也会发生相应调整。同时,营销组合也会受企业市场定位、营销战略的制约和影响,是企业的可控因素,企业可以根据市场趋势和顾客需求,自主决定营销组合的构成、互动模式及搭配方式。

第二节 产品策略

产品和服务是市场营销组合的重要因素,它们直接决定其他营销组合要素的设计理念、设计方案和实施效果。企业需要关注产品与服务质量的提高和组合结构的优化,以此满足消费者的消费偏好和需求的变化,获得持续性竞争优势和更好的经济效益。

一、产品整体概念

用于满足顾客需求和欲望的具有某种特定形态、功能和收益的事物都可称为产品,包括实物、服务、场所、思想等等。产品整体概念包括如下三个层次:

1. 核心产品

核心产品是企业所提供的顾客真正需要的东西,以满足顾客最核心的利益诉求,是产品整体概念中最主要的构成要素。企业需要关注顾客真正需要什么,将产品的最终效用和使用价值呈现给顾客，才能有效促进顾客购买。

2. 有形产品

有形产品是核心产品的载体，也是产品呈现给顾客的具体形态，通常表现为产品的质量、款式、特色、包装、品牌和商标等。产品的效用需要通过某些具体的形式、形态才能实现。例如，用胶囊包装的粉剂药在方便顾客服用的同时，也方便携带和存放；带有星巴克标识的特色水杯，便于顾客识别品牌和产品样式。企业需要在提高产品质量的同时，设计和呈现利益实现的形式，以吸引顾客注意，提升购买欲望。

3. 附加产品

附加产品是顾客购买有形产品时所获得的各种附加服务和利益，包括担保、维修、咨询、送货、培训、安装、保险等等。附加产品能为顾客带来更多的利益和更大的满足感，为顾客提供附加产品也是提高顾客满意度和忠诚度的有效途径之一。

二、产品组合

1. 产品组合的概念

产品组合是一个企业生产或销售的一整套产品，由各类产品线组成。每条产品线都包含满足顾客同类需求的，有着密切关系的一系列产品。产品项目是一个品牌下或产品线上可以借助价格、样式、功能等属性区分的单独产品项。

产品组合包含宽度、深度和关联度三个要素。

宽度是指一个企业拥有产品线的多少。企业拥有的产品线越多，产品组合的宽度越广。企业如果增加产品线，意味着扩大经营范围、增加产品类别、实行多元化经营，也意味着分散投资和经营风险进一步增加。

深度是指每条产品线上的产品项目数。产品项目数越多，产品组合越多元化，反映在同一目标市场上，企业越能满足顾客的差异化需求。

关联度是每条产品线在生产技术、销售渠道、宣传模式等方面的相互关联情况。关联度越高，说明企业各产品线之间的互通性和一致性越强，也在一定程度上反映出产品营销成本的优势。

2. 产品组合策略

企业制定营销组合决策的基础即为产品策略。产品策略确定的情况下，与之相匹配的价格、渠道、促销策略及所需要的资源也相应确定。企业需要根据营销目标、市场竞争情况、顾客需求、企业自身能力等因素慎重作出正确的产品组合决策。

一般情况下,企业可以选择如下产品组合策略:

(1) 产品专业化策略。集中生产单一的产品,满足目标市场有限的或单一的市场需求,即产品专业化策略。如产品是大众消费品,企业则可以通过提高生产效率,降低销售成本的方式提高产品市场占有率,但这对产品的依赖性较大,也会使不确定性风险增加。如专治某些疾病的药品、专为残疾人生产的假肢等,企业就需要做专做精,在精细化领域树立品牌形象,提升品牌知名度。

(2) 系列产品专业化策略。企业提供某一大类产品的系列产品项,以满足不同顾客的需求,例如,某鞋类品牌根据市场需求生产男性运动鞋、女性运动鞋、儿童运动鞋等。

(3) 市场专业化策略。即企业为某个专业市场提供所需的各类产品。例如,某日化公司为婴幼儿提供护肤品、洗面奶、洗发水、沐浴露等。

(4) 选择专业化策略。即企业有选择地开发几条生产线,为不同市场提供不同的产品。产品之间、市场之间很少或根本不发生联系,产品组合的关联度较低,选择这种策略的企业就需要整合更多的资源并具备较强的营销能力。

(5) 全面化策略。面向所有市场,尽可能为顾客提供需要的所有产品,此时的产品组合宽度和深度实现了最大化。实施这种策略的企业需要全面衡量企业的实力和市场需求情况,虽有可能将产品覆盖更多的市场,但对企业资源和能力的要求非常高。

随着科学技术的发展和市场需求的变化,企业有必要定期调整产品组合策略,如扩大产品组合范围,增加产品线和产品项,建立产品组合之间的关联度,合并、淘汰一些盈利能力弱、无法持续满足顾客需求的产品线和产品项。

三、产品生命周期

1. 产品生命周期的概念

产品生命周期是指从产品投放市场开始,直至产品被淘汰而退出市场的生命循环过程。典型的生命周期通常分为四个阶段:引入期、成长期、成熟期和衰退期,如图10-2所示。

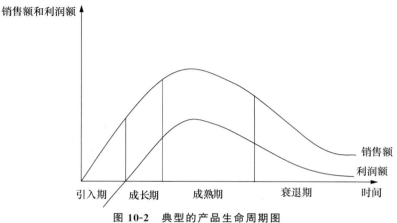

图 10-2　典型的产品生命周期图

(1) 引入期

该阶段,新产品进入市场,顾客对产品了解不多,产品销量增长缓慢。企业需要投入大量研发成本和销售成本。企业在该阶段没有利润,甚至处于亏损状态。

(2) 成长期

该阶段,顾客对产品有一定程度的了解,开始出现大量购买,市场占有率逐渐提高,利润开始增长。同时,竞争加剧,竞争者增多,产品价格维持不变或稍有下降。

(3) 成熟期

该阶段,竞争空前激烈,市场趋于饱和状态,销售量仍会增加,但速度放缓,后期甚至出现下降。成熟期的后期,顾客开始转向购买其他产品或替代品,大部分竞争者会离开市场。

(4) 衰退期

顾客在该阶段消费习惯发生变化,产品的销售额和利润迅速下降,产品逐渐淡出顾客视野,直至退出市场。

2. 产品生命周期各阶段的策略选择

(1) 引入期营销策略

在引入期,产品销量小,需要企业通过各种价格优势、宣传促销手段吸引顾客试用。对于竞争者较少、品牌认知度不高,但有一定顾客源的产品,企业可以采用高定价、高促销费用的营销组合方式吸引顾客购买,迅速抢占市场,提升品牌认知度;如果品牌认知度较高,则可采用高定价、低促销费用的营销方式打入市场。对于市场容量较大,顾客对价格非常敏感的产品,企业可以采用低定价、高促销费用的营销组合方式迅速提高市场占有率,如果市场存在潜在竞争者,则可采用低定价、低促销费用的营销组合方式。

(2) 成长期营销策略

在成长期,顾客的消费习惯已逐渐养成,产品销售量迅速增加。企业可以通过增加产品功能、增加款式、改变外观等方式对产品进行改良;继续找寻可以进入的新市场;持续增加营销推广投入,保持顾客的品牌忠诚度,获得更高的销售收益。

(3) 成熟期营销策略

在成熟期,产品销量已逐渐达到高峰,利润增长率开始下降。企业可以通过扩大产品的使用范围、改变促销方式、降价让利、开发销售渠道、强化公共关系等手段,保持产品的竞争优势和销售量。

(4) 衰退期营销策略

在衰退期,企业可以沿用以往的策略,保持产品的生产与销售,直至产品最终退出市场;或者在产品宣传推广上投入更多资源,以延缓产品退出市场的时间;或者果断放弃生产和经营,将现有资源逐渐投入其他领域或转向其他产品。

相关阅读 《中欧地理标志协定》于 2021 年 3 月 1 日起正式生效

外交部发言人汪文斌表示,《中欧地理标志协定》的生效对于中国和欧洲各国都是一个好消息。中欧第一批双方互认的各约 100 个地理标志将于协定生效之日起受到保护,第二批各 175 个地理标志产品亦将在协定生效后 4 年内获得保障。这些产品包括我们熟知的安溪铁观音、绍兴酒、安吉白茶、山西老陈醋、烟台苹果、南京盐水鸭、库尔勒香梨、法国香槟、巴伐利亚啤酒、帕尔玛火腿等食品,也包括宣纸、蜀锦等。该协定生效后,中国和欧洲各国的消费者都可以放心购买更多来自对方的优质产品。双方企业也能在相关领域的贸易往来中获得更多保障。

谈判于 2011 年启动,历经 8 年、22 轮正式谈判和上百次非正式磋商。2020 年 9 月 14 日,双方正式签署协定。2021 年 1 月 29 日,双方完成内部审批程序并相互通知。2021 年 3 月 1 日,协定正式生效。

> 汪文斌说,《中欧地理标志协定》是中国对外商签的第一个全面、高水平的地理标志协定。
>
> 资料来源:《中欧地理标志协定3月1日起正式生效》,http://finance.eastmoney.com/a/202103011825035759.html,有删减;《中欧地理标志协定3月1日正式生效》,http://www.xinhuanet.com/fortune/2021-03/01/c_1127151338.htm,有删减。

讨论专区

2020年9月8日,农夫山泉在我国香港地区上市,首日高开,涨幅为85.12%,每股报39.8港元,总市值超过4400亿港元。同时,香港地区的居民小区里出现了农夫山泉桶装水自动售水机。

而恒大进入瓶装水市场交了40亿学费,却最终失败。大众接受的瓶装水价格为一两元。随着消费升级,过分便宜的产品无法建立品质形象,早有占位的企业,其品牌优势随着市场成长,只要其自身不出错,市场地位很难被撼动。

资料来源:刑海洋:《卖水的怎么能赚大钱?》,载《三联生活周刊》2020年第38期,有删减。

讨论题:制定高端产品定位策略时需考虑哪些因素?

第三节 定 价 策 略

定价是营销组合要素中最敏感、最活跃的因素,直接关系市场对产品的接受程度,也在企业实现利润增长中起着至关重要的作用。因此,企业需要关注定价策略的影响因素,审慎选择正确的定价策略,同时根据产品成本、市场需求、竞争状况的变化,适时调整价格。

一、影响定价的主要因素

影响定价的因素很多,主要涉及战略和目标、产品成本、市场需求、竞争状态、法律与社会责任。

1. 战略和目标

企业不同阶段的发展战略和特定环境下的发展目标会影响价格定位和调整趋势,而价格也是反映和实现企业战略和目标的重要手段。如果以利润最大化为目标,企业就应该高位定价,采取这种策略的企业通常在市场上占有绝对竞争优势，但也会遭到其他企业的联合抵制和对抗；如果企业以保持现有市场占有率为目标，就需要稳定价格，甚至采取降价方式尽快收回固定成本，维系目前运营现状；如果企业以适应竞争为目标，则应当根据竞争者的价格策略调整定价，应对竞争对手发起的挑战。企业应在不同的发展阶段，针对特定的发展目标，制定不同的定价策略，也应在时机变化时，随时调整定价策略。

2. 产品成本

成本是影响定价的关键因素，通常被看作产品价格的下限。对于大多数产品来说，产品成本的构成相对稳定且可以预测。产品定价时不仅要考虑产品研发、采购、制造、存储、原材料、运输、销售等发生的成本费用，还需要综合考虑社会平均成本，否则就会影响产品定价的合理性。

3. 市场需求

市场需求受价格和收入变动的影响。反映价格或收入因素引起的需求变动情况的比率即为需求弹性，该指标也反映了顾客对价格的敏感程度。需求价格弹性主要取决于产品品质特征、顾客购买习惯、顾客对价格的接受程度、顾客库存能力、顾客信息获取能力、购买成本等因素。需求价格弹性较大时，企业会考虑采用降价方式刺激顾客购买；弹性较小时，企业则可以维持现有价格，不作过多价格变动。

4. 竞争状态

通常来说，企业定价的高低，取决于竞争者同类产品的质量和定价水平。合理定价之前，企业需要适当了解目标市场的竞争状况，如市场上同类竞争者的数量、规模，竞争者提供的产品质量和价格，竞争者价格的变动等。企业只有及时掌握有关信息，才能作出准确判断和正确决策。根据当前目标市场的竞争状况，竞争可以划分为以下四种类型：

（1）完全竞争

在完全竞争环境下，竞争者们可以全面掌握市场信息，向市场提供完全同质化的产品。此时，能够影响价格变动的因素只有供求关系。企业无法决定产品的价格，也不必将过多精力放在产品研发、渠道开发、营销推广等工作上，只要保质保量提供现有产品即可。

（2）垄断竞争

垄断竞争是介于完全竞争和完全垄断之间的一种不完全竞争形式。垄断竞争市场上，买家和卖家众多，竞争者会倾向于关注顾客的需求偏好，面向不同的顾客提供差异化产品和服务,建立特有的品牌形象和品牌优势。此时,企业需要关注其他竞争者的产品研发、价格变动、销售模式改变、渠道调整等动向,随时调整营销策略。

(3) 寡头竞争

寡头竞争中,行业的竞争者虽不多,但实力相当。任何一家寡头企业调整了价格,其他竞争者都会跟进效仿,因此寡头企业的定价决策在很大程度上受制于其他竞争对手的定价策略。

(4) 完全垄断

完全垄断是指某类产品或服务的生产和销售完全由一家企业控制,行业内没有竞争者。这通常包括政府垄断和私人垄断。实现垄断的企业可以在法律允许的范围内自由定价。

5. 法律与社会责任

市场经济体制下,大多数企业拥有产品价格的自主决策权,但特殊行业或特殊环境下,为了规范价格行为,保护消费者和经营者的合法权益,各国或地区仍会对某些特定产品或服务(如水电煤、基础教育、道路交通、最低工资)的定价机制作出规定。企业应密切关注相关领域的法律规定及发展动态,及时调整不合理的定价策略。

近年来,企业在科技发展、环保节能、社会可持续发展、解决就业、社区福利等方面承担了很多社会责任,也为此投入了更多财力成本和人力成本,这在一定程度上会影响企业的产品策略及相应的定价策略。

二、定价策略

1. 基本定价方法

企业基本定价方法主要涉及成本导向定价法、需求导向定价法、竞争导向定价法。

(1) 成本导向定价法

成本导向定价法主要以成本为定价的依据,包括成本加成定价法和目标定价法。成本加成定价法是在单位成本基础上加入一定比例的利润或税金的一种定价方法。目标定价法是根据销售额和产量估算价格的定价方法。这两种方法的操作易于理解,但需要企业在定价时全方位考虑影响成本的各项因素。

(2) 需求导向定价法

需求导向定价法是根据顾客感受和市场需求的强弱程度制定价格的方法,

主要包括感受价值定价法和差别定价法。

感受价值定价法是根据顾客对产品或服务的感受价值确定价格的方法。影响顾客感受价值的因素有很多，包括品牌特征、产品稀缺性、感观认知、可靠性判断、优质服务、理念认同等。企业在设计营销组合时，需要通过产品质量、服务、广告等营销要素体现产品的市场定位，并准确传达给顾客。顾客会感知和判断对这类产品或服务的接受程度，企业需要了解这些信息，准确计算产品所提供的顾客感受价值，并据此制定合理价格。

差别定价法是根据由于销售时间、地点不同产生的需求差异对产品或服务实行差别定价的方法。具体来说，差别定价法主要有四种形式：一是顾客差别定价，按照顾客需求强弱程度区分定价，如居民用电和商业用电的差别定价。二是产品形式差别定价，如根据产品型号、样式、规格、款式、外观等差异所产生的成本差异进行差别定价。三是产品位置差别定价，根据产品所处不同位置制定不同价格，如根据演出场所、竞技比赛观看席不同座位进行差别定价。四是销售时间差别定价，根据顾客对不同时期、不同季节的产品或服务的需求强弱程度进行定价，如夏季低价销售的羽绒服、旅游旺季高价出售的机票等。差别定价的前提条件是市场可以细分；市场上不会出现竞争者低价竞销、顾客赚差价的情况；成本费用可控；价格歧视不违法，且不会引起顾客反感。

（3）竞争导向定价法

竞争导向定价法包括随行就市定价法和投标定价法。随行就市定价法是企业按照行业现有价格水平制定价格的方法。企业如果短期内倾向于与同行和平共处，对现有目标市场的顾客需求倾向和竞争者实力难以评估，无法判断其对产品和定价的反应时，通常会采用这种定价方法。投标定价法是采购方公开招标信息，邀请企业在规定时间内投标时，投标企业采取的定价方法。供货企业投标的目的在于赢得合同，所以在报价时会采取低位报价方式，其定价往往低于竞争对手的报价水平。

2. 基本定价策略

（1）折扣与折让定价策略

折扣与折让定价是一种减价策略，是在充分考虑企业流动资金的周转需要、金融市场汇率变化趋势等情况下，为了鼓励顾客大量采购、淡季采购、尽早支付货款而作出的价格让步。主要包括四种类型：一是现金折扣，是给在既定时间内全部支付货款的顾客提供的一种价格折扣。二是数量折扣，是给大量购买某类产品的顾客提供的一种价格折扣，以缓解企业在生产、存储、运输等环节的资金压力。三是季节折扣,是给购买过季产品或服务的顾客提供的价格折扣。四是功能折扣,是给某些合作伙伴,如批发商、零售商提供的一种额外折扣,以辅助企业执行仓储、运输、销售、售后服务等营销功能。

折扣与折让定价也是企业为争取批发商、零售商的协同合作所采用的一种促销手段,具体包括:购买折扣、广告折扣、陈列折扣、销售津贴,有时也会赠送带有品牌标识的赠品,如笔记本、圆珠笔、名片夹、U 盘、T 恤衫等。零售商为刺激顾客购买,有时也会采用某些销售促进工具,如提供打折券、满减等。

(2) 地区定价策略

地区定价策略是企业向不同地区顾客提供某类产品时,在全面考虑运输、仓储、保险等成本费用的前提下制定的定价策略。主要有五种定价策略:一是产地价格定价,即离岸价格,卖方负责将货物送到买方指定的车船上,并承担之前发生的费用和风险,交货后的产品所有权及相关费用由买方承担。这种定价模式相对比较合理,但对较远地区的买家没有太大吸引力,这些企业可能会考虑就近购买。二是目的地交货定价,即卖方承担交付到买方指定地点之前的一切运输、保险、仓储等费用,这部分费用也会记入最终价格。三是统一交货定价,即到岸价格,卖方在买方所在地交付产品,无论路途远近,均收取同样的价格,运费、保险、仓储等费用均由卖方承担。四是分区定价,即企业将市场划分为若干区域,各个区域实行统一定价,区域之间根据距离远近程度实行差别定价。五是补贴运费定价,即为了减轻买方的运费、保险费压力,卖方承担一部分或全部费用的定价策略。这种策略有利于企业快速渗透市场,扩大销售并提高市场占有率。

(3) 心理定价策略

心理定价策略是根据消费者的购买心理进行差异化定价的一种策略方法。主要包括三种定价策略:一是声望定价策略,是利用企业声誉和产品品牌知名度确定整数定价或高位定价的策略,可以形成高品质的产品印象,有利于树立企业形象。二是尾数定价策略,是保留产品价格的零头,使消费者产生廉价或买家认真核算定价的印象,达到提升顾客购买欲望、增加产品销售量的目的。三是招徕定价,是利用消费者求廉价的心理,将少数几种产品价格降至极低以招揽顾客的策略。

(4) 产品组合定价策略

当企业生产一系列产品时,为了实现产品组合利润最大化所采取的定价策略即为产品组合定价策略。主要涉及产品大类定价、选择品定价、补充产品定价、副产品定价、分部分定价等方法。这些方法主要考虑产品之间的互补性、替代性、叠加性并进行多元定价,以达到增加销售额、提高市场占有率的目的。

3. 新产品定价策略

新产品定价时,企业需要慎重考虑全新产品或改良产品的市场需求和顾客期望程度,可以采用撇脂和渗透两种定价策略。

(1) 撇脂定价策略

撇脂定价是指在新产品刚进入市场时采取高位定价方法,在短时间内赚取最大利润,尽快收回成本并获取产品利润的定价方式。采取这种策略的前提:一是市场购买者充足,需求缺乏弹性,高位定价不会降低顾客的购买欲望。二是竞争对手不多,甚至没有竞争对手。三是高位定价给人高档、高品质的印象,可以吸引消费者购买。

撇脂定价的优势较为明显,可以快速获得高额利润。但高位定价不利于市场开拓,对顾客的品位、素质、认知度有一定要求,如果顾客不能接受高位定价,反而会影响产品销售。高位定价也会吸引竞争对手快速跟进,竞相模仿,导致市场价格迅速下跌。

(2) 渗透定价策略

渗透定价是指在新产品刚进入市场时采取低位定价方法,吸引大量顾客购买,快速提高市场占有率。采取这种策略的前提:一是顾客对价格十分敏感,低价刺激市场需求快速增长;二是企业生产和经营成本会随着生产经验的累积而下降;三是低价不会引发实际或潜在竞争。

渗透定价的优点是可以快速打开产品销路,有效对抗竞争对手,迅速获取市场优势地位,缺点是利润较低,降价空间较小,不利于成本上升时的价格调整,会给顾客造成产品质量不高的印象。企业选择渗透定价策略时,需要全面考虑产品成本变动趋势,顾客对产品和价格的接受情况,竞争对手的定价策略,最终找到正确的价格定位。

三、价格调整

价格调整是当企业战略目标或经营环境发生变化时面临的价格调整策略。当产能过剩、产品市场占有率下降、替代品出现、竞争对手优势明显或顾客购买需求发生改变时,企业应当考虑降低价格,维系企业现有经营收入。当通货膨胀、成本上升、产品供不应求时,企业不得不考虑提升价格。此时,企业可以采取降低折扣、减少服务项目、推迟报价、降低产品质量等方式变相调整价格。企业在考虑实施价格调整计划时,需要提前预测顾客、竞争对手、渠道中介商可能会作出的反应,以便制定应对措施。

第四节 促销策略

一、促销组合的概念及影响因素

促销组合是企业根据促销需求,对广告、人员推销、销售促进、公共关系等促销手段进行合理选择并搭配的方法。通过促销组合的设计与应用,企业可以建立与顾客、中间商的信息沟通渠道,向社会传递产品和企业的相关信息,有利于建立企业和品牌在市场上的形象,从而带动销售量和投资收益的提升。影响促销组合的因素主要有如下四个方面:

1. 促销目的

促销目的不同,采取的促销组合方式就会有所不同。如为了快速提升销售额,销售促进的同时辅以人员推销、广告宣传就是较好的促销方式;如为了让顾客了解产品的性能、特征、功效和使用方式,则促销的主要方式就是人员推销、现场展示等方式;如为了提升品牌知名度,则广告宣传辅以公关、路演等方式,效果会比较明显。

2. 产品特征

产品类型、功能、价格等特征因素不同,促销组合方式也会存在差异。功能叠加、操作复杂、价格昂贵、购买风险大的产业用品适合人员推销,如大型生产设备、集成系统等。此时,选派专业有素、技术过硬的推销人员向顾客提供专门介绍、演示、培训指导和售后服务,更有利于顾客熟悉产品特征,建立产品和品牌认知,达成购买意向。功能简单、操作便捷、价格低廉的消费品则更适合采用广告、销售促进的方式。

3. 拉与推策略

推策略是企业积极将产品推销给批发商,批发商积极推销给零售商,零售商再推销给消费者的策略。这种策略的促销方式以人员推销、销售促进为主。拉策略是企业面向最终顾客,借助广告、人员推销、销售促进方式吸引顾客的关注,消费者会向零售商提出产品诉求,零售商又会向批发商提出购买诉求,批发商进而会向生产者提出购买诉求。这种策略的促销方式以广告投放、公共关系策略为主。

4. 产品生命周期

处于不同生命周期阶段的产品,促销模式的选择也会略有不同。通常来说,导入期需要投放大量广告,增加宣传的广度和力度,同时辅以人员推销,向顾客介绍和演示新产品,吸引消费者的注意;成长期需要加强广告力度,宣传产品的品牌优势,借助各种社交媒体平台建立顾客对话渠道,形成口碑传播效应;成熟期需要加强促销力度,采用买赠等促销方式更为有效;衰退期的促销规模和投入要大幅度降低,保留提醒式广告即可。

二、促销策略的选择

1. 广告策略

广告是利用各种媒介向公众传递信息的活动。企业投放广告的目的在于提供产品、服务和品牌的介绍信息,吸引顾客购买,提醒顾客购买渠道和使用方式等。企业需要事先开展广泛的市场调研,详细策划广告活动,明确广告受众群体,设计广告主题和内容,确定推广时机、传播渠道、效果评估模式。在编制广告预算时,企业需全面考虑产品所处生命周期的特征、成本投入比例、竞争对手广告模式等,合理确定预算费用。

(1) 广告媒介的选择

广告媒介种类较多,需要根据各种媒介的特点和优势,选择合适的广告媒介。

报纸的传播覆盖面较广,可以即时送达读者,费用较低,但时效性短,传阅人群不多,对于需要色彩渲染的广告图片、画面表现力较弱。

杂志的专业性和针对性比较强,保存时间较长,阅读者相对集中,比较适合刊登推介专业用品的广告。但相对报纸来说,杂志发行量不大,覆盖面不广,信息传递速度较慢。

广播是一种听觉媒介,覆盖面较广,成本较低;受众群体较集中,多为有收听习惯的群体,如旅客、司机、老年人等,但只有声音效果,且传播时间较短,无法呈现画面、图片。

电视是一种视觉媒介,覆盖面较广,可以通过动作、语言、动漫、歌曲等形式吸引受众关注,形式灵活,但成本较高,呈现时间有限。

直接邮寄的传达性较强,是针对特定受众的一种信息传播,它的特点是形式灵活,提供的信息专业且全面,但成本较高,可信度较低。

户外广告模式比较灵活,可以采用鲜明、醒目的静态方式或有着特色造型、绚丽色彩的动态方式呈现,成本较低,包括户外广告牌、广告标语、楼宇广告、交通广告、悬浮广告等形式,但无法选择目标受众,呈现方式也不宜过于复杂。

互联网广告因当前各类网络媒体的迅速发展而呈现多样性、交互性、灵活性、广泛性、资源丰富性等特征,传播范围较大,广告效果持久,顾客可以分类检索,且广告针对性较强,制作较为简单,可以准确统计受众数量。具体包括:电子邮件广告、展示性广告、分类广告、引导广告、搜索引擎广告、数字视频广告、手机广告等。但带有欺骗点击行为、没有关闭按钮、打开速度缓慢、占用较大页面、自动开启声音等劣质广告会遭到网民的反感,降低互联网广告的传播效果。

企业在选择广告媒体时,需要综合考虑产品特征、成本、目标受众的习惯、信息类型、各种媒体的传播范围及影响力等因素,最终选择合适的媒体组合。

（2）广告效果评估

企业主要从传播效果和销售效果两个方面评估广告效果。

评估广告效果时,可以将广告信息传递给目标受众,考察受众对广告的关注度、记忆程度和理解力。具体实施时,可以现场测定受众记忆率、视听率;请受众在现场为广告依次打分;事后测定受众的记忆内容;借助相关数据评估顾客对广告的心理反应。

评估销售效果时,很难准确判断销售业绩与广告宣传的直接关联,但可以通过顾客访谈、顾客回访等方式询问顾客对企业宣传广告的认知及刺激顾客购买。如果顾客反映对哪些广告印象深刻,或对哪些广告语朗朗上口,或对哪些广告信息渠道感兴趣,企业则需要重点关注,不断完善广告模式,提高广告宣传效果。

2. 人员推销策略

人员推销是一种比较传统的推销模式,是企业通过派遣专业销售人员将产品介绍给顾客的一种营销模式,也是销售人员提醒和说服顾客购买产品或服务的过程。一般来说,企业会针对特定产品或服务建立专业营销团队,其中包括:内部销售团队,通过销售员、销售代表、销售经理参加销售会或展示会、电话沟通、上门访问等方式洽谈业务,推荐产品并实地操作,解答疑问;外部销售代表团队,如销售代理商、经理人等,按照销售业绩给其支付佣金。实施人员推销策略时需要关注以下三个方面:

（1）确定销售队伍规模

销售队伍的规模会给销售量和销售成本带来直接影响。企业可以根据历史数据计算销售队伍建设的成本在销售额中的占比以及销售额的预测值以估算销售队伍的大致规模。企业也可以先根据产品销售价格、销售集中区域对顾客进行分类,确定与每一类重点顾客沟通的工作量,根据工作量进一步确定销售人数、成本、报酬核算方式等。

(2) 合理安排销售任务

明确销售人员的任务和工作安排,具体包括服务顾客的具体方式、时间安排、资源分配、成本核算等。

作为销售人员,需要随时掌握市场动态信息,了解整个行业的需求趋势、竞争对手的市场定位;了解产品或服务的性能、用途、功效,熟知行业领域知识,熟练操作仪器设备;寻找潜在顾客,确定每一阶段重点访谈、培养的客户名录;借助各种推销手段建立顾客沟通渠道,即时回答顾客的问题,向顾客提供专项服务,如咨询服务、安装服务、培训服务、融资贷款服务、售后技术服务等。

(3) 有效培训和激励销售人员

企业应加强销售人员的选拔、培训、绩效考评和薪酬激励。可以通过人员引荐、猎头推荐、广告投放等方式吸引高效率销售人员的加盟;对应聘者进行全面评价和筛选,考察销售人员掌握市场信息、与顾客沟通的能力。企业可以通过设定销售定额、给付高额佣金等方式调动销售人员的积极性,并借助时间投入、客户访问次数、新客户增加数、销售额等指标全面评价销售人员的业绩。

3. 公共关系策略

公共关系是企业为树立良好的组织形象,积极与社会公众建立互动关系,促进公众对组织的认可、理解和支持,营造企业内外部良好的经营生态环境,最终达到销售目的的一种促销工具,也是企业建立公众信任度的有效手段。

在市场营销组合体系中,企业是开展公共关系营销的主体,公共关系营销的客体比较广泛,包括外部社会公众,如顾客、政府、合作伙伴、竞争对手、金融机构、公益组织、金融机构等,也包括内部人员,如股东、经理、员工等。企业通过树立产品形象、服务形象、品牌形象、员工形象、文化形象、社区形象、环境保护形象建立企业整体公共关系形象,逐渐积累无形资产,提高社会公众对企业的关注度和认可度。同时,企业也可借助公共关系监测社会公众对产品形象和企业形象的反馈,如对产品或服务的改进建议、对价格调整的反馈、对广告效果的反馈、对企业决策能力和营销能力的评价、对员工素质的评价等。一旦产品或企业形象受损,企业就需要采取应对措施,妥善处理危机,必要时可借助法律手段捍卫企业形象和利益。企业可以选择开展如下四种公共关系活动:

(1) 内部例行活动

企业通过日常活动的策划与安排建立内部沟通渠道,如组织企业内部运动会、倾听员工意见、举办座谈会、创办内部刊物等。

（2）客户沟通活动

企业有目的性地策划一些社会活动，加强与社会公众的信息沟通和情感交流。如举办展览会、展销会；组织产品发布会、活动庆典；邀请社会公众参观企业；策划产品路演、抽奖、买赠活动等。

（3）媒体宣传

企业通过制作精良的企业宣传影片、纪录片，拍摄公益广告加大媒体宣传力度。

（4）参与社会活动

企业与当地政府、银行、媒体、公益组织、行业协会保持良好的沟通，积极参与社区、当地政府、公益机构组织的各项宣传活动、捐赠活动和联谊活动。

第五节　渠道策略

一、分销渠道的定义与类型

分销渠道是生产者在向顾客提供产品和服务的过程中，所有参与生产、转移、销售和消费某些产品或服务的企业和个体。分销渠道包括生产者、商人中间商、代理中间商以及最终顾客。根据分销渠道所有参与主体的联系紧密程度，可将分销渠道主要划分为传统分销渠道和整合分销渠道。

1. 传统分销渠道

传统分销渠道是由所有生产商、代理商、批发商、零售商和顾客组成的一般意义上的渠道系统，系统中的每个组织相对独立，通过较为松散的合作关系促进产品的分销。分销渠道中的每个组织之间虽存在利益关系，但任何一个组织都不能完全控制其他分销渠道成员。采用这种渠道策略的企业通常实力不强，借助已经开发的分销渠道维系。

2. 整合分销渠道

整合分销渠道是分销渠道所有成员通过协同化运作模式，形成整合式分销渠道网络。其中涉及：

（1）垂直分销渠道网络

垂直分销渠道网络可以理解为一种实施规模化运作、专业化管理的协同性组织，通常由拥有相当实力的生产商、批发商或零售商作为控制性企业，按照事先规定的流程、模式,指导安排开展营销工作,以此实现渠道行动的协同化,增强谈判实力,消除渠道成员之间的利益冲突,从而获得共同收益。主要有三种垂直分销渠道形式:一是公司式,主要由一家企业统一经营和管理生产单位、批发单位、零售单位等,同时控制若干或整个分销渠道,全权主导生产、批发、零售等业务。实施控制的主体企业可能是大型生产企业,也可能是大型零售企业。二是管理式,主要由渠道系统中实力较强的成员协调产销过程中的库存供应、定价、促销、购销业务等问题,与批发商、零售商建立协作管理关系,采取一致的行动。三是合同式,即独立经营的生产商和中间商以合同为基础建立的渠道网络,主要包括特许经营系统、契约连锁店、零售商合作社等形式。

(2) 水平分销渠道网络

水平分销渠道网络是两家及两家以上的企业横向联合,共同承担风险,找寻营销机会的分销渠道网络。采用这种合作方式的企业,通常经营实力并不是非常强大,所以需要通过联合方式承担资本、人力、技术改革、生产、销售促进等方面的成本投入,协同实现最佳收益。

(3) 全渠道网络

全渠道网络是尽可能建立覆盖各分销渠道的网络系统。一方面,生产商会通过若干条分销渠道销售同类产品;另一方面,生产商会通过若干条分销渠道销售差异化产品,以此形成全渠道覆盖的分销模式,以最大限度、最快速度将产品传送给消费者,实现收益最大化。这种模式的运营成本较高,容易造成渠道之间的恶性竞争,对控制和运营水平也有较高要求。

此外,企业还需重点关注网络分销渠道,这是借助网络平台,将产品或服务交付给顾客的一种分销渠道。随着信息技术与网络平台的快速发展,传统分销渠道受到极大影响,网络销售带动了线下经营和消费。有些企业会直接面向顾客开设网上店铺,有些企业会依托网络传播优势,整合网络分销资源,搭建虚拟分销平台,为传统企业提供网络分销场所。以互联网为支撑的网络分销渠道,同样具备传统营销渠道的各项功能,一方面能为顾客提供各类产品、服务、打折、促销等信息,供顾客进行选择,同时协助完成在线订货、在线结算和线下配送功能;另一方面,通过各类信息推送,引导顾客线下消费,如打卡网红餐厅、参加健身运动、预定摄影服务、观看电影和演出等。

二、分销渠道的选择

影响分销渠道设计与选择的因素主要有六个方面:

1. 企业资源和能力

企业自身的能力和特点在一定程度上决定选择哪种分销渠道。规模大、实力强的企业可以根据自身分销经验、人员匹配、技术水平、专业设施等状况采用直销模式;企业的总体实力、行业地位也决定了企业在选择分销渠道中的话语权和能够提供的财力支持;企业以往的营销经验、渠道经验也会影响渠道设计和渠道成员选择的偏好。

2. 产品或服务特征

产品或服务特征不同,选择的分销渠道也会有所不同。如快消品适合采用网络分销渠道;不易保存的商品(如海鲜产品)需要尽可能减少中间分销环节;价格昂贵的非标准产品(如定制的机器设备)通常需要比较专业的代理商直接销售,或采用线上协商、线下交易的方式完成购买。

3. 顾客特征

分销渠道的设计受顾客区域分布、顾客数量、顾客偏好、购买频率、购买习惯等因素的影响。顾客分布越广,数量越多,越需要区域代理商为其销货,也更需要网络平台助力宣传和分销。顾客购买频率、购买习惯也会带动某些分销渠道的发展,如越来越多的顾客通过网络浏览选购商品,也因此带动企业入驻天猫供销平台、阿里巴巴分销平台,快速建立自己的网络分销渠道。

4. 中间商能力

设计分销渠道时,还应该考虑中间商的市场覆盖面、信用条件、谈判沟通能力、服务意识;了解中间商是否有经销这类产品的经验、市场知识、设备设施、仓储运输能力;估算预期合作周期和合作程度。中间商能力直接影响渠道成员之间的成本分摊、沟通效果,也最终影响分销效果和销售收益。

5. 竞争者因素

企业设计分销渠道时,还需要考虑竞争者的资源能力、竞争优势以及采用的分销渠道策略,可以跟随模仿,选择与竞争者相似的分销渠道;还可以采取尽量回避策略,选择远离竞争对手的分销渠道。

6. 环境因素

企业分销渠道的设计也与其所面临的外部环境有关。不同国家或地区的产品流通政策、法规会影响企业分销渠道的选择;市场经济环境的信息刺激会影响顾客的购买意愿,也会影响企业分销渠道的选择和成本的投入。

根据上述影响因素的分析,企业可以选择密集分销策略,即尽可能建立与多数批发商、零售商的合作关系,借助中间商的资源和能力大范围推广和分销企业产品,此策略适用于便利品和服务产品的分销,但成本较高,管理难度较大;独家分销策略,即只选择一家中间商独家代理经销产品,有利于双方保持密切的合作关系,强化产品形象,但市场覆盖面和销量会受到影响;选择性分销策略,即根据产品特征和顾客特征,有条件地选择资源能力较强的中间商经销产品,这种策略有利于节省分销费用,也便于加强各方的沟通和联系,最终提高分销效果和收益。

三、分销渠道的管理

确定分销渠道策略后,企业还需要对渠道成员进行选择、激励、控制和评价,以此建立良好的合作关系。

企业在选择渠道成员时,需要评估中间商的经营能力、声望、合作意愿、期望诉求、人员素质、服务客户的数量和类型等;同时需要考虑企业应为中间商提供的服务内容,如价格信息、市场信息、技术、人员培训、设备维护等。

企业在激励渠道成员时,应尽可能避免过度激励或激励不足情况的发生,以建立平等、公平的交易关系为基础,权衡合作条件、合作努力、合作收益之间的关系,建立行之有效的激励机制。

企业在定期评估渠道成员时,需要核算的内容包括:已完成的销售数量、收益额;已付出的销售努力,包括分销活动的策划、平台的搭建、销售人员的匹配、服务项目等;顾客的满意度、回头率;定价的合理程度等。由此鉴别渠道成员的贡献程度和付出成本,对于优质的渠道成员给予适当的补贴奖励,建立密切伙伴关系;对于不甚积极,无法胜任合作工作的渠道成员,应考虑采取辅助培训和密切关注等方式,如确实不适合承担分销任务,则应考虑调整或更换渠道成员。

本章小结

本章对产品组合要素、价格组合要素、渠道组合要素和促销组合要素的含义进行了阐述,重点对市场营销策略中的产品策略、定价策略、促销策略和渠道策略的概念和包含的内容进行了介绍。

关键术语

产品策略　　产品组合　　产品生命周期　　定价策略　　　价格调整
促销策略　　渠道策略　　整合分销渠道　　网络分销渠道

思考题

1. 明星带货效果各不同,有的"翻车"(效果不理想),有的成功。请比较线上和线下销售的优势和劣势。

2. 进行实地观察或文献检索,分析宜家和山姆会员店两家店内购物路线设计的原因。

3. Gap 服饰公司基于中等收入消费者数量的减少,扩展其高端连锁店 Banana Republic 与中低端零售店 Old Navy。如此改变是否会使消费者无所适从?

4. 心理定价策略对不同的消费者有怎样的影响?

5. 如何区别新产品宣传与过度营销?

讨论题

2020年9月,在由"网易云音乐"出品的非遗音乐记录节目《不曾遗忘的符号》第二期"西湖重又临"中,"评弹皇后"、苏州市评弹团副团长盛小云与摇滚乐队"痛仰"合作,结合苏州评弹《白蛇传·断桥相会》选段,全新演绎"痛仰"的代表作《西湖》,受到观众尤其是年轻群体的喜欢。上海评弹团团长高博文几年前和团里的演员陆锦花演绎了改编自电影《泰坦尼克号》的微型评弹《杰克 and 露丝》,还将古曲和爵士乐混搭成"爵士评弹",吸引了一大批年轻粉丝。除了形式,他们在内容上也寻找最新的题材,金宇澄的《繁花》几年前被上海评弹团改编并搬上评弹舞台。

资料来源:刘朝晖:《评弹发"潮音",俘获年轻人》,载《新民周刊》2020年第47期。

问题:你对组织迎合消费需求怎样看?

案例分析

创新怎样做

复旦大学管理学院市场营销系主任蒋青云教授,中国社会企业"黑暗中的对话"创始人兼CEO蔡史印与记者一起聊"社会价值共创"。

记者:在当下讲企业社会责任和价值共创,有哪些理念需要更新?

蒋青云:传统的企业社会责任(CSR)策略强调做善事,比如捐款等,把CSR作为独立事件看待,与核心业务的关系很少,也很少会与利益相关者共同创造价值。新的"社会价值共创"理念源于商业中的"与顾客共同创造价值",比如定制化等新模式,我们将社会利益相关者扩大,从顾客拓展到所有人。价值共创强调"内化理念",即战略问题与核心业务相关。美国联合包裹公司(UPS)在赞助奥运会时,优化了奥运会的物流系统,在赛艇运输等高难度物流项目上,提供专属的解决方案,从而创造社会价值。内化理念与利益相关方形成有机合作,帮助客户提高价值创造的效率。

蔡史印:一个真正的文明社会应该是包容的、多元化的,每个人都能够在这个社会上找到一个自己能够发挥的空间。比如我们推出的"黑暗中对话"项目,希望这项活动能够得到年轻人的认可,让他们在体验之后受到教育并使理念得到更新。

记者:商业与社会价值的双赢有可能吗?如何用新模式进行社会价值共创?你有什么解决方案?

蔡史印:"黑暗中对话"是一种新模式的尝试,它可以自负盈亏。所以"黑暗中对话"不是靠自己的力量解决盲人就业,而是靠改变每一个人的观念,为他们提供平等受教育和就业的机会。我们的体验馆每年最多可以接待10万人,如果这10万人当中有1‰作了一些改变,那它的社会影响力就会最大化。社会企业最大的挑战是规模化问题,在经营过程中也会碰到资金链问题。然后是理念的问题,社会的传统理念还无法真正接受一个"赚钱的公益组织"。

资料来源:《企业社会责任就是"做善事"? 是时候更新我们的理念了》,http://www.sohu.com/a/205428271_184714,有删减。

问题:

请分析上述材料,从产品创新的角度谈谈你的看法。

实践活动

一、目标和任务

根据搜集的活动资料完成企划书的撰写。该活动的目的旨在使学生理解常用的营销策略在组织中的意义,掌握 4P 中常见的策略原理和方法。

二、活动准备

教师准备:布置活动任务,解释活动要求。

学生准备:分小组;选择直接调查样本,获取其使用产品中有待解决的问题;根据组员的特长和喜好进行分工;依据各种方式搜集相关素材,整理资料。

三、活动步骤

1. 实施。小组成员合作完成一份企划书,并制定新产品投放市场的一系列策略。

2. 分享体会。各小组在课堂上介绍企划书,分享心得。

四、反馈和完善

活动结束后,教师总结学生的学习效果并进行评价,形成教学反思日志。

推荐阅读

〔美〕菲利普·科特勒、凯文·莱恩·凯勒:《营销管理(第 15 版)》,何佳讯、于洪彦、牛永革、徐岚、董伊人、金钰译,格致出版社 2019 年版。

第十一章

消费伦理

知识目标

1. 掌握消费伦理的含义和内容
2. 理解消费伦理的意义
3. 了解消费伦理践行的内容

能力目标

1. 树立正确的价值观
2. 辨别消费中的有益观念和行为
3. 反思自身的消费习惯

素养目标

1. 自觉践行符合伦理的消费理念
2. 影响并向他人宣传适度消费和合理消费的理念
3. 做负责任的消费者

本章主要知识脉络图

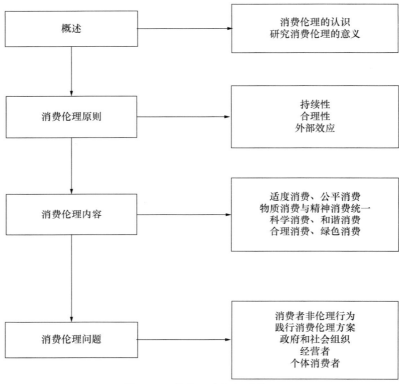

图 11-1　第十一章知识脉络图

案例　为大学生提供"精准服务"

"京东之前每周都会送我白条免息券,付款的时候也会默认推荐白条付款,QQ 空间里的广告是'分期乐',美团有'美团借钱',支付宝有'花呗''借呗',就连小米金融也不断给我发广告推荐网贷产品。"一位大学生对记者说。

目前,市面上不少网贷产品宣称每日利息不到 0.05%,让人以为利息很低,但实际上这种日利率对应的是 18% 的高额年利。

使用淘宝、京东购物时,"花呗"和"白条"变成了支付时的优先选项,而"借呗"等借款服务也总是出现在软件的醒目位置,提醒用户还有额度可以使用。

由于"花呗""白条"每月底或次月初才出账单,大学生在出账单前往往对负债情况没有概念,花起钱来大手大脚,久而久之就出现无法还清账单的情况,这时"借呗"等按日收取利息的互联网贷款自然而然就成为"花呗"的还款方式。

网贷平台为了利润,刻意培养用户超前消费的习惯并引导用户,尤其是年轻用户以信用为担保透支个人账户。

清华大学中国经济思想与实践研究院消费金融信贷课题组在消费金融主体评估中发现,选择消费信贷的客户呈现年轻化的趋势,90后群体占比接近50%。

中国社会科学院国家金融与发展实验室发布的《2019中国消费金融发展报告》中指出,网贷是当前最常见的金融消费方式,建议把理财消费作为大学生的必修课。采取如设定贷款最高限额、避免多平台借贷等措施避免大学生超前消费。

资料来源:《网贷精准围猎,校园成了"收割场"》,http://www.ce.cn/cysc/tech/gd2012/202009/03/t20200903_35663331.shtml,有删减。

思考　　大学生应如何使用网贷消费?

第一节　概　　述

一、消费伦理的认识

1. 消费伦理概念

消费伦理可从消费的伦理和伦理的消费两个维度解释。消费的伦理是对人们消费行为本身道德合理性的理解,即消费行为的内在道德意义和价值尺度。伦理的消费是对人们消费行为的价值评价和道德规范,也就是消费行为应遵循的道德秩序和道德规范。简单来说,消费的伦理是研究消费生活中的道德现象及其规律的学问,是调整人的消费行为和消费关系的规范体系。消费伦理的任务是通过对消费行为的道德论证、反思和批判,确定消费行为所应遵循的基本道德原则,从而为"存在"且"更好存在"提供依据和担保。

概括来讲,关于消费伦理的定义可理解为研究消费生活中的道德现象及其规律性的学问,是调整人的消费行为和消费关系的规范体系,具体是指人们在消费水平、消费方式等问题上产生的道德观念、道德规范以及对社会消费行为的价值判断和道德评价。其内涵包括两个方面:一方面指消费本身的伦理意蕴,是对人类消费生活和消费行为的价值理解;另一方面指人们在消费中应遵循的道德原则和规范,它关乎对人类消费生活与道德生活的关系的理解。

消费伦理正是通过共同的价值理想、道德原则、行为规范、评价准则等,为人们道德地消费与生活提供根据和担保。

2. 对消费伦理的评价

消费伦理本身是一种软约束,但其软约束效力与显性约束效力相结合,才能取得最好效果。显性约束包括经济约束、内容约束、主体约束和规模约束。

自人类产生之日起,消费就存在各种约束——生产力约束、显性制度约束和隐性消费伦理约束。生产力约束是贯穿历史的约束,制度约束是伦理约束的升华,消费伦理约束是最基础层次的约束,体现的是社会的自律性。相对于显性制度约束,隐性消费伦理约束具有全面性、自发性、前控性、弥补制度失灵和低成本等特征。

生产力要素和社会经济关系要素是确定不同时期消费伦理内涵的宏观经济约束。消费伦理在同一时期的多样性是体现其科学性的内容约束。全民性是消费伦理体现其科学性的主体约束。因不同消费主体都可根据收入状况确定不同层次的适度消费水平,所以引导适度消费是体现消费伦理科学性的规模约束。

消费伦理主要是思想家对消费心理、消费行为、消费风俗等的评价。它是建立在一定物质生活水平之上的,并受到传统文化的深刻影响。

二、研究消费伦理的意义

消费伦理可作为影响质量型经济增长的因子,关键在于消费伦理本身具有实现质量型经济增长的机制。消费伦理可控制消费的四大要素和两个层次的内容。四大要素是指消费活动必然涉及的道德消费主体、消费目的、消费方式和消费结果四个方面。消费伦理就是左右这四个方面要素的隐性约束,具有超前性、预防性和低成本性的特征。两个层次是指消费的"质"的规定性层次和"量"的规定性层次两个方面。

诸多学者通过实证分析,证明消费伦理对经济及经济增长产生重要作用。如消费者短视消费行为与流动性约束太强会造成人均消费水平低。而引发短视行为的重要因素就是消费伦理缺失,消费者在消费主义环境下,注重即时消费效应,并不以其一生时间跨度追求效用最大化;消费的"不确定性"对消费水平提升存在显著负效应,这种消费的"不确定性"本身就是一种消费伦理的紊乱。

制度经济学派认为,消费伦理这种隐性制度,与人类社会制定的显性制度相互配合,能够很好地调控消费选择和经济增长方式。消费伦理不仅可以生成一种自律的机制,还可以有效抑制机会主义和单一经济人属性的发挥,更可以提高社会诚信度,降低社会交易成本。

消费伦理是特殊的资本,无论是作为道德资本还是社会资本,都能使社会变得更好。

就个人消费而言,它虽属私人活动,但其客观存在的外部性也使其演变为一种社会活动,要想实现社会所有人的需求,所有人都要进行社会性构想,接受并践行人类的"通约性约束",即消费制度和消费伦理。消费应秉承规律,如《墨子·辞过》中的"天壤之情,阴阳之和"。唯此,方能实现消费发展,即消费制度的优化、消费结构的改善、消费能力的提升、消费质量的提高和消费方向的合宜,使消费在社会中发挥应有的作用。

我们消费时多数考虑能从消费中获得什么,没有或很少思考通过消费能做出什么贡献。

我们在消费时很少自问是满足需要还是欲望?是消费的异化还是人的异化?人的内在本性需要消费伦理,人性简单说就是"人之为人"的规定性。

可从消费与各种现象的关系中,得到我们从伦理角度研究消费的意义。

1. 消费伦理与社会生产

依据马克思所揭示的社会生产过程的基本原理,消费关系整个社会生产体系的结构。消费是一个体系,即一个包含个体之间进行沟通和交流的伦理价值体系。消费是一种制度,即渗透并体现一定消费伦理的制度体系。消费伦理关系产业结构的调整,面向大众的消费伦理能合理配置资源,保持合理的产业结构。消费伦理关系产业升级的问题。大力倡导精神消费,居民总消费量的比重逐步增长。精神消费为产业结构升级、知识经济的到来进行必要的积累。消费伦理还关系绿色产业问题,要求社会生产系统保护人类赖以生存的环境。节约能源和资源,要求社会生产系统改变对自然资源的大肆掠夺,采取节省能源的生产方式,把污染降到最低,并引导消费者追求无公害的绿色产品,采取环保型的消费方式。

2. 消费伦理与社会交换

消费是一种交易结构。消费伦理对社会交换的制度安排有着重要的引导和规范作用。主要体现在:一是关于政府购买问题。社会交换系统能够为生产者提供价格信号。只有对政府的消费行为进行伦理和制度的规范,杜绝权力参与市场运作,才能使社会交换系统趋于正常和完善。二是关于资本交易市场问题。一个社会的生产体系、交换体系和消费体系之间有着相互依赖的关系,必须在生产体系的基础上保持平衡。当生产体系相对落后时,由交换体系的畸形发展所支撑的超前消费体系是脆弱的。三是关于信息交换问题。信息交换是社会交换的重要方面,其中也包括消费观念的交换。

3. 消费伦理与社会分配

一定时期的消费模式是当时社会财富分配状况的反映,社会的分配关系决定人们的消费关系。消费伦理通过对政府宏观政策的影响参与国民收入的分配和再分配,消费伦理对于社会分配制度安排的作用体现在以下方面:关于中等收入和高收入阶层的问题;对权力腐败型收入的遏制;倡导适度消费以提高大多数人的消费水平为目标,调节收入差距。

第二节　消费伦理原则

消费伦理原则的本质在于引导消费意识,规范消费秩序,主旨在于强调所有社会主体都应进行社会性构想,人们应主动构建消费秩序,反对人性的肆意发挥和消费的绝对自由。

现行消费伦理原则体系复杂,可归纳出一些基本原则。

一、消费伦理遵循的基本原则

从人与社会关系角度来看,消费伦理应与经济发展相适应;从人与自然关系入手,遵循可持续消费的原则;从人与自身关系入手,倡行科学文明健康的消费观念,消费要有利于人的身心健康和个性的全面发展。

不少学者对消费伦理遵循的原则进行了研究,各有侧重点。因此,有必要综合考虑在人类的消费行为和生态环境之间存在的根本性矛盾冲突,考虑在市场经济体制下消费的性质和消费者的行为。从该角度理解,消费伦理的基本原则可归纳为持续性原则、合理性原则和外部效应原则。

1. 持续性原则

关于可持续发展的定义,不同学者有不同的观点,最被人们普遍接受的是《我们共同的未来》中布伦特兰提出的对于此概念的表述:既满足当代人的需要,又不对后代人满足其需要的能力构成危害的发展。

联合国有关机构提出了可持续消费模式,并将其作为实现可持续发展的具体手段。可持续消费模式的含义是,在提供服务以及相关的产品以满足人类的基本需求,提高生活质量的同时,使自然资源和有毒材料的使用量最少,使服务或产品的生命周期中所产生的废物和污染物最少,从而不会对后代的需求产生危害。如果把能否保证可持续发展作为一个衡量的标准,联合国所提出的有关可持续消费的具体内容更接近节约型消费。

可持续发展对消费的关注对象不应是具体的个人消费方式等微观事物,而是在个人消费方式背后的消费主义生活方式。其特征是消费者购买商品不是为了获得商品的使用价值,而是为了满足被刺激起来的欲望所形成的需求,消费的是商品的符号象征价值。其生活方式还具有强制性,即遵循社会规定。

2. 合理性原则

要保证资源和环境的永续利用,消费和发展必须在生态系统所能允许的范围内进行调整。消费伦理的核心是合理消费,消费伦理原则的多方面表述都基于这一思想。

3. 外部效应原则

将外部效应原则提炼、归一为新型消费伦理原则的原因是该思想具有依据消费效应调节消费关系和消费行为的能力,抑制了欲求消费和因过分强调消费的经济增长功能所进行的消费努力。外部效应是指一个主体对另一个主体产生的影响。消费效应有正效应、负效应和中性效应三种。中性或正的外部效应是各主体之间没有影响或产生好的影响。任何主体的消费都不应该对其他主体,包括自然主体、社会主体及自身主体产生负效应。任何一种消费行为,若具有正的外部效应或中性的外部效应,即意味着该消费行为可行,社会主体间的关系向好。否则,即便是主体需要也不可行。所以,外部效应原则是研究判断消费选择的一种标准。另外还有如下理由:因为外部效应原则具有工具价值、资本价值和应用价值。

工具价值体现为消费的外部效应可作为消费主体的消费选择工具和消费程度的技术性评判工具；是消费主体缩减消费成本，刺激和提高消费效应最大化的工具；是配置社会资源，制定消费政策的工具，制度经济学派将消费的外部效应作为制定制度的依据。

资本价值体现为资本的价值在于增值，外部效应原则能抑制资本减量，降低交易费用。负外部效应对应社会运行成本的增加，对应资源的误配和效率损失。

应用价值体现为能为消费主体可否消费和应该如何消费提供一种判定思维。

二、我国消费遵循的准则

我国消费遵循的原则包括：应该适应我国经济发展的现有水平，并能有效促进我国经济的繁荣和发展；应与我国实际拥有的资源相适应；应与个人的收入、财力相适应，不应超出个人财力许可的范围；应有利于社会的进步，增加并优化教育消费，促进消费主体素质的提高；应有助于社会的稳定，提升社会的凝聚力，而非导致社会产生分裂和对抗；应有利于人的本质的实现和全面发展，人应使消费成为实现自身生命力的本质力量，而不应使消费成为异己的力量统治自身，这是消费伦理的首要考虑。

相关阅读 ▶ 两教授的"世纪之赌"

1980年9月，来自美国马里兰州立大学的经济学教授朱利安·西蒙(Julian Simon)与斯坦福大学教授，著名生物和环境学家保罗·埃尔里奇(Paul Ehrlich)就十年后资源的价格变化打赌。

埃尔里奇教授早在1968年就以出版《人口爆炸》一书名噪一时。他认为，随着人口的迅速增长及工业经济的不断发展，全球性的饥荒和资源耗竭将很快到来，资源价格亦将随之攀升。这一观点代表了当时的主流观点，这一派观点的集大成之作当属罗马俱乐部于1972年发布的研究报告——《增长的极限》。

西蒙则乐观地说，资源不会枯竭，价格不但不会飙升，反而会下降。他与埃尔里奇赌的是铬、铜、镍、锡、钨这5种金属的价格，他们以假想的方式买入价值1000美元的等量金属，每种200美元，价格以1980年9月29日为准。假如到1990年9月29日这5种金属的价格在剔除通货膨胀的因素后上涨了,西蒙就要付给埃尔里奇这批金属的总差价。假如价格下跌了,埃尔里奇则将总差价支付给西蒙。因为它涉及人类对未来以及地球极限的看法、对人类命运的设想,因此被称为"世纪之赌"。

1990年,5种金属的价格无一例外都下跌了。这年10月,西蒙赢得了最后的赌约。虽然输掉了赌局,但埃尔里奇并没有沉默。他联合同事史蒂文·施奈德教授于1995年向西蒙发出公开信,愿意就关系地球环境和人类发展的15大趋势中的每一趋势下注1000美元,进行另一个10年的赌注。这些趋势包括全球气温的升高、人均耕地面积的减少、热带雨林数量的缩减及贫富差距的扩大等。埃尔里奇在信中说,与金属的价格升降相比,这15大趋势与人类的关系更加密切。输赢取决于这些趋势是否恶化,为期依然是十年。可惜,西蒙教授于1998年2月去世。丹麦奥尔胡斯大学纳比约恩·隆伯格教授继承了西蒙的事业。

资料来源:《两教授的"世纪之赌"》,http://www.dili360.com/cng/article/p5350c3d6b256644.htm,有删减。

第三节 消费伦理的内容

提倡科学、合理的消费模式,有助于提高人们的生活水平和生活品质,增进快乐、幸福。科学合理的消费模式能够促进人们的物质生活与精神生活协调发展,从而全面享受生活乐趣。人们除了要有一定的物质生活,还要有多方面的精神生活,才能较深切地感受自身生命的价值,较全面地领略生活的乐趣。人们在消费中注重节约,讲究文明,就会比较合理、均衡地安排消费支出,在追求适度、实用、舒心的物质生活的同时,不断增加健康有益的精神文化消费,从而拓展精神生活空间,提升精神境界,幸福感也会增强。任何人消费水平的提高都应合乎法律和道德的要求方式。消费伦理具体包括如下七方面内容:

一、适度消费

所谓适度消费,可从两方面理解:一是指消费水平要适应生产力发展水平,适应收入水平。二是指以满足人类生存发展的需要为基础,不超过自然的承载能力与个人生理的承载能力,在不降低消费水平的前提下,排除多余消费。

从长期来看,一般应该按照"量入为出、略有节余"的原则确定消费规模,在一定时期和一定条件下,可以超过收入。

适度消费就是在消费观上应采取适度原则。经济学家把合理的消费支出概括为三层含义:等于或接近社会平均消费水平;与个人收入、财力相适应;在资源的社会供给量为既定的条件下不过多地占用或消耗该种资源。

适度消费的概念比可持续消费的概念更直观且更易被人们理解和接受。适度消费是在消费主体支付能力以内的消费;是依据消费主体的实际需要而非仿效攀比别人而进行的消费;是一种节俭而不铺张的消费;是一种物尽其用,充分实现物品使用价值的消费;是一种尽可能少占用资源与能源的消费;是一种尽可能少产生废弃物的消费。

因此,应从消费的质量、生态性和均衡性方面以适度为原则,以和谐为目标,从实际出发对消费数量和种类进行合理选择。

二、公平消费

经济伦理范畴内的公平或公正指的是社会经济利益的均衡和协调,即如何公平分配的问题,是通过合理的制度安排,使所有的社会自由和机会、收入和财富及自尊的基础,都被平等地分配。消费公平的内涵是消费行为的正当合理,其正当合理性标准在于消费者的消费权利与消费义务的对等。

公平消费是公平性原则在消费上的体现,是从属于可持续发展的公平原则。从内容上看,存在代内公平消费和代际公平消费,公平分配有限的自然资源。

公平消费要从社会总福利说起。社会总福利是社会所有成员的福利总和,但不是所有社会成员个别福利的简单总和。从可持续角度来说,意味着这种消费有利于广大社会成员的全面发展。当然,要实现消费的公平性,基础在于收入的公平性,收入公平一不是收入平均,二不是收入差距悬殊。消费差距过大,根源是收入差距过大,不但从社会学角度上说是不合理的,因为它往往导致社会不稳定;从经济学角度上说也是不合理的,因为它往往导致整个社会效率降低;从自然生态角度上说也是不合理的。

代内公平消费,即同代人或当代人之间的公平问题。代内公平消费要求任何国家和地区的发展与消费不能以损害别的国家和地区为代价。展开来说,就是在一个国家范围内,地区利益必须服从国家利益;在国际范围内,国家利益必须服从全球利益。在国与国之间,代内公平消费的关键是要在全球范围内防止和消灭贫富两极分化。因为全球资源的不断枯竭和环境的不断恶化,有富裕者为求最大利润和奢侈享受而滥用资源,也有贫困地区为求温饱而不得不掠夺性地利用资源。也就是说,在当代人与后代人之间,公平已经成为一条重要的伦理原则。

在一国内部,代内公平消费应该体现为提倡面向全体公民的消费,不鼓励或限制少数人的高消费、超前消费、挥霍消费及畸形消费。

代际公平是指人类在世代延续的过程中,对地球自然资源的享有以及寻求生存发展的权利应保持公平,既要满足当代人的利益需要,又不对后代人构成危害。代际公平消费,要求当代人自觉承担不同代际合理分配与消费资源(包括自然资源和社会资源)的责任。

人类应通过共同寻求一种公平合理的消费方式体现正义性原则,主张消费平等,强调任何形式和内容的消费都必须建立在平等的基础上;实现满足所有人的基本需求,为所有人提供实现美好生活愿望的机会,以体现消费伦理的共同性和需求性原则;并通过这种方式实现人与人的平等相待与和平共处,旨在创造更公平的经济社会环境并达到合理的经济发展水平,在不突破地球承载能力极限的前提下提高人们的生活质量。

三、物质消费与精神消费统一

这一原则要求人们在消费结构中不断提高精神消费比重,实现物质消费与精神消费的有机统一。人们的消费行为通过各项消费支出体现,由此形成消费结构。

消费结构不合理是世界各国共同存在的问题。消费结构不合理主要表现在:享受型、攀比型、形式化的消费在消费结构中所占比重过大;生存资料在消费结构中的比重下降,享受资料、发展资料在消费结构中的比重逐渐上升等等。

合理的消费结构要求反映消费结构的发展趋势和规律性,即在总体消费中,提高精神文化消费比重;在物质消费中提升绿色产品的消费比例。

我们应提倡消费"文明化",即物质消费和精神消费均衡发展,明确消费是为了人自身的发展完善,遏制陋俗的消费现象。

精神消费主要指教育类、知识类、文化类、科技类消费,是提高人类社会发展水平必不可少的条件。特别要注意在消费结构中不断提高精神消费比重,以此实现人的全面发展。用先进的文化引导各项消费活动,只有精神消费比例提升了,才真正提高了生活质量。

四、科学消费

科学消费是指一种既有利于社会成员身心健康发展、提高生活质量、丰富生活情趣，又不至于对生态环境造成破坏、浪费自然资源的消费方式。

我们应用科学知识指导规范消费，建立科学、文明、健康的消费方式，提倡对社会进步、个体自我完善有积极意义的消费方式。健康不仅指身体健康，还指心理健康，且社会适应性良好。

科学合理的消费模式有利于自然生态环境的保护和社会生活秩序的稳定及改善，为人们创造适宜的生活环境。

五、和谐消费

和谐消费要求从消费的角度建立一种自然—社会—经济相互协调的关系。包括人与自然和谐、物质消费与精神文化消费和谐等。人类的发展是要达到自然—社会—经济复合系统的可持续发展，人类社会与自然是统一且平等的。

从人类消费活动的角度来看，人类的消费既是一种自然行为，又是一种社会行为。一方面，人类的消费行为两头连接自然：既向自然索取，又向自然排放。索取不合理会浪费资源并破坏生物多样性，排放不合理会污染环境。另一方面，消费又是一种社会行为，直接体现人与人之间的关系。

六、合理消费

在现实生活中很难制定"合理"的标准，其中存在各种冲突。人类的需求层次性容易引起不同需求之间的矛盾冲突。在需求之间存在不相容的情况下，人们为满足眼前需求就可能会损害未来的潜在需求。不同需求层级间的矛盾和冲突既可能存在于同一时间段的不同需求层级的人群或利益集团间，也可能存在于不同时间段的不同需求层级上同一消费个体或群体自身之间。

合理消费以生活本身为目的，指的是生产制约下的消费。合理消费是消费自由与消费责任的协调平衡，作为消费者拥有"消费者主权"，有自由消费的权利，是一种基本的生活权利。作为社会的成员，我们有权利要求社会为我们提供充分有益的生活条件，以满足我们正常的生活需求。同时，在平等、自愿和自由的基础上，可根据自己的经济状况、个性风格、生活习惯作出选择性消费。公民既是消费者，也是生产者，人的社会性决定了消费的社会性，消费观念、消费功能、消费行为、消费供应都具有社会属性。

合理消费有利于消费效益和经济效益的提高,减少浪费。人们应正确处理生产增长与消费水平的关系,使人与自然和谐发展。

合理消费绝不是少数人高消费与多数人低消费并存的消费。走向合理消费的一个重要方面就是在商品、文化服务、交通、娱乐、体育、保健等的供给上,应当尽量面向广大人民群众。

合理消费使消费主体、消费客体和消费环境相互依赖、相互影响,并将对环境有害的各种消费控制在最低限度。

七、绿色消费

绿色消费确立了符合保护生态环境要求的消费观念。具体有三层含义:一是倡导在消费时选择未被污染或有助于公众健康的绿色产品;二是消费者转变消费观念,崇尚自然、追求健康,在追求生活舒适的同时,注重环保,节约资源和能源,实现可持续消费;三是在消费过程中注重对垃圾的处置,不造成环境污染。绿色消费符合经济效益、生态效益和平等消费观念,能够减少非必要的消费,因此建议重复使用和再生利用消费品。

关于绿色消费的定义,学术界尚无定论,这是由于切入视角的不同,但其本质均可以归纳为利于自然生态环境保护的消费观念和方式。

中国消费者协会认为,参照国际上绿色消费的"5R原则",即节约资源、减少污染(reduce)、绿色生活、环保选购(reevaluate)、重复使用、多次利用(reuse)、分类回收、循环再生(recycle)、保护自然、万物共存(rescue)。

讨论专区

2018年12月,中国高校市场学研究会绿色消费与绿色营销专委会成立,这是中国绿色消费与绿色营销研究领域第一个常态化的学术共同体。

讨论:谈谈你对开展绿色消费研究的认识。

第四节 消费者非伦理行为

一、消费者非伦理行为含义

由于观念、习俗、文化等差异,在不同消费背景下,对消费者非伦理行为的认定也存在差异。有学者认为,违反消费情境中可接受的行为规范,并且破坏消费秩序的顾客行为,可称作顾客不当行为。

笔者认为,消费者非伦理行为是违反人们普遍接受的行为准则的行为,这样的行为打乱了消费活动的正常进行。

二、消费者非伦理行为的动机

1. 心理因素

追求快感是许多消费行为的动机,非伦理行为也不例外。某些消费者为获得某一群体的认可或引起某一群体的关注,会采取超越正常消费观念接受程度的行为。

个体道德感的缺失是产生非伦理行为的重要因素。其形成既有历史、经济的原因,也有制度和文化的因素,同时也与家庭和教育有关系。

人有逐利的本性,追求效用最大化,常会借助各种不正当手段谋取自身利益,这种表现就是机会主义,在消费行为上则表现为各种非伦理行为。

2. 外部环境因素

受消费情境的影响,不适的消费体验会给消费者带来负面情绪,进而产生非伦理行为,更严重的会产生非理性行为或过激行为。商品的销售模式等也会使人们的道德水平降低。外在的制度缺失减少或放松了对人们行为的约束,从众的氛围则降低了自律的可能。

三、消费者非伦理行为具体表现

1. 违反道德性规范行为

该行为指在消费情境中的消费者违反依靠社会舆论、内心信念和风俗习惯调节的消费者间行为原则和规范的行为。常见的有违反社会公德行为、不讲文明礼仪行为和消费中的不良习惯等。

2. 违反契约性规范行为

该行为指在消费情境中的消费者违反规程或规定的契约关系的行为。它包括违反显性契约行为,即违反明示的服务规程或规定的行为;违反隐性契约行为,即违反消费者和消费提供方之间、消费者之间默认的契约的行为。

3. 违反行政性规范行为

该行为指消费情境中的消费者侵犯其他消费者,并且违反法律、法规或企业制度的行为。

当前社会出现了消费与伦理错位,即非对称性特征。消费与伦理的非对称性导致消费活动及其结果违背了消费应遵循的社会性构想,产生了"消费实际"与"消费应该"的错位,形成了诸多消费问题和消费的社会负效应。

消费违背伦理集中体现为关系失调型消费、结构失调型消费、地域失调型消费、资源浪费型消费、环境污染型消费。具体表现为消费偏离人本目的;城乡消费的差别待遇、城乡消费能力非均衡分布、社会性消费与家庭消费比例失调;一般性消费和奢侈性消费比例失调;即期消费和远期消费比例失调;消费需求结构与供给结构设置不当、服务性消费对城乡居民的差异配置;资源浪费;环境污染;等等。

第五节 践行消费伦理的方案

个体、群体以及组织消费失范的行为充斥着我们的日常,如堕落型消费、腐败型消费、资源浪费型消费、炫耀型消费。为此,宣传有效的消费伦理方案并自觉践行是良好的开始。

一、政府和社会组织

政府在日常消费中存在不少非伦理消费行为,比如各种耗材和办公设备,即复印机、打印机、碎纸机、装订机更换频繁,表现出普遍的浪费现象。

政府需降低投资的盲目性,减少为展现政绩的形象工程。日常行政消费中,应摈弃自给型的消费模式和福利型消费模式,树立科学的消费伦理观念,倡导廉政自律的消费观念,遏制腐败型消费,普及环保的消费意识,打击堕落型消费。

政府的适度消费,不仅对国家经济可持续发展具有直接的意义,其示范作用也影响着企业与民众的消费行为,同时还承担着引导伦理消费、引导公众行为的职责。

政府应在制度层面建立面向市场的消费伦理规范以及与市场经济要求相对应的消费模式。出台法规政策保障绿色消费、合理消费模式的顺利实施。制定激励政策,完善制度,鼓励企业主动探索、研制、应用节能新技术,研发、生产绿色产品,对严重浪费资源、破坏自然环境的消费行为予以禁止和取缔。建立科学的消费环境,推荐资源节约型和效益型消费方式以满足人们的需要和效益最大化原则,提倡物质生活和文化生活并重的消费方式,采用环境友好型消费方式以实现人与自然的和谐相处。

政府应根据国情,通过各种行政手段提高居民的收入水平,以调整劳动报酬的方式保证居民收入水平的提高,增强广大居民对绿色消费产品的购买能力。

二、经营者

企业是生产消费的主体,企业的消费不仅是生产资料的消费,也是日常办公运营过程的最终消费。作为主要消费产品的供应者,企业在研发、生产中应重视环保要素,将伦理性消费意识植入企业文化中。

生产企业的适度消费,即企业应在生产过程中最大限度地节约能源与自然资源,使单位产品的能耗与资源消耗降到较低的水平;不断探索节能的新模式,提高技术水平;与服务企业一道自觉推进可持续商业模式创新,即将可持续发展战略转化为可操作的"蓝图"。可持续商业模式创新通过改变客户及其利益相关者的价值主张和价值创造方式,提高企业创造并维持自身、经济以及社会发展的能力。

三、个体消费者

个体消费者的适度消费,即将量的消费转变为质的消费,因为质的消费是非功利性的,主要表现为自由时间消费及闲暇消费;将消费的重心转向以精神为中心的消费,推崇顺应自然的消费方式。

个体消费者应加强消费知识的学习,自觉接受消费教育,了解自身需求,识别消费欲望,辨别异化消费。异化消费是指消费不是出于人的自然需要,而是由资本的利润冲动所创造的虚假需求引导的。同时重点落实绿色消费模式,做绿色消费者。

1. 绿色消费者分类

活跃绿色消费者,环保意识较强,消费时重视产品的绿色标准。

绿色思考者,能主动寻找新的消费方式,并在消费时主动寻找绿色产品和服务。

基础绿色消费者,即响应环保呼吁并改变消费行为的人。

绿色关注者,对绿色问题关注者均包括在内,但有一部分人在行动上可能并不在乎其消费是否符合绿色消费的要求。

非绿色消费者,对绿色问题并不关注。

2. 绿色消费行为特征

20世纪70年代,学术界就开展了针对绿色消费行为的研究。重点选取人口统计特征,如年龄、性别、收入、受教育程度;心理统计特征,如知识、环境意识、态度、价值观等。结论表明：人口统计特征对绿色消费行为解释力薄弱，而消费者价值观、态度发挥的作用更重要。

绿色消费行为具有复杂性表现，是理性消费行为。为避免情绪化消费出现，需多方努力营造可持续的绿色消费环境和氛围及情境，引领并引导绿色消费潮流。绿色消费是高成本、高品位的消费行为，企业需考虑如何处理生产和服务中的高成本问题，消费者需考虑如何看待高使用成本问题，这些都属于为绿色产品承担一定程度上的溢价支出。如消费者收入增加，且预期收入稳步增长，在消费风险系数不大的情况下，践行绿色消费行为的频率会大幅提升。

绿色消费行为的构建是长期系统工程，需从政策、法律、道德、文化、经济等方面引导，政府、各类组织、企业和消费者应共同努力。

消费者的消费方式、消费行为和消费态度，对资源的配置，经济增长的规模与方向，环境状况都对绿色消费行为有着根本性的影响。消费者应减少炫耀性消费、减少一次性产品的使用、降低更换家庭生活用具和用品的频率。

消费者在确定自己的消费模式时，应从自己所处的地域、消费结构、生命周期阶段、收入水平、家庭成员职业等方面综合分析，不能盲目模仿或攀比。

本章小结

本章重点分析了消费伦理应遵循的基本原则，即持续性原则、合理性原则和外部效应原则。介绍了消费伦理的内容，包括适度消费、公平消费、物质消费与精神消费统一、科学消费、和谐消费、合理消费、绿色消费。倡导适度、公平、合理、绿色的消费理念。针对政府、经营者和个体消费者提出制定践行伦理消费的具体方案的建议。能够使学生从内涵上全面理解消费伦理，认识消费伦理的意义。

关键术语

消费伦理	可持续消费	外部效应	适度消费
公平消费	合理消费	绿色消费	和谐消费
科学消费	消费者非伦理行为	绿色消费者	绿色消费行为

思考题

1. "建设生态文明"首次被写入党的十七大报告:"基本形成节约能源资源和保护生态环境的产业结构、增长方式、消费方式。……生态文明观念要在全社会牢固树立"。作为消费者,如何将生态文明理念落实在日常消费中?
2. 适度消费与合理消费很难准确划分,你怎样看待适度消费和合理消费?
3. 如何用发展的眼光讨论消费伦理的内容?
4. 你怎样评价科技发展对消费的影响?
5. 请简述"慎独"在消费中的伦理表现。

讨论题

从快递公司购买一个长70厘米、宽40厘米、高32厘米的全新纸箱,大约需要6元。这一纸箱重约1公斤,从废纸回收价格来看,如果被当作废品卖掉只能收回1元左右。

在这些纸箱回收再利用的过程中,也存在巨大的资源浪费。据中国再生资源回收利用协会估算,每1吨废纸回炉化浆能生产0.8吨的再生好纸,这0.2吨的缺口,仍要靠砍树伐木来解决。而生产过程中还会消耗煤、电等能源,对水、大气等环境造成新污染。

资料来源:《共享快递盒用2000次可少砍一棵树 你"双11"愿用么》,http://www.xinhuanet.com/fortune/2017-10/31/c_1121880567.htm,有删减。

问题:请结合自身情况谈谈控制网购欲望对减少包装浪费的益处。

案例分析

新产品的前景:人造肉与人造奶

在人造食品"赛道"上,目前已经挤满了美国人造肉公司,包括Beyond Meat、雀巢、杜邦、巴斯夫等商业巨头以及成百上千家初创企业。位于美国加州硅谷的人造肉领军企业Impossible Foods的产品在美国、新加坡、中国香港和澳门地区的7000多家餐馆中销售。

伴随食品加工技术的进步，一大批国外企业推出了素肉汉堡、素肠、素肉饼等人造肉产品。这不仅能够节约大量的资源，还能实现对环境的保护，因此有着广阔的发展前景。

素食资源小组 2018 年的调查显示，全球素食主义者人数接近 4 亿。2013 年，第一块人造肉在位于荷兰的实验室被成功培育出来。如今，人造蜂蜜、人造鸡胸肉、素食牛奶、人造蛋黄酱、人造虾、植物人造肉等人类"改造食物"，也因为有了大量融资，加速了产品的研发上市。

人们熟知的餐饮品牌如肯德基、麦当劳、汉堡王、White Castle 等，都已先后推出人造肉产品。

人造肉和人造奶的背后，反映的是人们对于健康生态与生活的憧憬。在环保主义者看来，人类为获取肉食而饲养的牲畜，占用了更多的土地，消耗了更多的能源，由此产生的温室气体已占全球温室气体排放量的 15% 左右。在健康主义者看来，吃肉导致肥胖、高血脂等疾病，对人类健康有害。人们既要获得能量，又要健康；既要满足口腹之欲，又要环保绿色，而人造肉特别是"培育肉"的出现，提供了一个极好的解决方案。

人造肉从概念产生到研发，到最后生产上市，业内一直存在争议。中国食品产业分析师朱丹蓬认为，从整个产业端结合消费端看，未来几年是人造肉高速发展的阶段。当前行业的主要问题是成本较高，其中以植物蛋白为技术路线的"素肉"产品价格稍高于传统肉制品，尚可被市场接受，而以生物工程为技术路线的"培育肉"成本更高，仍不能量产。对于人造奶的前景，贵州师范大学营养学教授李亚军并不看好。她说，牛奶并非奢侈品，人造牛奶首先在成本上不占优势，况且，很多消费者对人造产品有一种天生的排斥感，这种排斥感来源于对未知的恐惧，虽然科技进步很快，但人造奶在技术上是否成熟、人造奶是否对人体健康无害等问题，都需要时间的检验。

资料来源：《"假肉"解决了"真问题" 人造食品能否成为下一个风口？》，http://www.ce.cn/cysc/sp/info/201905/22/t20190522_32147743.shtml，有删减。

问题：

你是否会购买"人造肉"产品？请谈谈你的想法。

实践活动

一、目标和任务

学生根据搜集的资料完成脚本创作任务。旨在通过脚本撰写使学生认识并反思日常生活中的非伦理消费行为。

二、活动准备

教师准备：布置活动任务，解释活动要求。

学生准备：分小组，根据组员的特长分配任务。

三、活动步骤

1. 实施。各小组通过课后讨论的方式，记录本组两个成员有代表性的不符合伦理消费的行为，并共同完成脚本的创作。

2. 分享体会。分小组在课堂上介绍脚本，分享脚本创作心得，评选优秀脚本。

四、反馈和完善

活动结束后，教师总结学生的学习效果并反馈评价，形成教学反思日志。

推荐阅读

1. 〔美〕埃里希·弗罗姆：《占有还是生存》，关山译，三联书店1989年版。
2. 唐凯麟、陈科华：《中国古代经济伦理思想史》，人民出版社2004年版。
3. 〔荷兰〕斯宾诺莎：《伦理学》，贺麟译，商务印书馆1983年版。
4. 〔美〕艾伦·杜宁：《多少算够——消费社会与地球的未来》，毕聿译，吉林人民出版社1997年版。
5. 〔法〕让·鲍德里亚：《消费社会》，刘成富、全志钢译，南京大学出版社2014年版。
6. 〔美〕朱利安·L.西蒙：《没有极限的增长》，王长江、李园译，重庆出版社2022年版。
7. 〔美〕德内拉·梅多斯、乔根·兰德斯、丹尼斯·梅多斯：《增长的极限》，李涛、王智勇译，机械工业出版社2013年版。
8. 〔英〕亚当·斯密：《道德情操论》，蒋自强、钦北愚、朱钟棣、沈凯璋译，商务印书馆1997年版。

9. 唐凯麟主编:《西方伦理学名著提要》,江西人民出版社2000年版。
10. 何怀宏:《伦理学是什么》,北京大学出版社2015年版。
11. 〔美〕蕾切尔·卡森:《寂静的春天》,张雪华、黎颖译,人民文学出版社2020年版。
12. 〔澳〕彼得·辛格:《动物解放》,祖述宪译,中信出版社2018年版。

第十二章 商业伦理

知识目标

1. 掌握商业伦理的含义和内容
2. 了解商业伦理的治理方案
3. 明确探讨商业伦理的现实意义

能力目标

1. 明确商业伦理知识对个人职业发展的影响
2. 识别常见商业伦理的不道德表现

素养目标

1. 抵御过度营销对个体的影响
2. 增强自身的控制力
3. 提高应用写作能力

第十二章 商业伦理

本章主要知识脉络图

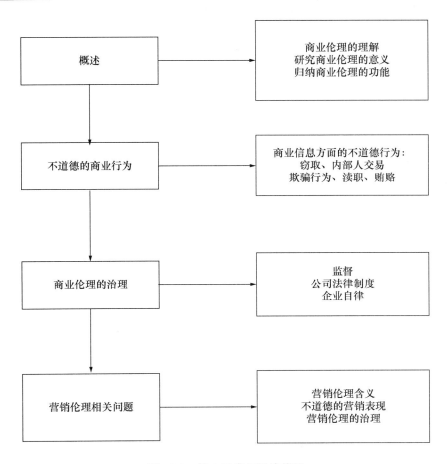

图 12-1 第十二章知识脉络图

案例 定向广告引发的问题

2018年9月，美国的一群求职者将包括Meta（原Facebook）在内的十几家公司告上法庭，理由是上述公司将某些招聘广告只推送给男性求职者，此种行为歧视女性。2017年年末,Propublica(独立非营利性媒体机构)和《纽约时报》的一项调查表明:多名雇主使用该平台的定向广告工具将广告推送给特定年龄组的人,这意味着高于或低于该年龄段的人看不到此广告。

定向广告也是谷歌商业模式的核心部分。2015年,卡内基梅隆大学的一项研究发现,女性看到高收入职位招聘广告的概率远远低于男性。

定向广告是在线广告的主要形式,它使广告主可以根据各种不同特征进行选择,如年龄、性别、位置、行为或兴趣。

对个体行为的持续监控是广告科技的核心。这也是Meta、谷歌等企业保证广告主能在任何指定时间找到合适人才的底气所在。

各组织可以利用谷歌分析工具得知网站流量,与此同时,谷歌也获得了推送定向广告必需的信息。一份2016年的广告监测科技研究报告指出,排名靠前的网站绝大多数采用了谷歌分析工具,当你浏览上述网站时,谷歌可以利用这些信息为你定制广告。

当你第一次登录某个网站时,网页并不会立刻出现广告,但此时你的个人信息就会被上传至广告交易平台,广告主开始竞价,出价最高者可以在你的页面投放广告。

资料来源:〔英〕马丁·摩尔:《在线商务如何"助长"歧视》,史万春译,《国外社会科学文摘》2019年第2期,有删减。

思考 如何认识科技运用于商业?

第一节 概　　述

一、商业伦理内涵的理解

商业伦理,又称商业伦理道德或企业道德,是指企业在商业活动中遇到的众多社会问题的道德规范与自我约束的总和。

商业伦理学主要研究商业活动中产生的各类道德现象和理论,它具体研究商业购销、宣传、储存、流通等环节中的职业道德规范。商业伦理学属于职业伦理学范畴。

笔者认为,商业伦理是企业社会责任的内容。企业社会责任的正式定义众说纷纭,不同的学者和组织从不同的角度阐述其内涵,如哈罗德·孔茨、海因茨·韦克里、彼得·德鲁克等人和世界银行都对企业社会责任(CSR)下过定义。目前被普遍认同的企业社会责任理念即企业在创造利润、对股东利益负责的同时,还要承担对员工、社会和环境的社会责任,包括遵守商业道德、生产安全、职业健康、保护劳动者的合法权益、节约资源等。

由此看来,商业伦理包含在企业社会责任的框架下。它是从伦理的角度对商业行为目的性、合理性、义务性等问题所作的道德规范,是一种规则、标准、惯例或原则,是对企业的经营理念、发展战略、管理方式、制度机制、伦理道德、职能权限设置等问题进行决策时所依据的价值观、道德观、准则和方法,是为了建立和维系合理的、和谐的关系而设计的一套企业组织内外人际、群际、环境关系互动与相互承诺的准则。

二、研究商业伦理的意义

任何正规的伦理规划都要消耗大量人力和物力,商业伦理也不例外。企业为何要在兼顾收益的同时,为商业伦理的落实与否支付各种成本?我们可以通过分析伦理给企业带来的益处获得答案。

因为不道德的商业活动存在危害。从经济公平角度看,不道德的商业活动严重侵害他人权益,引起人们的利益冲突,对社会的稳定构成威胁;不道德的商业活动会破坏市场经济体制的道德基础,从而在宏观上对市场经济制度造成损害,降低市场经济体制的效率;不道德的商业活动会导致企业的自我毁灭,因为权益受损方必然要与造成损害的一方发生冲突,使得造成损害的一方为此付出代价。另外,人们为保护自己的利益,也绝不会容忍损人利己的行为,因此必然要制定相应的法律法规制裁不道德的商业活动,使损人利己的行为付出惨重代价。

与非伦理企业相比,伦理企业能够获取更高的利润。具有高度社会责任感的企业的项目在很多方面都能带来积极效应,如公司财务状况、公司市场价值、股票市场价值、股票收益率、财务业绩发展趋势等。几乎所有的研究都表明:商业伦理蕴含巨大的利益,从各方面来讲,商业伦理项目能为企业带来巨额经济利益。

大量的研究指出,商业伦理对全球企业产生积极影响,但非伦理行为的消极影响也不容忽视。企业声誉是人们基于自身对某企业的了解和认识，对企业所持有的看法。伦理丑闻对企业声誉的影响是灾难性的，甚至可以毁掉一家企业。企业一旦失去声誉，就要消耗更多的时间进行重塑。

良好的商业伦理通过员工、客户、供应商和投资者为企业带来利益。对于任何卷入商业伦理丑闻的企业来讲，法律责罚和相关罚款都可能扰乱企业经营。

商业伦理还能给企业带来很多其他方面的好处。例如，可以提高企业的创新性。在通常情况下，企业社会责任有助于培养、修订和完善企业的价值观、政策和业务实践。在此过程中，企业开始关注一些之前忽视的新群体，如员工、客户、供应商等群体的需求，这同样可以提高企业的创新能力和竞争力。因此，从这一角度分析，商业伦理有利于企业打造核心竞争力。

从遵守商业规范角度研究商业伦理的益处，还可看到，合理的伦理规范应考虑到主要的参与者（如社区、员工）的诉求，从而影响企业文化，塑造全新的价值观。反之，这些价值观也有助于发现不符合商业伦理的行为，帮助企业与主要参与者建立新的合作关系，打造经营优势。由此，企业可以获取竞争优势，并从中获利。

企业的伦理行为可以同时为供应商和企业带来效益。其表现形式之一即为对社会负责的采购方式。这使得在传统供应链中处于劣势地位的供应商，如小型供应商、少数民族供应商和资源相对弱势供应商得到更多的机会，同时也可使企业展示自身的多元文化。当前，欧美企业已经致力于树立对社会负责的企业形象，并积极开展相关活动。

通过与少数民族供应商交易，企业可以了解少数民族市场的动向。与小型供应商合作，企业既能扶持其发展，又可降低自己对传统供应商的依赖，同时提高自身的声誉。

商业伦理给企业带来的好处还表现在企业与投资者间的良好关系方面。越来越多践行商业伦理的企业不断得到投资者们的青睐，使其步入良性的循环发展渠道。

归纳起来，商业伦理的功能主要体现在如下方面：

1. 导向功能

商业伦理是正确处理企业与社会以及生态环境之间关系的指导原则。商业伦理具有使企业对自己获取利益的行为与人的协调发展、社会整体利益的进步以及稳定的可持续发展等价值导向进行协调的功能；还有助于企业在社会公众中树立良好的社会形象，扩大企业的社会影响力，与环境和谐相处。

商业伦理还有利于提高消费者信任感和满意度,为企业带来效益。消费者都期望企业具有伦理品质,对于违反商业伦理的企业,会进行规避。人们对于正面信息和负面信息的反应是不对称的。与正面信息相比,消费者对负面信息的反应会更加强烈。如果消费者发现企业在履行社会责任,他们就会更加正面地评价企业,也会更愿意购买该企业的产品。企业还能通过良好的企业伦理形象提升消费者的信任度,更好地证明自己与多方环境的关系,赢得消费者的信任,进而提升企业的市场份额。

2. 凝聚功能

除了能为企业带来直接利益,商业伦理还可以为员工带来很多益处。认同商业伦理的员工在工作时会更有动力,表现出积极的心态。相应地,若企业拥有浓厚的伦理氛围,也更能激发员工的积极性。同时,由于价值观具有兼容性,在富有高度伦理价值观的企业中,员工对企业的使命感也会更强,进而为公司带来额外收益。研究发现,员工和公司间高度一致的伦理价值观还会带来较好的业绩。由此,企业伦理观越强,其员工就越有工作积极性、使命感,工作表现就越好。

3. 规范功能

商业伦理可将企业规范转变为员工的自我信仰,使员工自我约束、自我规范和自我评价,还可将企业与员工的需求和期望统一起来。

4. 激励功能

商业伦理为员工提供了提升人格的精神指南,有利于员工提升自身的素质,同时,激发工作热情,如此的激励手段是最有效和持久的。

如果员工认为自己的领导者具有良好的伦理品质,那么员工对自己工作和生活的满意度也会更高,这表明伦理品质能产生许多工作以外的影响,能够降低员工的压力,使其身体更加健康,缺勤率更低,因此,员工同样能够从伦理管理中获益。

第二节 不道德的商业行为

不道德的商业行为涉及的内容大体包括营销和商业信息两个方面。营销方面重点体现在营销策略上,如不正当竞争、索要回扣、行贿、误导销售、广告欺诈等。详细内容可见本章第四节。本节主要讨论商业信息方面的不道德行为。

一、内部人交易

内部人是指掌握未公开信息、比社会公众有信息优势的人。它还包括处在企业外部,但通过某种关系和途径获得了企业内部信息,在交易中拥有信息优势的人。

内部人交易是指企业内部和外部拥有信息优势的人利用信息优势或出卖信息在交易中牟取暴利的行为。内部人交易损害了企业利益,破坏了公平交易的环境,妨碍了公平竞争的市场秩序,是极为不道德的。

内部人利用内部信息进行不正当交易的方式有两种:其一,企业内部人利用内部信息为自己牟取私利,损害企业利益;其二,企业内部人利用内部信息损害企业外部人的利益。

二、窃取

从伦理道德上讲,窃取不仅包括法律上的偷盗行为,还包括运用各种暂时合法的手段取得不属于自己的东西的行为。典型的商业窃取活动之一就是窃取商业机密,这种行为已因为《中华人民共和国反不正当竞争法》的颁布实施而成为非法行为。

商业活动中被窃取的财产可以是有形的,也可以是无形的。就无形的财产而言,内部人交易是典型的例子,即当一个人把利用职权获知的信息当作自己的东西加以利用时,便犯了商业窃取的过错。它常是其他非伦理商业活动的结果,因此,与其他不道德商业活动合为一体。

任何一个企业都有属于自己的信息,有的是不能公开的。那些不能公开的、需要特殊保护的信息便是商业机密。商业机密有如下一些特点:

(1)企业对此必须有一定的保护措施,必须制定相关保护制度。不是企业所有员工都能接触到这类信息,对于这类信息要作出一些特殊规定。

(2)企业为获取这类信息付出了代价,一旦失去,企业会产生巨大损失。

(3)这类信息在同行业有较高的竞争价值。这类信息不仅是本企业利润的增长点,也是同行业竞相追逐的对象。

三、欺骗

欺骗是指对于应披露的信息,企业没有及时披露或刻意隐藏。这些信息主要包括:应向利益相关者披露的相关信息;应向股票持有人和潜在的股票持有人披露的基本经营信息;必须向员工公布的他们关心的和员工权利相关的法律范围内的信息;必须向消费者披露的生产产品的相关信息;应向社会公众公布的相关信息。

欺骗行为还包括有意误导和事后不守承诺。其形式多种多样,从时间上看,可分为交易之前的故意误导和交易之后的不守承诺;从种类上看,常见的有伪造各种产品和商业票据,在会计报表或财政数据上弄虚作假,在广告宣传和产品说明书上故弄玄虚,用各种商业手段诈骗钱财等。

四、渎职

渎职是指职业道德意义上的不认真和不负责任的企业行为,包括法律意义上的渎职行为。后者是狭义上的渎职,前者是广义上的渎职,因此在外延上包括后者。渎职的主要表现是,不严格按照工艺规程进行操作,不根据职业规范行事。缺乏职业道德现象的集中体现是产品和服务质量低劣。

五、贿赂

贿赂在法律上可定义为:为谋取不正当利益,给予对方单位或者个人金钱或其他利益,以排斥竞争对手,获得更大利益的行为,即指使接受了好处的人员在行使职权时以某种方式偏向行贿者。商业贿赂的对象主要是企业雇员。行贿的方式不一而足,而且有时较难证明。

讨论专区

古驰(Gucci)宣布不再使用动物皮毛作为原材料,放弃几十亿元人民币的收入;宜家明确可持续发展战略,做"可持续家居生活"解决方案的提供者,与消费者共创"可持续家居生活";宝洁提出不依靠石油,将甘蔗汁转化成乙醇,用对乙醇进行化合处理得到的塑料包装洗发水,按照宝洁设定的长期目标,最终将实现使用100%可再生能源作为动力,所有产品和包装均使用100%可再生或可循环使用材料。

讨论:以上述三家企业做法为线索,探讨企业践行商业伦理的途径还有哪些?

第三节　商业伦理的治理

一、发挥监督的作用

充分发挥社会舆论监督的他律制约作用。因监督的效果基于全民文化素质和社会参与能力，所以要以各种方式宣传监督的意义，对积极参与监督工作的公民给予奖励，这样做的目的一是对公民责任进行反馈，二是树立良好的榜样，增加公民参与人数，对弘扬社会正气起到助推的作用。企业应与社会相关部门合作，广泛利用现代高科技手段，资源共享，信息共用，以配合社会信用建设，为企业和员工建立诚信档案，让非伦理的商业行为无处躲藏。

首先，号召利益集团和消费者团体参与企业的商业伦理治理和建设工作，鼓励消费者敢于质疑、揭露和挑战违反伦理的行为。

其次，发挥行业协会的作用，通过行业协会的规范约束入会的企业，同时加强宣传力度，使企业明了商业伦理是"管理"的基本功能，保护雇员应有利益不受损害。

最后，充分发挥企业监督、财政监督、审计监督、税务监督等的监督作用，做到监督标准统一化、职能整体化；从规范性、广度、深度和力度等方面为企业内部监督提供有力支持；提高对内部审计的认识并落实到具体的工作中，不能让企业内部的审计机构形同虚设。

二、加强企业法律制度建设

我国已有《公司法》，还有更多与之配套的公司法规文件。这些法律法规明确规定了与企业相关的单位、部门、个人在企业行为履行中的权利、责任；强调各单位内部监督以及单位负责人、企业机构、企业员工的监督职责。为使这些法律法规真正发挥应有的作用，需加大宣传力度，提高社会认知度，让所有企业都能熟知相关的法律条款，做到他律之后的自律。同时扭转执法不严和违法不究的现象，加大对违反法律法规行为的惩治与处罚力度。

企业应完善内部控制机制，加强自身管理。内部控制机制是指企业各级管理部门在相互制约、相互联系的基础上，采取一系列具有控制功能的方法、措施和程序，并进行规范化、标准化和制度化后形成的控制体系。通过这些机制的建设可及时发现、纠正已经出现或可能出现的伦理问题，避免损失。

三、企业自律建设

企业自律建设主要包括：树立商业伦理道德信念、履行商业伦理道德义务、培养商业伦理道德良心、注重商业伦理道德荣誉、捍卫商业伦理道德尊严和坚守商业伦理道德节操。

企业应通过文化建设使员工树立商业伦理道德信念，对社会的良好期望和对自己社会人格的良好期望。

自觉履行对社会、对他人的责任包括：社会或他人对企业员工规定的责任；企业员工对社会或他人所负的责任。企业信息是否真实、完整、准确，会影响国家宏观经济调控的决策。因此，员工首先要对社会整体利益负责，对债权人和投资人负责，对单位负责。有责任感的员工应做好本职工作，履行自己的使命和责任。

培养商业伦理道德良心的主要表现包括：企业员工作出某种企业行为之前，对行为动机进行自我检查；对符合商业伦理道德要求的感情、意志和信念，予以坚持和鼓励；对行为的后果和影响作出评价，用这些内在的要求指导自己在职业生活中的言行。

商业伦理道德荣誉是推动企业员工履行职责的高尚情感和巨大的精神力量，它可以激发员工关心自己的声誉、集体的威望和整个行业的信誉，鼓励员工在本职岗位上做出贡献。同时，可使员工在局部与整体利益关系上坚持原则，在个人与集体利益关系上做到公私分明。

第四节 营销伦理相关问题

一、市场营销与伦理的联系

1. 从营销角度而言

营销归根到底是人际关系的营销。为取得最佳效果，营销须充分调动与营销项目相关的所有人的积极性，这就需要规范人的行为。规章制度能对员工的行为起到基本规范作用，但要真正发挥员工的潜力，使员工的行为符合企业的目标，还需要伦理引导，以良好的伦理道德激发员工的责任感和荣誉感。

员工对人、财、物的支配离不开对伦理准则的把握。营销管理是基于一个基本目标来调动与支配人、财、物，这离不开道德意识和对伦理准则的把握。

员工在处理个人与集体、社会的关系时更需要建立正确的伦理准则，这体现了人与人、企业与社会的关系。如何做到社会利益、集体利益和个人正当利益的有机统一和统筹兼顾，对于营销者来说，不仅有营销艺术、水平上的考验，更有伦理道德方面的考验。只有在复杂的营销活动中摆正个人与集体、企业与社会的位置，才能使企业长久发展。

在营销行为的具体实施中，如广告推广、渠道选择等方面也存在具体的伦理问题，这些都应给予考量。

2. 从伦理角度而言

伦理是特殊的社会营销方式。只要伦理存在，它就具有社会规范的作用，并扮演社会营销的某种角色。伦理作为调节营销活动的一种手段，有着不可替代的独特优点。出于道德信念所进行的营销活动能自觉抵制各种非法营销，具有使营销行为合理化的"持久效应"。同时，伦理营销可作为一种社会资本。

如上分析，营销与伦理之间具有内在联系，营销是交融伦理的营销，伦理思想与行为规范贯穿于一切营销活动，伦理作为特殊的营销方式，具有潜移默化的营销作用。

二、营销伦理的内涵

营销伦理指的是为了协调企业营销活动开展过程中各利益相关者的关系所需遵守的准则，是营销主体在从事各种营销活动时，所应遵守的基本道德准则。它用来判断企业营销行为正确与否、是否符合消费者及社会利益、能否给广大消费者带来最大利益，涉及企业市场营销的决策和行为的价值取向，要求企业以道德标准来规范其市场营销行为及履行社会责任，维护和增进全社会和人们的长远利益。

营销伦理的本质是营销道德问题，是商业伦理的一个重要组成部分。其实质是要求营销主体在市场营销活动中，正确处理销售主体与客体、销售主体与社会的利益关系。具体来讲，营销伦理要求营销主体在制定营销决策、确立营销策略时，认真考虑营销者利益、消费者利益和社会利益三者之间的平衡协调。营销活动主体不仅要追求自身利益、满足顾客需要，而且要考虑社会利益。这种营销伦理观念称为"社会需求优先论"。

西方伦理学家提出判断营销道德的两大理论，即功利论和道义论。功利论以行为后果判断行为的道德合理性。如果某一行为给大多数人带来幸福，该行为就是道德的，否则就是不道德的。道义论从处理事物的动机角度审查道德，并且从直觉和经验中归纳应遵守的道德责任和应履行的义务,并据此判断行为的道德性。现实中则将功利论和道义论相结合判断营销行为的道德性。

营销伦理要求从单纯追求自身利益并满足顾客利益转变为在符合社会整体利益的大前提下满足自身和顾客的利益需要。

企业营销中的伦理问题虽然主要侧重于消费者的权利问题,尤其是生命权利、隐私权利等,但仍然涉及其他利益相关方的权利,如上下游企业等。本书聚焦企业在对外部商业行为中的伦理问题。

三、营销伦理的不道德表现

营销伦理失范的根源在于利益冲突。人际关系严重影响企业管理者的决策力和判断力,这就是冲突的经典定义。几乎所有的商业关系都会出现利益冲突。常见的利益冲突包括公开的或私下的贿赂行为、影响力和特权信息的交换等。贿赂或回扣都是为了交换某种特别的产品、服务或影响力,其形式可能是金钱,也可能是其他有价值的物品。送礼物超过一定的价值或邀请行为超过互惠的能力,则可视为微妙的贿赂行为。

若企业所作的决定涉及个人关系,或企业运用个人影响力解决问题,那么就涉及伦理问题,因为这会受到他人的质疑。

作为雇员,可能会掌握一些对雇主的竞争者有价值的信息,对这些信息的不当处理,如出售、出卖、流出等行为都是不道德的表现。

产品信息所包含的内容很多,如产品安全与有效性、广告内容的真实性以及某些特殊的委托责任等,在这些方面失范就是伦理不道德的表现。

企业营销活动的重点是对产品、价格、渠道和促销四个方面营销内容相关的各种营销策略的有效组合,这些也是企业营销伦理问题产生的主要方面。

1. *产品伦理问题*

产品设计存在缺陷最基本的特征就是对顾客的安全造成影响。企业有目的地使之前所生产产品的使用寿命缩短,以此完成产品的更新换代,虽然能进一步提高产品的性能,吸引顾客关注进而形成购买意向,但这种营销行为在最初的产品设计阶段就已经对消费者存在算计和欺骗,因此属于不道德行为。

产品包装中的伦理问题,体现为包装不当,在包装上传递误导性信息;包装欺诈,包装上有欺骗性的介绍和标志;包装过度,对社会造成危害,特别是对环境和自然生态造成危害,助长攀比等不良风气,另外,使消费者承担了不应承担的成本,这对消费者也是一种欺骗或侵犯。

产品质量安全中的伦理问题,体现为使用不合格、不合规的材料进行产品生产以及产品研发团队中存在低效员工等。

2. 定价伦理问题

一般来讲,定价伦理问题有四种类型:歧视定价、串谋定价、掠夺定价和价格欺诈。

歧视定价指的是在营销过程中,通过对不同的消费者进行等级划分,以不同的价格销售同种类别的商品。此外,歧视定价还会带来社会问题。尽管歧视定价在很大程度上探讨的是经营者之间的关系和竞争关系是否失衡的问题,但在现实生活中,我们也会碰到很多针对消费者个人的价格歧视。

串谋定价有时也被称为协议价格,指的是为了实现高额利润或抢占市场份额,不同企业之间通过各种协议或商谈确定价格。其实质是为了形成市场垄断,损害消费者的权益。从伦理角度来看,这也是违背公平原则和伦理的,会对市场的良性竞争产生不利影响。

掠夺定价的最终目标是以相当低的价格吸引消费者,挤掉竞争对手并获得"市场控制权",企业之后可能通过制定较高价格获得高额利润。长期来看,这会损害消费者权益。

价格欺诈是指经营者利用虚假或误解的不当价格策略或手段欺骗、诱导消费者进行交易,损害客户利益的行为。有时还会有误导性定价,即企业通过一些易使消费者产生误解的说法进行价格宣传。这两种行为均破坏了公平公正原则,损害了消费者权益,尤其是消费者的知情权,阻碍了市场交易的合理性和公平性。

3. 分销渠道伦理问题

分销渠道伦理问题指企业在直销渠道中侵犯消费者的隐私权、骚扰消费者、欺诈消费者和不公平对待消费者等。间接分销渠道中的伦理问题很大程度上来源于分销渠道中的目标冲突,普遍存在的伦理问题包含:低价挤垮小企业之后再抬高价格并垄断价格;将产品的价格定得高于合理水平;以高额定价后再高比例打折误导消费者;高额回扣导致高额定价,这些最终都会对消费者的利益造成损害。

4. 促销伦理问题

促销的多种形式中,最易出现伦理问题的是广告和人员推销方面。具体来讲,广告中存在的主要伦理问题有:广告的真实性、对未成年人的负面影响和低俗问题。

广告的真实性问题已成为营销伦理中最广泛和最具争议的问题。虚假广告和欺诈广告会误导消费者,严重损害消费者利益,破坏社会公平与和谐发展。向消费者夸大产品或服务的好处,在某种情况下,也是不公平的表现。

有些不良广告传播的价值观对未成年人产生负面影响。低俗广告不仅会影响产品的销售,也会影响企业的声誉。

广告和营销往往造成非理性的消费需求,会扭曲整个经济。许多资源都被用来生产私人消费品,而用来生产更重要的公共产品和满足消费者需求的资源却被剥夺;一些广告和其他营销方式能够创造消费者的消费需求,这违背了消费者的自主权。如果购买欲望是由营销产生,那些因为有能力购买所需产品且自认为消费自由的消费者实际上并不是自由的。简而言之,消费者被广告操纵了。

人员推销中的销售人员具有高压性、独立性和两难境地等特点。有学者认为推销本身就是一种非伦理行为,因为它剥夺了消费者更多的选择。推销人员在与消费者的直接接触中,一般有高压劝说、顾客歧视、误导宣传等伦理问题。常见的高压劝说形式是"限量销售",即对一项产品的销售量进行限定,制造一种产品紧缺,错过之后就买不到的紧张感。若销售人员传递的信息与实际情况不符,那么这种行为就是一种非伦理行为。顾客歧视指的是销售人员对顾客进行划分,使顾客没有享受到同等的产品优惠或服务。误导宣传包括进行不正确的产品与服务描述,作出错误的承诺等,这在一定程度上损害了消费者的自主选择权利。

5. 营销调研的伦理问题

营销调研主要涉及三方面关系,即调研人员同委托者、调研人员同受访者以及委托者同调研人员之间的关系。

从调研人员对委托者的道德责任看,委托者有权要求调研人员保守秘密,未经委托者许可不能泄密,否则就是不道德的行为;调研人员必须根据委托者的要求,保证调研工作质量,如果调研人员违背与委托者签订的合约,必然会引起道德问题。

从调研人员对受访者的道德责任看,调研人员要尊重受访者。

从委托者对调研人员的道德责任角度考虑,委托者必须依照约定或合同支付调研费;委托者要公正、全面公布调研成果,不能引起读者对调研成果的误解。

四、营销伦理的治理

企业营销中的不道德行为即营销伦理问题,这些行为不仅会对企业产生极大的危害,而且从宏观层面和长远角度来看,对整个社会的发展也会产生不良影响。对此,营销伦理的治理便是一个重要课题。

1. 营销伦理决策的影响因素

(1) 个人道德哲学观

个人道德哲学观指用来指导个人行为的原则或规则。个人道德哲学观,尤其是高层管理者的个人道德哲学观必然会渗透到企业营销决策中。个人道德哲学观正确与否及其水平的高低,会影响企业营销决策是否符合道德标准及营销决策道德水准的高低。

(2) 企业价值观

企业文化的基础与核心是在企业经营哲学指导下形成的,它决定了企业的经营目标、管理风格及行为规范。

(3) 组织关系

组织关系指在企业中,上级与下级、同事之间的关系,在这诸多关系中要保持相互信任、履行相互的责任及义务等。中层管理者根据高层管理者设计的整个营销管理方案中的伦理基调,结合自己的个人道德哲学观影响营销方案的实施。

(4) 机遇

机遇是指对经营者有利的一些条件,它能够减少障碍或提供报酬,从而影响营销方案的道德性。报酬分为内部和外部两类,内部报酬是指自身良好的感觉;外部报酬是指在等价交换基础上,从他人那里获得自己想得到的有价值的东西。

(5) 企业层面

企业应重视塑造具有创造力、影响力、凝聚力、表现鲜明个性的高水平的企业文化,这将有利于企业领导者及员工树立正确的价值观,从而有利于企业制定道德性的营销方案。企业应自觉建立营销道德标准,并将道德标准实施融入控制系统,对营销道德标准进行监督、检查及调控。同时,企业应自觉树立社会市场营销观念,将企业利益、消费者利益和社会利益结合起来。

2. 营销伦理践行的基本原则

在面对任何市场中的伦理问题时,都要考虑三个问题:

(1) 尊重

人们必须自由地进行交易。价格欺诈、操纵和垄断,都涉及自由购买的问题。营销人员在营销服务中拒绝提供充分信息或提供一些没有根据的信息和理解,就会产生伦理问题。

(2) 利润

伦理关怀考虑的是通过市场交易获得利润。但很多购买行为并不产生实际的利润。例如,冲动型消费和促进消费者产生消费行为的营销技巧没有使消费者产生满足感。实证研究表明,高消费可能导致不快乐。消费者的满足程度不足以衡量市场交易带来的好处。一方可能因为购买商品而受到伤害,而双方在此情况下都没有获益。不安全的产品也无法使整体幸福最大化。

(3) 价值观

通过营销实践可实现一系列健康的社会价值观,包括公平、正义、公正和安全。企业在营销中传递的价值观在影响未成年人的同时还要考虑在交易中还会有哪些人受影响?社会福利是否增加?外部性效应表明,即使双方当事人通过交换都获得实际利益,但外部的某一个主体的利益可能受到损害,这样的交易就没有考虑社会成本,因此也应列入营销中的伦理问题。

为此,由核心伦理准则派生出如下营销伦理原则:消费者自我保护的伦理原则;诚实不欺或知情的伦理原则;自愿交易的伦理原则。

3. 具体践行方案

在营销伦理践行方面,政府应实施监督功能。宏观上,创造客观条件,为企业实行文明经营奠定物质基础;通过宏观调控模式间接引导企业沿着法律及道德的轨迹运行;不断完善立法及强化执法力度,既要打击非法的营销行为,又要保护和鼓励合法的营销行为。同时,政府应落实可行举措,以弥补可持续发展营销企业的收入损失。

企业的领导者要充分认识营销伦理的重要性。因此,要建立合理的营销伦理规则,并且在企业中有序、有效落实;把握消费者需求,保障消费者权益,进而将这种保障反映在企业的价值观层面。

企业在制定营销方案及开展营销活动时,要妥善考虑下列问题:营销方案对消费者或其他利益团体可能带来的后果和影响;消费者对营销活动所产生的后果和影响的接受或排斥程度。

企业无论采取何种营销手段,都需要遵循并体现公平交易的原则,这是营销的基本也是核心伦理准则。

公平交易就是等价交换,买卖双方都要检查在买卖中所交换的物品是否在价值上相等。衡量物品的价值以及等价的问题几乎没有答案或者可以说有多种方法,但无论采用何种衡量价值的办法,公平的交易都必定具有一个本质特征:互利互惠。

公平交易需具备三个必要条件:理性人条件,买卖双方都清楚自己的需求是什么;知识条件,买卖双方对所交易的物品有充分的了解;非强制条件,买卖是自愿的行为,买卖双方都不应被强制销售和消费。

基于前述营销伦理产生的主要问题,企业可将营销伦理建设重心放在如下方面:

(1) 产品管理

企业应审查在产品推向市场时应承担的相关责任。在进行产品设计时,企业应遵循人本原则,强调协调和以顾客为中心,考虑顾客的实际需求及不同用户的多样化要求。产品的设计与创造则是可持续发展营销的另一个方面。

企业应有伦理意识并将其贯穿于产品管理的全过程。对所有推向市场的产品,企业应着重强调产品安全,了解利益相关方(消费者为主)对安全性的要求程度以及可承受的风险范围。企业有义务将产品的风险告知消费者,消费者有权知道风险的性质、来源、避免方式以及相应的替代手段。企业应提供恰当的产品说明和充分的警告标识。一旦产品有可能对消费者的安全构成威胁,企业应采取先决行动,将产品从市场召回。对于淘汰产品,企业也应制定特别的伦理政策。

企业应为顾客提供优质的产品和服务,并保护其隐私。隐私权是顾客的基本权利,企业有对顾客信息保密的义务。有些行业的保密问题尤为重要,这类行业中的企业禁止任何员工公开承认任何客户关系。有时,第三方会要求了解相关信息,如果员工想提供信息,那么可以提供关于企业的整体信息,只要这些信息不泄露顾客的身份。

在企业对其产品的营销中,顾客可了解自己需要或希望得到的产品,并获取帮助自己作出合理选择的产品信息,甚至能从中获得快乐。营销可直接或间接影响消费者购买什么样的产品。

(2) 价格方面

可持续性发展理论要求企业关注资源环境的耗费,关注企业赖以生存的自然资源。为此,践行营销伦理的企业在营销活动中表明环保材料的使用或较少的资源消耗会影响产品的实际价格。在定价中,为长期考虑的短期损失是合理的,这恰好符合可持续发展营销的目标。

(3) 促销环节

企业在营销活动中有责任引导顾客需求,鼓励顾客对可持续性产品保持更多关注。企业应发挥广告的教育性,使消费者从广告中知悉产品,帮助消费者了解可持续性的重要性,促使消费者在可持续性消费的过程中扮演重要角色。

企业应消除广告控制消费者行为这一缺陷,将自主权还给消费者。自主权说明消费者能作出理性和自愿的消费选择。企业应以消费者行为为基础,不能创造消费者的消费欲望。

(4) 分销渠道方面

企业应在交通运输中提高燃油效率并应用替代燃油的能源,建立本地高效的分销渠道和依靠电子而非人力的配送系统。同时,企业应重视产品报废回收,出货部门也应当完成产品的出货部署、回收和再利用的任务。

在创造、宣传一种产品并将其推向市场的过程中,企业的营销还涉及与其他商业实体间的广泛关系。企业对其他商业实体活动负有的责任,称为供应链责任。

委托人对代理人行为负责,其原因在于代理人是代表委托人、站在委托人立场采取某些行动的,且委托人对代理人的行为有直接影响。因此,如有人在代表你,站在你的角度以及在你的影响下做事,那么你必须对他的行为承担部分责任。对于企业对其供应商行为负责的道德理念,主要源于两个条件:供应商通常站在企业角度行动,企业往往对其供应商的行为产生重大影响。

对供应链提出负责任营销的原因是这种理念在整个供应链系统中不断深入。在任何具有相互关系的系统中,它的每一个元素都可能对整个系统产生影响。

相关阅读 ▶ **国家市场监督管理总局对长安福特实施纵向垄断协议依法处罚 1.628 亿元**

国家市场监督管理总局对长安福特汽车有限公司(以下简称长安福特)实施纵向垄断协议依法作出处罚决定,对长安福特处以罚款 1.628 亿元。

据介绍,2013 年以来,长安福特在重庆区域内通过制定价格表、签订价格自律协议以及限定下游经销商在车展期间最低价格和网络最低报价等方式,限定下游经销商整车最低转售价格,违反《中华人民共和国反垄断法》(以下简称《反垄断法》)关于禁止经营者与交易相对人达成限定向第三人转售商品最低价格的垄断协议的规定。在调查过程中,长安福特没有提供证据证明相关行为符合《反垄断法》第 15 条规定的豁免情形。长安福特的上述行为剥夺了下游经销商的定价自主权,排除、限制了品牌内的竞争,并实际削弱了品牌间的竞争,损害了相关市场的公平竞争和消费者的合法利益。国家市场监督管理总局依据《反垄断法》对长安福特处以上一年度重庆地区销售额 4% 的罚款。

  国家市场监督管理总局将持续加强反垄断执法,有效预防和制止垄断行为,严肃查处垄断协议、滥用市场支配地位行为,切实维护市场公平竞争,营造良好的营商环境,促进经济高质量发展,保护消费者合法利益。

  资料来源:《国家市场监管总局对长安福特实施纵向垄断协议处罚 1.628 亿元》,http://www.xinhuanet.com/fortune/2019-06/05/c_1210151964.htm,有删减。

本章小结

  本章介绍了商业伦理的概念,阐述了商业伦理的功能:导向功能、凝聚功能、规范功能和激励功能;分析了商业信息方面的不道德行为表现:窃取、内部人交易、欺骗行为、渎职和贿赂;从监督、法律法规、制度和企业自律的角度探讨了商业伦理的治理问题;重点研究了营销伦理的含义和治理;从产品、定价、分销渠道和促销等方面说明不道德的营销行为。

关键术语

商业伦理	内部人交易	不道德商业行为	营销伦理
产品伦理	定价伦理	分销渠道伦理	促销伦理
营销伦理治理	营销伦理践行		

思考题

1. 企业与顾客关系中的伦理道德问题有哪些?
2. 请谈谈加强商业伦理建设的意义。
3. 请从自律和他律的角度制定商业伦理的践行方案。

4. 请对网络购物涉及的商业伦理问题提出相应的对策。

 讨论题

亚马逊（Amazon）从每个用户的购买行为中获得信息，记录每个用户在网站上的所有行为，如页面停留时间、是否查看评论、搜索关键词、浏览商品等，使其精准推荐奏效。

谷歌等平台从搜集用户行为数据中获得市场支配力，这种行为不会只停留在提供精准广告这样的初级水平。如果它被用来影响社会或政治体系，将会变得非常危险。

资料来源：张永和：《虚拟触觉与数据价值》，载《三联生活周刊》2020年第47期，有删减。
问题：如何看待企业对用户数据的使用？

案例分析

揭秘"网络水军"删帖"产业链"

"网络水军"主要通过有偿删帖和恶意发帖牟取暴利，他们先与客户谈好需要删除多少不利信息、在多少个站点发布多少负面信息等，然后利用掌握的渠道资源进行删除或发布。

"网络水军"通过多种手段达到删帖的目的：一是彻底删除；二是屏蔽；三是替换。

有些"网络水军"发布委托人的正面信息，并利用流量点击、频繁转发等手段使这些内容位于前端页面，使相关负面信息"下沉"，降低负面信息的曝光率。

"发帖"是"网络水军"另一种牟利手段。一些公司为了商业竞争，雇用"网络水军"批量发布竞争对手的负面信息。"网络水军"多是利用资讯、问答、百科网站或短视频软件等发布、推广负面文章，帮助其客户打击竞争对手。

"网络水军"的客户以企业居多，目的是在激烈的商业竞争中获胜。曾有企业在参与政府项目竞标过程中组织"网络水军"，大量"发帖"恶意攻击，这使得竞争对手出局并损失逾百万元。

这些企业多数通过公关公司雇用"网络水军"。有的"网络水军"团伙还自建网站，掌握信息发布、删除权。

资料来源：《揭秘"网络水军"删帖"产业链"》，http://www.xinhuanet.com/politics/2019-01/22/c_1124024235.htm，有删减。

问题：
如何从政府层面、企业层面解决"网络水军"现象？

实践活动

一、目标和任务

旨在通过撰写评论的方式使学生认识商业伦理的意义，识别不道德的商业行为。

二、准备

教师准备：协助学生了解过度营销的不同表现方式并解释活动内容。
学生准备：通过多种渠道搜集过度营销的资料，学习评论的写作方法。

三、实施

学生在课后完成一篇关于过度营销的评论。

四、反馈和完善

教师批阅学生提交的评论并将意见和建议进行反馈，总结教学效果，形成教学反思日志。

推荐阅读

1. 〔法〕涂尔干：《职业伦理与公民道德》，渠敬东译，商务印书馆2015年版。
2. 沈洪涛、沈艺峰：《公司社会责任思想起源与演变》，上海人民出版社2007年版。
3. 刘光明：《商业伦理学》，人民出版社1994年版。

第十三章

消费引导与教育

知识目标

1. 理解消费教育的含义
2. 了解消费教育的意义和目的
3. 熟悉各主体消费教育践行的方案

能力目标

1. 提升各主体对消费教育的认识
2. 践行消费教育的内容
3. 明确公民和组织在消费教育中的自觉担当

素养目标

1. 自觉获取消费教育资源
2. 践行消费教育的内容

■ 消费理论与应用

本章主要知识脉络图

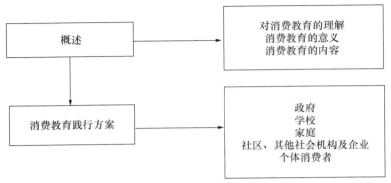

图 13-1　第十三章知识脉络图

案例　女孩网上 K 歌 花光父母一年收入

　　长沙市民易女士在外吃饭,结账时想通过手机进行支付,试了好几次都余额不足,明明有好几万元的余额,怎么会没钱呢？当易女士仔细查看账单后,才知道这些钱都被 12 岁的女儿萍萍偷偷花光了！

　　萍萍告诉记者,她先是充值了 50 多元,购买了虚拟礼物打赏粉丝,之后,粉丝们一起哄,她就控制不住往里充钱送礼,不到 3 小时,就把 3 万多元全部花光了。这几乎是全家一年的总收入。

　　事情发生后,易女士夫妻俩是既着急又心痛,女儿萍萍吓得不轻。不过,易女士觉得,开发这个唱歌软件的公司和此事脱不了干系。

　　易女士质疑,在女儿充值之后,游戏公司并没有立即通知易女士,直到第二天才发了一条余额不足的信息给自己,这是导致自己损失巨大的一个原因。

资料来源:《12 岁女孩网上 K 歌 3 小时花 3 万 花光父母一年收入》,http://news.qq.com/a/20170522/001081.htm,有删减。

为何类似事件频繁发生？如何减少或杜绝类似事件的发生？

第一节 概 述

一、消费教育概念

消费教育或称国民消费教育，是指有组织、有计划地向全体国民传授消费知识和技能，培养科学、文明的消费观念和维权意识，提高消费者自身素质的一种社会教育活动。

鉴于消费的广义定义包括生产消费和生活消费，因此，消费教育也包含两种含义，广义的消费教育是指对生产者和消费者这两大主体的教育，狭义的消费教育专指消费者教育。

消费教育不仅要使受教育者掌握消费方面的知识和技能，还要使消费者转变观念、改善消费方式，使其素质得到提高，并为其提供参与解决消费方面问题的机会。

关于消费教育，美国早在第二次世界大战前就已经开始，并作了大量尝试。我国对此问题的研究起步较晚，如今，越来越多来自各方面的呼声强调对此问题进行研究、推进和践行。

二、消费教育意义

1. 认清消费误区

消费误区是指消费者在消费过程中存在不正确的、对环境和社会有潜在危害的甚至违法的行为。消费误区的主要表现为：

（1）消费中存在不公平现象。少数高消费群体耗费更多的资源，造成了消费分布上的不公平、不合理。这是对总体消费利益的一种损害，破坏了可持续性消费的"代内公正"原则。

（2）不良消费习惯造成资源浪费。现有非持续性消费模式表现为对资源的滥用和对环境的污染与破坏。消费者需求具有重复性和无限性，于是产品的更新换代越来越快，产品的生命周期越来越短，对资源的过度开采、使用与浪费也越来越严重。

（3）消费毁灭生物多样性。食用珍稀生物的行为，是对环境的一种摧毁和破坏，也是消费者缺乏消费责任的表现。

（4）过度使用愉悦类产品。过度舒适的生活导致人类自身素质下降，过度使用愉悦类产品会损害人类身体健康，使其产生心理问题。不良的消费行为除了对消费者本人造成危害外，也对社会道德构成巨大的破坏力。

（5）个人消费不合理和非理性，造成消费者利益的损害。若个人消费缺乏社会责任，则会对其他人造成损害。

2. 发展和完善消费经济理论

消费教育理论应包含在发展和完善消费经济理论中。在"消费教育实践—消费教育理论—消费教育实践"互动循环中实现消费教育实践和消费教育理论的共同发展。

3. 确保享受消费教育的权利

享受消费教育是一种权利，每个人都有权接受消费教育，有权享受与环境相和谐的富足且高质量的生活。应引导消费者根据收入调整消费结构，提高消费水平和生活质量；引导其避免在基本生活需求满足方面的浪费，根据自己的支付能力拓宽消费领域，从而提高消费效益和消费的有效性。

消费效益是指人们消费一定的物质资料和服务之后，在需求的满足和身心健康方面得到的效用或益处。消费效益不可用货币多少来表示，也难以用一个数量标准来衡量，消费者可直接感受到或有自己的评价。

消费与消费效益的关系可称为消费的有效性。消费多而效益低，则消费的有效性低；消费少而效益高，则消费的有效性高。

通过消费教育可提高消费效益和消费的有效性，在消费中应注意消费的个人效益和社会效益；注意物质生活的效益和精神心理满足的效益；注意生存的效益和享受、发展的效益以及它们之间的平衡。

4. 提高国民素质

国民素质主要包括文化素质、科技素质、道德素质、消费素质、健康素质、理智素质等方面。国民素质提高了，对消费品质的要求也会相应提高，这样会倒逼企业提高生产经营水平和产品质量，创新商业模式。通过消费教育可以使受教育者提高道德修养水平，提升辨别能力，从而提升控制个人行为的能力。应培养成熟和理性的消费者，使其消费需求在合理的条件下得到满足。

5. 树立合宜的消费观

首先，鼓励适度消费，扩大消费需求，有可能实现消费与生产的积极互动，发挥消费需求的导向、拉动作用,促进形成结构合理、机制成熟的卖方市场,促进国民经济可持续发展。其次,树立正确的适应经济形势发展和社会进步要求的消费观,消费者的观念必须随着经济形势的发展转变,这样消费者本身既可享受经济发展的成果,同时也会对生产者创造的产品在市场上的表现产生积极影响。转变消费观念有利于消费者个人及其家庭形成健康的、文明的、科学的、适应时代进步要求的生活方式。

6. 净化消费品市场

首先,应学习商品知识、消费常识,具有辨别优劣的理智。其次,应增强维权意识,保护消费者合法权益。加强消费教育是保护消费者合法权益的有效途径,它可以教会消费者识别假货,使其提高保护自身权益所需的综合素质。企业普及商品知识等营销手段可提高企业的美誉度,培养消费者的忠诚度。

7. 提倡文明消费方式

要倡导健康的、科学的、文明的、资源节约型和环境友好型的消费方式,确保生产和消费可持续的消费模式,就必须对消费者开展消费教育,在全社会形成文明消费、节约消费、无污染消费的风尚,以促进经济社会的健康持续发展。节约是指不浪费资源,而不是限制扩大享受和发展的需要。应避免过度消费导致的资源浪费和环境污染,使人类能够合理、均衡使用有限的资源,实现可持续性消费。

三、消费教育内容

1. 消费观念教育

消费者与消费有关的行为,如信息搜索、选择、购买、使用和处置等都受一定动机的支配。拥有什么样的消费观念就会产生什么样的消费行为。消费观是每个人都具备的在消费生活方面的根本观点和价值判断,是消费心理的基础和消费行为的指南。一些消费方式会转变为消费习惯,不合理的消费习惯可能妨碍消费结构的改善和消费水平的提高。我们应通过多种手段找寻合理消费水平的标准。促进身心健康的物质生活以及丰富的精神文化生活,有利于消费效益和经济效益的提高,减少浪费,节约使用消费品。同时,正确处理生产增长与消费水平的关系,使人与自然和谐发展。

2. 消费技术教育

消费技术教育是针对消费者所进行的以培养消费技能为目的,以传播消费知识、传授消费经验为主要内容的系统的社会教育活动。它主要围绕消费者的消费技能进行教育,即在有一定支付能力的前提下,消费者将自己的物质文化生活需要与消费资料相结合,运用所掌握的消费知识进行消费实践的能力。消费知识包括市场经济、消费经济的基础知识,商品(包括服务)的鉴别、购买、使用及评价知识等。对应于消费知识,消费技能包括消费者对消费市场等相关知识的理解力以及对商品的鉴别力、选购力、消费力和评价力等。消费技术教育主要包括消费决策技术教育、商品识别技术教育、商品使用和维护技术教育、劳务和精神文化产品等服务性消费能力培养等,培养消费者形成消费所需的技能技巧,这关系消费者的生存能力和消费质量。

3. 消费习惯和消费方式教育

首先,培养健康、积极、先进的消费习惯。消费习惯的形成是一个过程,要综合运用教育手段、经济手段、行政手段和法律手段改变人们不良的消费习惯,推广健康的、良好的消费习惯。其次,提倡合理、适度、绿色和可持续性的消费方式。

4. 消费法律法规教育

消费法律法规教育是通过科普的方式使消费者对所涉及的与消费相关的法律法规及政策有所了解和认识。

5. 消费决策教育

消费决策教育是使消费者了解不同形式的消费决策过程,对消费过程的各阶段作出合理、科学的安排和选择,做到理性消费,提升消费效果。主要包括:消费之前要知道为什么消费,能消费什么,不能消费什么;安排消费的时间,最好做到提前规划;选择适宜的消费地点;减少或避免消费同类物品;切忌盲目消费和冲动消费。

> **相关阅读** 国家互联网信息办公室关于《互联网直播营销信息内容服务管理规定(征求意见稿)》公开征求意见的通知
>
> 为加强互联网直播营销信息内容服务管理,维护国家安全和公共利益,保护自然人、法人和非法人组织的合法权益,促进互联网直播营销行业健康有序发展,根据《中华人民共和国网络安全法》《中华人民共和国电子商务法》《网络信息内容生态治理规定》等法律法规和国家有关规定,国家互联网信息办公室

会同有关部门起草了《互联网直播营销信息内容服务管理规定》,现向社会公开征求意见。

资料来源:《国家互联网信息办公室关于〈互联网直播营销信息内容服务管理规定(征求意见稿)〉公开征求意见的通知》,http://www.cac.gov.cn/2020-11/13/c_1606832591123790.htm,有删减。

第二节 消费教育与引导践行方案

我们应运用宣传教育、影响和引导消费,采用多种适宜的手段和方式对公民和各类企业进行消费教育。

一、政府层面

政府实施消费教育的主要目的在于引导消费者选择正确的、健康的,有利于经济长期持续发展的消费方式,抛弃落后的、不健康的消费方式。其基本内涵是分析消费者需求的合理性,从社会整体的、长远的利益出发满足人们的消费需求。

政府的教育功能还在于培养消费者良好的社会风尚与行为标准,其教育活动可能有利于某些企业构筑良好的营销环境,也可能对某些企业构成一定的威胁。

首先,要推进符合消费教育要求的体制机制建设。通过顶层设计建立健全保障公民接受终身消费教育的法律法规,全力引导资本和大众传媒,努力营造有利于消费教育的环境和氛围,促进公众形成理性消费行为。具体来说,一方面,形成一套有效开展消费教育的社会运行和管理机制,使公众能够在社会运行发展过程中真正地理性看待当前的社会现实。另一方面,全面落实依法治国,为加强消费教育提供坚实保障。

其次,创造良好的社会消费环境。通过净化消费市场为公众创造良好的社会消费环境,使公众减少与不合理消费伦理理念的接触。

最后,充分利用大众媒体舆论导向的积极作用,引导公众进行符合伦理规范的消费。大众媒体要弘扬社会主流消费伦理,积极弘扬适度消费、绿色消费、科学消费等促进良好社会风气形成的消费伦理,对奢侈消费、过度消费等不当消费行为加以抵制。同时,大众媒体在进行舆论引导时一定要态度明确,不应将新闻信息直接摆在受众面前让其自行揣度,而应在报道新闻信息的同时给予客观分析和正确的价值观引导。

二、各类组织层面

1. 学校

首先,充分利用学校的各种资源对学生开展消费教育。尊重学生的个性与能力,确定消费教育的目标和内容,使学生掌握基本的消费知识和技能,形成正确的消费观,养成良好的消费习惯,促进学生全面发展。

其次,尽一切努力将教育与学生日常生活联系起来。教师要具有创造性和想象力,以完成消费教育的任务,教科书只能作为资源和参考,要广泛搜集各种来源的资料,且这些资料必须贴近当下的生活。

再次,根据学生的认知、理解力和社会经验等实际情况采取不同层次、深度及广度的消费教育,培养他们终身教育和自觉教育的习惯。

最后,可根据实际情况单独开设消费教育课程,也可融入相关课程的内容。可开展各学科或课程的合作,针对不同的教育内容安排相应的活动。

消费教育的目的就是引导学生正视自己,过上自己想要的生活,使学生能够最有效地实现目标、解决消费问题、增强消费意识、提高消费决策技能(包括使学生有能力作出明智的财务、购买和消费决定),并在消费实践中正确行使消费者权利,履行消费者义务。换言之,培养学生形成正确的消费价值观、养成良好的消费习惯;促进学生养成批判性思维,提高解决消费问题的能力;使学生意识到自身消费行为对保护生态环境的重要性。

2. 家庭

家长所起的作用是不容忽视的,因此家长要言传身教。家长的消费观念、理财方式直接影响孩子们的消费行为与消费意识。家长应辅助并配合学校完成孩子成长各阶段的消费教育任务,家长也应将其看作一种义务。

家长应支持各组织机构对学生开展的消费教育,配合完成各阶段的教育任务和项目,引导子女养成良好的消费习惯。

3. 社区、其他社会机构及企业

企业实施的消费教育活动,是指企业向消费者宣传新的消费方式、与消费者交流消费经验、培养新的消费技能等活动。

在企业的营销实践中,消费者教育一直与广告、公共关系和销售促进活动混在一起。许多企业把消费教育作为营销策略的组合之一。这对于消费者和企业双方都有益处。

各级组织应为消费教育提供实践操作机会,鼓励专业人士参与消费教育活动。例如,信贷经理、零售商、工会工作人员、社会保障顾问、投资顾问、保险公司、小额贷款公司代表等,可以利用自己的专业知识定期为公众演讲或者做报告,以此提高公众消费能力。

三、个体消费者

公民也应主动通过各种渠道获得消费知识,培养消费技能,树立正确的消费观念,养成良好的消费习惯。同时继承并发扬传统、优良的消费习惯,寻求节俭与奢侈的平衡,树立适当消费、适度消费的伦理观。

随着社会的发展以及人们认知的提升和变化,同时由于消费是每个人的日常行为,因此,消费教育的内容也应及时变化。

个体消费者应培育成熟的消费心理,克服炫耀、盲目消费;明确自身需求,提高自控能力,避免冲动消费,合理分配钱财。

个体消费者培养自身理性的消费观念,提升消费质量,这同时也是在培养自己的社会责任意识。由于消费者的需求会影响生产者,因此可通过自觉践行合理的消费观念,将科学合理的消费伦理落到实处。

健康的生活方式会影响消费行为,因此,个体消费者应践行健康的生活方式,包括良好的生活习惯,健康的生活心态,积极的生活态度。良好的生活习惯主要是指身体的和谐,健康的生活心态主要指心理的和谐,积极的生活态度是价值选择的和谐。

讨论专区

当前的消费与数字化关系越来越密切,但随着高科技的快速发展也带来诸多问题,其中,"数字弃民"便是一例。这些人是如何被抛弃的?可以把数字化排斥的源头归纳为四个:自我排斥、财务排斥、技能排斥以及地理位置排斥。

自我排斥与厌恶变化和新事物有关。由于技术总是在不断变化和发展,许多人可能会感到落伍,因此停止参与相关活动。

财务排斥则表示数字鸿沟与付费能力有关。低收入人群无法承担具有上网功能的设备和上网本身的持续成本支付费用。

技能排斥的表现是缺乏基本的参与相关活动的技能和对互联网工作原理的

理解。

地理位置排斥指在偏远地区,宽带和移动基础设施较差或根本没有,这意味着这些地区的人们面临线下服务以及在线服务双重受限的不利条件。

资料来源:《为数字弃民创造更多包容性干预措施》,https://epaper.gmw.cn/gmrb/html/2021-02/03/nw.D110000gmrb_20210203_4-02.htm,有删减。

讨论:如何帮助"数字弃民"在数字经济时代正常消费?

本章小结

本章主要阐述与消费教育相关的内容。消费教育的意义和作用主要体现在,使人们认清消费误区、发展和完善消费经济理论、确保享受消费教育的权利、提高素质、转变消费观念,以及净化消费品市场和建立文明消费方式。关于消费教育的内容,本章从政府宏观层面和组织中观层面以及个人微观层面说明了开展消费教育的途径和具体措施。

关键术语

消费教育　　　　理性消费　　　　文明消费　　　　消费知识
消费环境　　　　消费技能

思考题

1. 你怎样看待"接受和开展消费教育是全社会所有人的责任"的观点?
2. 各教育主体开展消费教育的方式有何异同?
3. 为保证教育资源的有效利用和教育的成效,各教育主体应如何整合资源?
4. 消费教育如何体现与时俱进?

讨论题

对公民来讲,应怎样加强自觉接受消费教育的意识并形成终身学习的习惯?

实践活动

一、目标和任务

旨在使学生通过调查我国消费教育现状,发现消费教育中的不足并提出改进措施。

二、准备

教师准备:活动前,教师布置活动任务。

学生准备:根据受访对象的特点及任务安排,选择有效的访谈方法,拟定访谈大纲。

三、实施

1. 分小组。各小组在下列人群中选择一类作为受访对象:小学生、中学生、大学生、高校教师、公司职员、公务员。

2. 小组成员分工协作完成访谈任务,了解访谈对象接受消费教育的情况。

3. 学生在课堂上汇报访谈过程和感受。

四、反馈和完善

教师作出总体评价并提出反馈意见和建议,总结教学效果,形成教学反思日志。

案例分析

多家国有银行进入校园贷 呼吁业内建立信息共享机制

随着多家国有银行宣称回归校园贷款业务,这个被"裸贷""套路贷"等"玩坏"的行业,看似又回归正常。

中国银行(以下简称"中行")推出"中银E贷·校园贷",为高校学生量身打造小额信用循环贷款。据了解,考虑到学生收入不稳定的情况,中行推出中长期贷款,最长可达12个月,未来可延长至3—6年,覆盖毕业后入职阶段,贷款金额最高为8000元。

而在中行之前,中国建设银行广东省分行也对外宣布推出针对在校大学生群体的互联网信用贷款产品,给予在校学生1000元到50000元的授信额度,年利率按5.6%执行。

对于银行进入校园贷市场，业界看法不一。有业内人士指出，当年，银行业也曾以信用卡的形式进军校园，但最终由于部分学生负债过重出现恶性事件，被银监会叫停。

不过，中国银行保险监督管理委员会主席郭树清在2017年全国一季度经济金融形势分析会上表示，"校园贷要开正门"，被业内视为为银行"正规军"进军校园贷定下基调。

值得注意的是，与国有银行集体挺进校园贷不同的是，曾经活跃在校园里的互联网金融平台数量日益减少。据网贷之家研究中心不完全统计，截至2017年2月底，全国共有47家校园贷平台选择退出校园贷市场，不少知名的校园贷平台纷纷将目标转向白领市场。

面对传统金融业的回归与不少互联网金融平台的退出，起家于校园贷业务的乐信集团相关负责人表示，中行、建行等更多银行和正规金融机构进入校园金融领域，以及监管部门支持银行进校园，体现了监管层对校园消费金融市场用户需求、社会价值的认可。

"用高压态势把不合规的放贷主体清除出校园市场，让银行与市场化的优质消费金融主体共同运行，只是终结校园贷乱象的第一步。"乐信相关负责人表示，并呼吁行业建立统一的信息共享机制，避免"多头借贷"引发的行业风险，保证行业的长期健康发展。

不少互联网金融校园贷平台表示，校园贷市场的骗贷行为较多，不少学生对于借贷行为的认识不够，这是导致校园贷市场坏账过多的重要原因之一。

资料来源：《多家国有银行进入校园贷 呼吁业内建立信息共享机制》，http://new.cctv.com/2017/05/22/ARTIx3Se2v8otxvrocFGDI4ml70697.shtml，有删减；《央行：截至2020年末全国共有小额贷款公司7118家》，http://www.cs.com.cn/sylm/jsbd/202101/t20210127_6134530.html，有删减。

问题：你还有哪些建议能帮助校园贷走上正轨？

推荐阅读

1. 《关于进一步加强校园贷规范管理工作的通知》（银监发〔2017〕26号）。
2. 《关于进一步规范大学生互联网消费贷款监督管理工作的通知》（银保监办发〔2021〕28号）。
3. 辛雅敏：《闲情偶寄译注》，上海三联书店2014年版。

第十四章
消费研究的发展

知识目标
1. 掌握消费者行为研究方法的发展
2. 了解我国消费者行为的变化趋势

能力目标
1. 明确从多学科视角研究复杂问题的趋势和作用
2. 掌握必要的预测技术
3. 养成归纳的思维习惯
4. 进一步训练洞察力

素养目标
关注消费对自然和社会的影响

本章主要知识脉络图

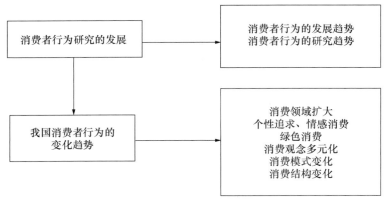

图 14-1 第十四章知识脉络图

案例 十年后的中国消费市场什么样

2018年3月,世界经济论坛发布一篇名为《未来消费:快速增长的中国消费市场》的报告。报告认为,未来10年,中国将成功转向消费驱动型经济模式,形成全球最具活力的消费环境。中国将在四重动力的推动下重塑其消费环境:

(1) 经济增长模式的转变。报告预测,到2027年,中国全年商品零售额将达到约56万亿元。

(2) 人口结构的变化。超过60岁的居民人口数量在未来几年将迅猛增加。"90后"和"00后"渐成主要消费人群,他们的消费理念与过去几代人大相径庭。

(3) 技术革新力量将改变现有消费生态。居民将有更多选择和机会去尝试新兴消费模式。

(4) 消费者理念的转变。消费者将获得更为优质的产品和购物体验。

未来消费市场的三大特征如下：

（1）中产阶层的崛起将重塑国内消费结构。居民可支配收入将更多地投向交通、娱乐、教育、奢侈品和金融产品等"非必需消费品"。居民消费标准也将从基本的功能性需求向情感性需求倾斜。

（2）人口老龄化将带来新的产业机遇。老年人更注重产品的功能属性，对产品价格也更敏感，其养老可能不会完全依赖子女。

（3）技术创新带来消费模式的转变。这具体体现为共享经济的兴起、零售业的变革和个性化消费的流行。

综合看来，在未来10年这一黄金战略期，中国需加快培育与经济社会发展态势相匹配的消费环境。具体包括引导就业和技能培训向消费服务方向倾斜；缩小城乡、地域和阶层之间的基础设施供应的差距，特别是涉及互联网准入的领域；利用新兴技术手段，加大消费者权益保护力度。

资料来源：云贺：《十年后的中国消费市场什么样》，载《财经国家周刊》2018年第7期，有删减。

思考　根据上述信息，请你描述我国消费者未来的消费行为。

第一节　消费者行为发展及研究趋势

一、消费者行为的发展趋势

1. 消费结构调整

消费结构调整体现为：食物消费比重下降；穿着消费的比重有升有降；日用品消费的比重提高，内部结构变化会产生新趋势，包括需求向多功能、智能化和信息化发展；消费讲究文化含量、保健性、舒适性和便利性；购房和购车支出增加；服务消费比重提高。

2. 消费者行为趋势

消费者行为出现以下趋势：需求内容丰富，层次不断上升；消费方式灵活多样，消费的选择性增强；时效观念增强；商品成为消费者心理需求与生活方式的选择，将消费作为树立个人形象、反映精神世界、表达个性的方式；文明和开放程度提高；消费社会化程度提高；消费信息得到重视和利用，消费者在作购买决策时的信息来源渠道增多；消费生活丰富多彩；呈现复杂性和灵活性，更多地体现出成熟理性的特点，评价的依据也更复杂。

3．消费导向变化

消费导向变化体现为：消费者更注重价值，在消费中除了考虑商品或服务的使用功能外，还看重附加价值。多数消费者在购买过程中有明显的个性化倾向，同时舍弃同质化的想法，更加重视体验消费，重视商品的象征意义。

4．高科技的运用

消费者在购买决策过程的各个阶段都会运用高科技。网络消费，是年轻一代消费者的首选，还有相当多的消费者选择线上和线下相融合的模式。智能手机在购买中所起的作用越来越大，从了解商品信息到使用后评价，而且使用者的年龄趋向低龄化，购物种类五花八门。

5．易受外部介绍的影响

消费者通过微博、朋友圈、公众号等多种渠道发布评价，这些评价信息会对其他消费者产生影响。

6．品牌依赖度逐渐下降

传统品牌成长的社会链理论为：知名度—可信度—美誉度—忠诚度—依赖度。在当前的网络和大数据发展形势下，产品在质量上的差距越来越小，消费者个性化需求程度越来越高，打破了传统品牌成长的社会链，形成质量优先、个性驱动、便捷消费、促进生产的循环。

7．心理价格尺度影响购买

价格是影响购买心理与决策的重要因素。随着大数据时代而来的是价格信息的透明化及可接触化。通过对比，消费者对同类商品的心理价位会发生变化，心理价位与实际价格的差值将会直接影响消费者的购买满意度。

8．信息渠道的广泛性

网络的普及使消费者的信息弱势地位得到巨大转变。消费者通过多种渠道和方式索取购物信息，互联网的发展正逐步减少和消除因信息不对称和高昂的信息成本带来的不便。消费者获得商品信息的渠道不断增多，这些渠道传播速度快、信息量大、可靠性强，为消费者提供了更多的选择消费的机会，降低了购物风险，增加了他们对产品的信任和心理上的满足感。

二、消费者行为研究趋势

1. 研究角度趋向多元化

有学者从顾客—厂商的单一角度出发,研究满足消费者不断变化的消费需求,进而获取更大的利润空间并将其扩展到更广泛的社会层面。有学者从环境问题、生活方式、世界经济、互联网技术、宏观经济、自然资源保护、消费者利益等角度开展研究,研究不同类型消费者生活方式的特点及其外界影响、购买态度、意识等。有学者将从提升销售率角度研究消费者心理和行为转换成从提升顾客生活质量、注重人与环境和谐统一等角度开展研究。还有学者将消费者行为与心理研究和更为广泛的社会问题相结合,以期从宏观经济、自然资源和自然生态环境保护、消费者生活方式、消费者剩余等不同视角切入,深入探讨新消费阶层的行为特征。

2. 研究参数趋向多样化

学者们在早期用社会学、经济学的相关概念作为测量变量,根据消费者的年龄、性别、家庭、收入水平分析,挖掘影响消费者决策过程的关键性因子,如动机、需求、个性、参照群体和社会态度等。此外,有学者将文化、历史、民族、宗教、道德传统、价值观等一系列变量加入系统建模,力求研究成果的科学化、系统化。之后,学者们开始引入价值观、信息化程度、动态购物心理等一系列新变量。

这些变量涵盖心理、社会、文化、历史、地域、民族、道德传统、价值观念、信息化程度等诸多变量。

3. 研究方法趋向定量化

目前,统计分析技术、信息处理技术以及运筹学、动态分析等现代科学方法和技术手段被大量用于消费者行为的分析研究中,以深入揭示各变量之间的内在联系。学者们建立了更加精确的顾客消费模式,从而把顾客消费心理与行为研究提升到新的高度,并揭示系统内各变量间错综复杂的关系。

4. 研究范围趋向全球化

随着经济全球化进程的发展,学者们日益突破国家、民族的界限,使得对消费者行为的跨文化研究逐步增多。他们重点考察基于不同背景的消费者的消费行为模式和消费特征。

5. 多学科参与

相关研究涉及的学科由原来的心理学、经济学、社会学、市场营销学等延伸到管理学、人类文化学、法学等相关领域。同时,各学科特有的研究手段和方法被综合运用。

6. 研究数字革命的影响

学者们越来越关注消费者的网络购买行为,研究互联网对消费者信息搜集、决策制定和购买选择带来的冲击,以及互联网既作为一种信息渠道又作为一种分销渠道的重要性及影响力。

7. 研究重心更集中于消费者

学者们更重视研究消费者体验,同时对各种新生代消费者的研究也是焦点,包含对消费者之间形成的网络关系的研究。

8. 学术性与应用性并重

学者们对于消费者的研究既注重学术性,又注重应用性。更多的企业将研究成果运用于实践并取得了良好的效果。

讨论专区

截至 2020 年 11 月末,已有 2790 家商业银行网点被裁撤,其中将近四成是国有银行的网点。

银行业分析人士表示,近年来,银行网点数量不断缩减主要有两方面原因:一是由于国有银行早期的大量扩张,普遍存在网点分布不均的问题;二是从供求上看,金融科技为消费者提供了更高效的线上金融服务,加之年轻群体的消费由线下转向线上。

专家认为,未来银行网点可能会不断减少,但银行应该确保在市场效率与特殊人群需求之间达到平衡。

与网点同时减少的还有 ATM 自动取款机。截至 2020 年 9 月末,全国存量 ATM 自动取款机为 102.91 万台,比 2019 年年末减少 6.86 万台;全国每万人对应的 ATM 自动取款机数量为 7.35 台,环比下降 2.19%。

资料来源:《行业巨变! 2790 个银行网点被关 ATM 减少近 7 万台》,http://news.cnr.cn/native/gd/20201206/t20201206_525353912.shtml,有删减。

讨论:能否断定银行后续转型所考虑的方向应是如何实现"人机融合"?

第二节　我国消费者行为变化趋势

一、我国消费行为模式的变迁概述

1949 年至 1978 年,在传统体制下,消费者享受着全包的单位福利体制,几乎没有风险,这是近似于绝对收入说的消费行为。

20 世纪 80 年代,消费者的收入不断增长,不断加强的单位福利体制,消费平面扩张与升级的示范行为,使得他们害怕"钱不值钱",这是近似于相对收入说的消费行为。

20 世纪 90 年代以后,消费者的收入充满不确定性,单位福利体制逐渐消失,消费刚性支出增长,这是近似于生命周期说的消费行为。

进入 21 世纪以后,随着独生子女"月光族"的出现,出现了相对收入说和生命周期说的混合模式消费行为,但主流模式依然是生命周期说。

二、我国消费者行为变化

1. 消费层次上升,消费领域扩大

目前,我国居民实物型消费的比重降低,文化、餐饮、旅游的消费比重增加。这使得整个消费层次和消费结构发生了变化,带动了总体消费水平的提高。随着经济的发展和居民消费水平的提高,休闲消费的投入比例有逐年增加的趋势。我国城镇消费热点开始转向家用轿车、商品房等新领域。总之,在不同层次上,我国城乡居民消费结构处于升级换代时期。

网络购物市场消费升级特征进一步显现。主要的表现是:品质消费增加,消费者愿意为更高品质的商品支付更多溢价,如乐于购买有机生鲜、全球优质商品等;智能消费增加;新产品消费增长迅猛,如扫地机器人、洗碗机等。

2. 体现个性追求,情感消费增加

社会生活的多样化趋势,使人们的消费心理和消费行为表现出越来越大的差异,个人消费意识明显提升。个性消费是指人们要求所使用的产品能刻上自己的烙印,通过产品体现自己的个性、情趣和心情;或者虽然不能完全自主设计产品,但至少产品的某一部分可以自行设计。

情感是人们针对客观事物符合主体需要的程度而产生的态度和内心体验,对人的消费行为有重要影响,人们的消费活动实际上是充满情感体验的过程。

情感包含亲情、友情和爱情。伴随着人们消费观念的变化和消费层次的上升,我国居民的情感消费方兴未艾。

3. 绿色消费增加

生活质量的提高使人们对健康格外关注。从狭义上看,绿色消费的重点是直接关系消费安全健康方面的内容。再者,环保意识的增强使绿色消费深入人心。消费者的绿色消费心理有多元成因,生态环境的恶化是其产生的主要根源。恶劣的环境威胁的不只是人们的身体健康,同时还有精神方面。

随着经济的发展,人们在物质生活得到极大丰富的同时,追求高品质的生活成为人们日益关注的焦点。追求和谐自然的生活成为人们的目标,对新能源消费的热情也日益高涨。

4. 消费观念多元化

人们进行消费不只是解决温饱问题,更倾向于享受。消费方式已由积蓄型向信用型转变,特别是年轻人的消费观念已发生重大变化,信贷消费成为一种重要消费方式,可持续发展消费观也日益受到重视。另外,消费者维护自己权益的意识进一步增强。同时,人们在追求商品质量的同时也更注重消费的感受。

5. 消费者群体的变化趋势

不同消费者群体的数量不断增加,消费者群体的划分越来越细,内在素质不断提高,演变速度加快。同时,双渠道顾客涌现,他们不是店铺顾客和网络顾客的简单叠加,而是既具有传统店铺顾客的保守和理性,也有网络客户的与时俱进。他们善于创新,消费特性复杂且极具当今消费主流人群的特征。双渠道顾客主要集中在20—40岁,能游刃有余地穿梭于双渠道获取最大化的购物收益。他们维权意识强,对产品质量和服务态度要求高,善于把技术转化成消费手段、维权手段和沟通手段。他们会选择适合自己的购物方式,通过网络搜寻信息,选择合适的购物渠道。

6. 消费模式变化

消费模式的发展具有可持续性、生态性的特点。科技促使消费模式发生深刻变化,尤其是互联网的发展,为人们提供了各种新型的消费模式,特别是物联网消费模式,使人们的消费选择呈现灵活性、多样性、智能化、国际化的特点。

7. 消费结构变化

消费结构变化体现为:消费结构中商品消费比重增加,在不同地区表现出不同的特点;消费领域不断扩大,一些新的消费项目快速增长,使居民消费的内部结构发生深刻变化;劳务消费比重上升;随着生产的发展和居民收入差距的拉大,消费结构层次增多;数额大的消费逐步普及,大宗高档的消费品逐步进入居民消费领域;信息消费、网络消费、文化消费迅速扩大;教育消费在居民消费中地位提升。

8. 农村居民消费变化大

农村居民消费正在由生存型向发展型转变,消费空间有扩展的现实基础,正在形成的消费热点包括耐用消费品、日用品及服务消费。

9. 信息消费扩展

居民信息产品的拥有量显著增加,信息消费需求增长势头强劲,通信服务费用支出大幅增加。同时,网络消费也在增加。

10. 类型消费出现

银发经济发展迅速,呈现蓬勃发展趋势。随着我国老年人口增多,刺激了老龄人群服务需求的增长。人们的精神生活需要也使得文化、教育、娱乐、旅游、健康养生等发展型和享受型消费支出的占比大幅提升。

11. 新技术产品受青睐

消费者对于智能化产品的偏爱程度不断提高,使用智能产品已是居民生活的常态。智能消费是新消费行为的典型代表。

> **相关阅读** 八大消费新趋势不容忽视
>
> 预计在未来几年内,中国将成为全球最大商品消费国,中国会呈现八大消费新趋势:
>
> (1)从居民消费结构变化的总体趋势上看,非耐用消费品的占比继续下降,包括食品、烟酒和服装。
>
> (2)耐用消费品的支出占比会相对平稳,占比从缓慢上升到逐步下降这个过程会表现得非常明显。
>
> (3)服务消费的占比将进一步提升。消费理念不断革新,消费由生存型向发展型、享受型转变的趋势将进一步体现。教育、文化、娱乐消费的占比将继续提升。
>
> (4)境外消费有所降温,但其规模仍较大。
>
> (5)消费品进口增速较快。

（6）跨境电商高速增长。从品类上来看，化妆品、粮油食品和日用品进口额排名前三。

（7）消费主体多样化。"80后""90后""00后"逐渐成为消费的中坚力量。母婴产品的消费前景比较广阔，银发消费不容忽视，单身消费的势头十分强劲。

（8）二三线城市居民的消费增长迅速。

资料来源：《最前沿|中国即将成为全球最大商品消费国 商务部研究员董超：八大消费新趋势不容忽视》，https://www.yicai.com/news/100416569.html，有删减。

本章小结

本章从消费结构、消费行为、消费导向、高科技运用、信息渠道等方面分析了消费者行为发展趋势。主要从研究角度、研究方法、研究重心和参与学科的视角介绍了消费者行为研究的趋势变化，并概述了我国未来消费者行为的发展。

关键术语

心理价格尺度　　消费导向　　品牌依赖度　　数字革命　　情感消费

思考题

1. 如何认识消费行为的变化？
2. 消费行为的变化趋势受哪些因素影响？
3. 从多学科的视角对消费者行为进行研究的优势有哪些？
4. 请举例说明某一新理论对消费者行为研究的贡献。

讨论题

新冠疫情后我国消费发展趋势如下：

（1）消费引领经济增长。国内市场和需求将成为关注重点，并继续成为拉动我国经济增长的首要动力。

（2）消费升级趋势不变。各层次消费需求快速扩张,品质消费需求增加。城镇化加速推进为消费增长开拓空间。

（3）理性消费意识突显。消费者在消费过程中将表现得更加成熟理性。专家型消费、兴趣型消费将逐渐成为主流,避险型消费和投资需求将有所增加。

（4）海外消费回流国内。大量居民会选择在国内增加相应商品和服务的消费。

（5）线上线下深度融合。居民会根据需要选择不同的消费渠道。

资料来源:关利欣:《新冠肺炎疫情后中国消费发展趋势及对策》,载《消费经济》2020年第6期,有删减。

讨论:如何从国家宏观政策制定、企业营销战略制定两方面应对新冠疫情后我国消费发展趋势?

案例分析

第46次《中国互联网络发展状况统计报告》节选

2020年9月29日,中国互联网络信息中心(CNNIC)在北京发布第46次《中国互联网络发展状况统计报告》(以下简称《报告》)。

《报告》显示,截至2020年6月,有关互联网的信息如下:

我国网民规模达9.40亿,相当于全球网民的1/5,互联网普及率达67%,约高于全球平均水平5个百分点。城乡数字鸿沟显著缩小,城乡地区互联网普及率差异为24.1%。

电商直播用户规模达3.09亿,为促进传统产业转型、带动农产品上行提供动力。网络零售用户规模达7.49亿,占网民整体的79.7%,市场连续7年保持全球第一,为形成新发展格局提供了重要支撑。

网络视频(含短视频)用户规模达8.88亿,占网民整体的94.5%,其中,短视频已成为新闻报道新选择、电商平台新标配。网络新闻用户规模为7.25亿,占网民整体的77.1%。

我国网络支付用户规模达8.05亿,占网民整体的85.7%,移动支付市场规模连续3年全球第一,在疫情期间拓展了更多"＋支付"的应用场景;即时通信成为疫情期间发展最快的应用之一,用户规模达9.31亿。

外卖、在线教育、网约车、在线医疗等数字服务蓬勃发展,用户规模分别达4.09亿、3.81亿、3.40亿和2.76亿,占网民整体的比重分别为43.5％、40.5％、36.2％和29.4％,在满足网民需求的同时也为服务业的数字化发展提供动力。

资料来源:第46次《中国互联网络发展状况统计报告》。

问题:

你怎样看待互联网对消费的影响?

实践活动

一、目标和任务

旨在通过文案调查法让学生学习预测报告的撰写,根据调查资料对我国居民未来消费情况进行预测。

二、准备

教师准备:活动前,了解学生对文案调查法的掌握程度并适时指导。

学生准备:运用文案调查法了解我国居民未来消费情况,自行选择一个感兴趣的研究主题并查找关于此主题的预测报告。

三、实施

1. 分小组。

2. 各小组成员就自行查找的预测报告进行组内讨论,主要包括:简单描述预测报告的内容和结构;报告的写作手法、选择预测方法的适用性分析、行文是否符合逻辑、分析是否合理、结论是否正确、写作文采等是否有待改进之处。

3. 学生通过课堂讨论,基本了解预测报告的写作方法。根据我国消费情况的调查资料,在课后完成我国居民未来消费情况的预测报告。

4. 选派代表展示本组中一份有代表性的报告。

四、反馈和完善

教师对学生的课堂讨论和预测报告作出总体评价并提出反馈意见和建议,总结教学效果,形成教学反思日志。

推荐阅读

1. 商务部研究院课题组:《2020 年中国消费市场发展报告——新消费成为引领国内大循环重要动力》。
2. 艾瑞咨询:《电商新生态助力经济复苏:疫情下零售消费洞察报告》。

参考文献

1. 蔡鸿生:《仰望陈寅恪》,中华书局 2004 年版。
2. 曹凤月:《企业道德责任论——企业与利益相关者的和谐与共生》,社会科学文献出版社 2006 年版。
3. 晁钢令、楼尊主编:《市场营销学(第五版)》,上海财经大学出版社 2019 年版。
4. 陈国海编著:《管理心理学(第 3 版)》,清华大学出版社 2017 年版。
5. 陈国庆:《西方消费经济思想与消费文化观念变迁研究》,2011 年兰州大学硕士学位论文。
6. 陈丽燕、刘永丹、龙凤主编:《市场营销学(双语版)》,清华大学出版社 2016 年版。
7. 陈新岗:《古代中国消费思想史》,兵器工业出版社 2005 年版。
8. 陈瑜:《消费资本论(第三版)》,中国商业出版社 2018 年版。
9. 成爱武、朱雪芹主编:《国际市场营销学》,机械工业出版社 2011 年版。
10. 〔法〕多米尼克·戴泽:《消费》,邓芸译,商务印书馆 2015 年版。
11. 〔法〕多米尼克·夏代尔、〔印〕拉祖:《消费者行为学——概念、应用和案例》,李屹松、王飙译,中国财政经济出版社 2007 年版。
12. 高佳平:《美国中小学消费教育研究》,2017 年河北大学硕士学位论文。
13. 耿莉萍:《生存与消费——消费、增长与可持续发展问题研究》,经济管理出版社 2004 年版。
14. 耿燕、陈光义主编:《市场营销》,清华大学出版社 2016 年版。
15. 顾功耘主编:《经济法教程(第三版)》,上海人民出版社 2013 年版。
16. 《管理学》编写组编:《管理学》,高等教育出版社 2019 年版。
17. 郭国庆编著:《市场营销学通论(第 8 版)》,中国人民大学出版社 2020 年版。
18. 郭金鸿:《国内消费伦理研究综述》,载《南京政治学院学报》2004 年第 5 期。
19. 郭毅、侯丽敏编著:《组织间营销》,电子工业出版社 2011 年版。

20. 郭毅：《市场营销学原理》，电子工业出版社 2008 年版。
21. 何辉：《宋代消费史：消费与一个王朝的盛衰》，中华书局 2010 年版。
22. 何军红：《企业移动营销绩效的影响因素研究》，经济管理出版社 2018 年版。
23. 胡寄窗：《中国经济思想史简编》，中国社会科学出版社 1981 年版。
24. 〔美〕J. 保罗·彼得、杰里·C. 奥尔森：《消费者行为与营销战略（第 8 版）》，徐瑾、王欣双、吕作良、王芃南译，东北财经大学出版社 2010 年版。
25. 〔美〕加里·阿姆斯特朗、菲利普·科特勒：《市场营销学（第 12 版）》，王永贵、郑孝莹等译，中国人民大学出版社 2017 版。
26. 〔美〕加里·阿姆斯特朗、菲利普·科特勒：《市场营销学（原书第 12 版）》，机械工业出版社 2016 年版。
27. 江林主编：《消费者行为学》，上海财经大学出版社 2015 年版。
28. 焦胜利等主编：《市场营销学》，清华大学出版社 2021 年版。
29. 〔美〕莱恩·莱韦斯克：《反直觉顾问》，刘国华译，北京联合出版公司 2016 年版。
30. 〔美〕劳拉·P. 哈特曼、约瑟夫·德斯贾丁斯、〔加〕克里斯·麦克唐纳德、〔中〕苏勇、郑琴琴、顾倩妮：《企业伦理学（原书第 3 版）》，机械工业出版社 2015 年版。
31. 李桂华主编：《组织间营销》，清华大学出版社 2013 年版。
32. 李捷编著：《消费者行为学》，北京理工大学出版社 2020 年版。
33. 李开、张中科主编：《消费者行为学》，高等教育出版社 2015 年版。
34. 李霞：《生活方式的变迁与选择》，人民出版社 2012 年版。
35. 李晓霞、刘剑、赵仕红主编：《消费心理学（第三版）》，清华大学出版社 2018 年版。
36. 李新家：《消费经济学》，中国社会科学出版社 2007 年版。
37. 〔美〕利昂·G. 希夫曼、莱斯利·拉扎尔·卡纽克：《消费者行为学（第 10 版）》，张政译，清华大学出版社 2017 年版。
38. 梁静：《权力转移了吗？——互联网时代消费者增权的思辨研究》，载《外国经济与管理》2020 年第 3 期。
39. 梁文玲主编：《市场营销学》，中国人民大学出版社 2019 年版。
40. 〔美〕琳达·K. 屈维诺、凯瑟琳·A. 尼尔森：《商业伦理管理（第 4 版）》，何训译，电子工业出版社 2010 年版。
41. 刘芳：《明清消费思想研究》，经济科学出版社 2016 年版。
42. 刘剑主编：《现代消费者心理与行为学》，清华大学出版社 2016 年版。
43. 刘金山：《消费行为模式变迁 1949—2019》，暨南大学出版社 2019 年版。
44. 卢嘉瑞、吕志敏等：《消费教育》，人民出版社 2005 年版。
45. 陆剑清：《现代消费行为学》，北京大学出版社 2013 年版。
46. 陆晓禾：《经济伦理学研究》，上海社会科学院出版社 2008 年版。
47. 吕一林、冯蛟主编：《现代市场营销学（第五版）》，清华大学出版社 2012 年版。

48. 毛帅主编:《消费者心理学(第2版)》,清华大学出版社2020年版。
49. 梅清豪、林新法、陈洁光编著:《市场营销学原理》,电子工业出版社2001年版。
50. 〔美〕帕特里克·E.墨菲、吉恩·R.兰兹尼柯、诺曼·E.鲍维、托马斯·A.克莱恩:《市场伦理学》,江才、叶小兰译,北京大学出版社2009年版。
51. 〔美〕普拉维恩·帕博迪埃、约翰·卡伦:《商务伦理学》,周岩译,复旦大学出版社2018年版。
52. 仇立:《绿色消费行为研究》,南开大学出版社2013年版。
53. 钱旭潮、王龙编著:《市场营销管理(第4版)》,机械工业出版社2016年版。
54. 冉苒、苏宗荣编著:《管理心理学(第2版)》,清华大学出版社2018年版。
55. 荣晓华编著:《消费者行为学(第5版)》,东北财经大学出版社2018年版。
56. 宋彧主编:《市场营销原理与实务(第二版)》,清华大学出版社2017年版。
57. 孙杰、吕意:《电商时代影响消费者网络购买行为的因素分析——利用路径分析方法》,载《商业经济研究》2018年第24期。
58. 孙世强:《生活性消费、经济增长与消费伦理嵌容》,社会科学文献出版社2018年版。
59. 滕乐法、李峰、吴媛媛、马振峰编著:《市场营销学》,清华大学出版社2020年版。
60. 田虹:《企业社会责任及其推进机制》,经济管理出版社2006年版。
61. 田虹主编:《企业伦理学》,清华大学出版社2018年版。
62. 王迩淞:《奢侈态度》,浙江大学出版社2011年版。
63. 王福友:《论消费者权益保护的范式转换》,载《商业研究》2019年第5期。
64. 王富祥主编:《消费心理与行为》,西南交通大学出版社2013年版。
65. 王曼、白玉苓:《消费者行为学(第四版)》,机械工业出版社2018年版。
66. 王宁:《消费社会学(第二版)》,社会科学文献出版社2011年版。
67. 王宁:《消费社会学》,社会科学文献出版社2001年版。
68. 王平:《网络互助社群中消费者生成内容与选择行为研究》,经济科学出版社2016年版。
69. 王小圈:《跨界竞争》,电子工业出版社2020年版。
70. 王亚卓:《双渠道顾客消费行为研究》,新华出版社2019年版。
71. 吴炳新编著:《消费经济学》,对外经济贸易大学出版社2016年版。
72. 吴小鸥:《"教科书"考释》,载《华东师范大学学报(教育科学版)》2020年第5期。
73. 项保华:《战略管理艺术与实务》,华夏出版社2012年版。
74. 熊国钺主编:《市场营销学(第5版)》,清华大学出版社2018年版。
75. 徐长冬、陈伟、陈嵩博编著:《现代市场营销学》,清华大学出版社2017年版。
76. 徐大建:《企业伦理学(第二版)》,北京大学出版社2009年版。
77. 徐新:《现代社会的消费伦理》,人民出版社2009年版。
78. 杨冬梅:《消费伦理问题的思考》,2003年华中师范大学硕士学位论文。
79. 叶蓬、李权时主编:《经济伦理学研究》,中央编译出版社2007年版。

80. 尹世杰主编:《消费经济学(第二版)》,高等教育出版社 2007 年版。
81. 郁义鸿、于立宏、管锡展编著:《管理经济学——问题导向的经营决策分析(第三版)》,高等教育出版社 2020 年版。
82. 张文锋、黄露编著:《新媒体营销实务》,清华大学出版社 2018 年版。
83. 张香兰主编:《消费者行为学(第 2 版)》,清华大学出版社 2017 年版。
84. 张新宁、王敏达:《绿色消费行为影响机制与法律框架研究》,南开大学出版社 2013 年版。
85. 张卓:《从"校园贷"乱象反思新时代大学生消费教育》,载《广西社会科学》2018 年第 3 期。
86. 赵红主编:《营销创新——理论·方法·案例》,高等教育出版社 2015 年版。
87. 钟晟:《我国消费者权益保护制度深化改革研究》,载《金融与经济》2019 年第 3 期。
88. 周三多、陈传明、刘子馨、贾良定编著:《管理学——原理与方法》,复旦大学出版社 2018 年版。